회복탄력성

RESILIENCE

회/복/탄/력/성

시련을 행운으로 바꾸는 마음 근력의 힘

김주환 지음

RESILIENCE

위즈덤하우스

회복탄력성은
소통능력과 진정한 행복감에서 온다

우리의 삶은 늘 크고 작은 시련과 역경의 연속이다. 살아간다는 것은 우리에게 닥치는 여러 가지 도전과 어려움을 끊임없이 극복해나가는 과정이다. 질병, 사고, 이혼, 파산, 죽음 등 커다란 시련도 있지만, 하루하루 살아가면서 겪게 되는 인간관계에서의 사소한 갈등이나 자그마한 실수 혹은 짜증스러운 일 등 자잘한 어려움도 모두 다 우리가 극복해야 하는 시련이다. 모든 일이 언제나 다 뜻대로 이루어진다면, 그는 아마도 사람이 아니라 신일 것이다.

돌이켜보면 내 삶에 있어서 가장 큰 시련은 2001년 3월 초 어머님이 갑작스레 하늘의 부르심을 받으셨을 때 찾아왔다. 그리고 2년 반 뒤에 아버님마저 어머님의 곁으로 가셨다. 대학 초년 시절부터 같은 과 커플이었던 두 분은 평생을 동갑내기 친구처럼 다정하게 사셨고, 나는 늘 대화를 나누시던 어머님 아버님과 함께 어울려 많은 이야기를 나누며 성장했다.

어느 날 문득 고아가 되어버린 나에게 견딜 수 없이 큰 슬픔으로 다가왔던 것은 이제 영원히 어머님 아버님과 이런저런 이야기를 나눌 수 없게 되었다는 사실이었다. 그저 '단 10분 만이라도 좋으니 어머님 아버님과 다시 마주 앉아 아무 이야기라도 나눌 수 있다면….' 이런 생각이 들 때마다 지금도 눈시울이 뜨거워진다. 아들이 무슨 일을 하든 대견해하고 지켜봐 주시던 두 분이 이 세상에 더 이상 계시질 않으니, 무슨 일을 해도 도무지 의욕이 생기질 않았다. 결국 수년간 상당한 무기력증에 사로잡혀 많은 고생을 했다. 그러다가 긍정적 정서와 회복탄력성의 힘에 대해서 공부하게 되면서 무기력증에서 서서히 벗어날 수 있게 되었고, 살아가면서 겪게 되는 크고 작은 많은 어려움을 점차 담담히 받아들일 수 있게 되었다.

2011년 3월에《회복탄력성》초판이 출간되었으니 벌써 8년이라는 세월이 흘렀다. 감사하게도 그동안《회복탄력성》은 많은 분으로부터 과분한 사랑을 받았다. "회복탄력성"이란 말은 이 책이 만들어낸 신조어다. 책을 낼 당시만 해도 "회복탄력성"이란 말이 너무 어렵다, 마치 물리학이나 경제학 개념처럼 들린다는 반응이 많았다. 하지만 이 책이 나온 지 수년 만에 마치 원래 우리말에 그런 단어가 있었던 것처럼 많은 사람이 흔히 사용하는 일상적인 용어가 되었다. 이 책의 출간 이후, "회복탄력성"을 제목에 내건 책만 해도 수십 권이 쏟아져 나왔다.

2011년에 출간된 이 책은 2015년 중앙일보에서 보도한 "학문 분야별 최다 인용 저·역서 랭킹" 사회과학 부문에서 2위를 차지했다. 이는 4년이라는 짧은 시간 안에 많은 학자가 학술논문을 작성할 때 이 책을 인용했다는 뜻이다. 정치학 고전인 데이빗 헬드의 책이나 사회학 고전인 울리히 벡의 책을 제치고 사회과학 전체부문에서 2위를 차지했다는 것은 그만큼 많은 학자들 사이에서 인용할만한 가치가 있는 학술서로서 인정을 받았다는 뜻이다. 감사한 일이다. 학자들이 학술논문 쓰는 경우에 즐겨 인용하는 학술서이니만큼, 사실 이 책은 일반인을 위해서 쉽게 쓰인 책이 아니다. 그런데도 지금까지 많은 독자의 사랑을 받았다는 사실이 놀랍기도 하고 감사하기도 하다.

인간과 사회에 관한 다양한 현대의 학문들은 병적인 상태를 정상으로 되돌리는 것에만 주로 초점을 맞춰왔다. 잘못되거나 제대로 작동하지 않는 인간과 사회를 정상으로 되돌리는 것이 학문의 기본적 존재 이유라는 암묵적인 가정이 여러 학문 사이에 널리 퍼져 있다. 예컨대 심리학은 비정상적인 심리 상태를 어떻게 하면 정상으로 되돌릴 수 있을까 하는 문제를 다루며 이상심리학을 중심으로 발전해왔다. 경제학은 대공황이나 인플레이션 등의 문제를 해결하고자 하는 노력을 통해 급속하게 발전했으며, 정치학은 왜 민주주의가 잘 작동하지 않는가, 폭력적이고도 억압적인 정치 체계는 왜 생겨나는가 하는 문제를 중심으로 많은 발전을 해왔다. 사회학 역시 계급 간의 갈등을 비롯한 여러 사회 문제를 해결하고자 하는 노력을 통해 발전해 왔다.

현대의 커뮤니케이션학 역시 다른 학문과 마찬가지로 커뮤니케이션 과정의 여러 가지 문제나 장애를 해결하는 데에 주로 초점을 맞춰 왔다. 커뮤니케이션 분야에서 가장 많은 연구 논문이 생산되는 주제가 소통 장애나 커뮤니케이션 불안증 등에 관한 것이라는 사실만 봐도 잘 알 수 있다. 그러나 정상적인 사람들의 소통능력을 더욱더 향상하기 위한 연구는 찾아보기 어렵다.

사실 특별한 문제가 없는 정상적인 개인이나 사회를 더 높은 곳을 고양시키기 위한 연구는 현대 사회에 들어오면서 거의 자취를 감추었다. 정상적인 상태에서 더 높고 훌륭한 상태로 발전하는 것에 관한 이론들은 이제는 장자 철학이나 공자 사상, 그리고 스토아 철학자들에게서나 찾아볼 수 있을 뿐이다. 2천 년 전 로마시대에 활짝 꽃을 피운 수사학 이론들은 커뮤니케이션의 문제 해결보다는 주로 훌륭한 연설가를 길러내는 방법에 집중했다. 예컨대 12권에 달하는 퀸틸리아누스의 《웅변가 교육》에는 지적으로나 도덕적으로나 훌륭한 사람이 되어야 뛰어난 연설가가 될 수 있다는 입장이 잘 나타나 있다. 좋은 사람이 되어야 소통능력이 높아진다는 뜻이다.

나는 정상적인 사람들의 소통능력을 더욱 고양시키는 방법은 현대 사회에서도 반드시 연구해야 하는 주제라는 확신과 사명감으로 이에 관한 연구에 오래전부터 매달렸다. 소통능력은 결코 말만 그럴듯하게 잘하는 언어구사능력을 의미하는 것이 아니다. 소통능력의 기본은 건강한 인간관계를 맺고 유지할 수 있는 능력이다. 건강한 인간관계는 사랑과 존중이라는 두 축에 의해서 유지된다. 소통능력이란 결국 인간관계 속에서 사랑과 존중을 실현해낼 수 있는 능력이다. 사랑과 존중의 능력은 곧 호감과 신뢰를 주고받는 능력이며 이는 설득력과 리더십의 바탕이 된다. 이러한 소통능력의 향상은 긍정적 정서의 함양을 통해 이루어질 수 있다.

소통능력에 관한 연구를 하던 중, 회복탄력성에 관한 많은 연구가 인간관계능력을 회복탄력성의 중요한 요인으로 파악하고 있음을 알게 되었다. 지난 수십 년간 여러 나라의 많은 학자들이 서로 다른 개념과 다양한 이론들을 통해 회복탄력성에 대해 다양한 연구들을 남겨 놓았는데, 개념과 이론은 달라도 회복탄력성의 근저에는 인간관계능력이 자리 잡고 있음을 공통적으로 강조하고 있음을 알게 되었다. 이것이 소통능력을 연구하던 내가 회복탄력성을 주제로 한 책을 쓰게 된 가장 큰 이유다.

소통능력은 마음 근력의 기초다. 소통능력을 향상시켜야 강한 회복탄력성을 지닐 수 있게 된다는 것과 소통능력을 향상시키기 위해서는 긍정적 정서가 필요하다는 것이 이 책의 핵심 논지다. 긍정적 정서는 변연계의 도파민 회로가 가져다주는 보상체계의 짜릿한 쾌감과는 거리가 멀다. 소통능력과 관련되는 긍정적 정서는 전전두엽의 활성화와 연관이 깊은 행복감이다. 이것이 진정한 행복감이다.

내측전전두엽 중심의 뉴럴네트워크는 자신과 타인에 대한 정보 처리를 할 때 주로 활성화된다. 따라서 진정한 행복감은 나 자신과 다른 사람들에 대해 긍정적 정보를 처리할 때 얻어진다. 나에 대한 긍정적 정보처리의 대표적인 것이 자기용서, 자기수용, 자기존중이다. 타인에 대한 긍정적 정보처리에는 타인용서, 타인수용, 타인존중이 있다. 나와 남을 용서하고, 수용하고, 존중함으로써 진정한 행복감이 얻어진다. 감사하기는 나와 타인에 대한 긍정적 정보처리를 한꺼번에 함으로써 강력한 행복감을 가져다준다. 감사한다는 것은 나와 남을 동시에 긍정하는 것이다.

진정한 행복은 외부적 조건에 의해서 결정되는 것이 아니라 나의 내면으로부터 우러나는 것이다. 진정한 행복은 어떤 조건을 필요로 하지 않는다. 그것은 내면적 결단에 의해서만 이루어진다. 만약 당신의 행복을 위해 반드시 필요한 특정 조건들이 있다고 믿는다면, 그 조건의 충족은 당신에게 오히려 불행을 가져다줄 가능성이 더 크다.

행복이 특정한 조건(돈, 권력, 지위, 명예, 성공, 사회적 평판, 외모 등등)에 의존한다고 믿는 사람들은 그 특정한 조건을 숭배하고 있는 것이다. 돈을 숭배하는 사람은 돈을 벌수록 늘 자신의 돈이 부족하다고 느낀다. 권력을 숭배하는 사람은 권력을 얻을수록 자신의 힘이 약하다고 느낀다. 지위를 숭배하는 사람은 높이 올라갈수록 자신보다 더 높은 곳에 있는 사람만 바라보며 더 높이 올라가야 한다는 강박에 사로잡힌다. 외모를 숭배하는 사람은 늘 다른 사람과 자신을 비교해보며 자신의 단점만을 바라보고 스스로의 매력이 부족하다는 불안감에 시달린다. 이처럼 행복의 조건은 오히려 불행의 조건이라 할 수 있다.

　강력한 회복탄력성의 기반이 되는 진정한 행복감은 나 자신과 다른 사람에 대한 긍정적 태도에서 오는 것이지 외부적 조건에서 오는 것이 아니다. 스스로의 결단을 통해 스스로 행복할 수 있는 사람은 자기 자신과 관계가 건강한 사람이다. 소통능력의 핵심은 자기 자신과 긍정적인 내면적인 소통을 할 수 있는 능력이다. 대인관계는 내면관계의 반영이기 때문이다.

　회복탄력성을 약화시키는 가장 근본적인 부정적 정서는 두려움이다. 두려움에서 좌절감이 나오고 좌절감에서 분노가 싹튼다. 사람들이 두려워하는 것은 크게 두 가지다. 하나는 행복의 조건이라고 굳게 믿는 것을 얻지 못할까봐 두려워한다. 다른 하나는 이미 갖고 있다고 생각하는 행복의 조건을 혹시 잃어버릴까봐 두려워한다. 이러한 두려움을 근본적으로 없애기 위해서는 내가 얻고자 하는 성공이나 성취가 행복을 가져다주지 않는다는 것을 확실히 깨달아야만 한다. 나의 행복은 나의 내면적 결단에서 오는 것임을 깨달아서 어떠한 실패나 역경도 나를 불행하게 할 수 없는 상태가 되어야 한다. 나의 삶이 어떻게 전개되든, 나에게 어떠한 삶의 조건이 주어지든 늘 만족할 수 있다는 오유지족의 상태가 되면 마음에 걸리는 것이 없어지고 따라서 두려움도 사라진다. 두려움이 사라지면 당연히 적극적 도전성이 생긴다. 이것이 회복탄력성이다. 실패에 대한 어떠한 두려움도 없는 상태가 곧 회복탄력성을 지닌 상태다.

지금 이 순간, 있는 그대로, 지금 이대로 오롯이 존재하게 되면 거기에 무한한 행복이 있다. 마이스터 에크하르트 말처럼, 필요한 모든 것을 다 가진 상태가 행복한 것이 아니라, 모든 것을 다 놓아 버리고도 더 이상 아무것도 필요하지 않은 상태가 진정한 행복이다.

회복탄력성에 대한 흔한 오해 중 하나는 성공에 대한 강한 집착으로 어떤 상황에서도 반드시 이뤄내겠다는 집념을 지닌 마음가짐이라는 것이다. 하지만 성공에 대한 강한 집착이나 집념은 오히려 회복탄력성을 떨어뜨린다. 부정적 정서를 유발할 가능성이 커지기 때문이다.

회복탄력성은 성공에 대한 강한 집념에서 나오는 것이 아니라 실패에 대한 두려움 없음에서 나온다. 회복탄력성은 반드시 성공해야겠다는 강력한 의지를 지닌 상태가 아니다. 오히려 실패에 대해 두려움을 느끼지 않는 상태다. 자기 자신에 대한 깊은 성찰을 통해 자신의 행동에 대한 뚜렷한 목적의식과 방향성을 지니되, 그 목적 달성 여부에 얽매이거나 전전긍긍하지 않는 삶의 태도가 회복탄력성을 가져온다.

회복탄력성이 약한 사람들은 자기 자신과 타인에 대한 부정적 감정을 습관적으로 유발한다. 자신과 남에 대해 분노하고 증오하고 미워하고 공격적인 적대감을 지닌 사람은 마음 근력이 허약한 사람이다. 두려움과 분노와 스트레스에 가득차 불행감을 느끼는 사람은 회복탄력성이 약할 수밖에 없다.

사람을 불행하게 하는 요인에는 여러 가지가 있겠지만 가장 근본적인 것이 타인으로부터의 인정을 받고 싶어 하는 욕망이다. 현대 사회는 어려서는 부모의 인정, 커서는 사회적 인정에 중독되도록 사람들을 세뇌시킨다. 다른 사람들로부터의 인정과 선망과 칭찬에 짜릿한 쾌감을 느끼도록 훈련받으며 자라난다. 그 결과 우리는 다른 사람의 인정이나 칭찬에 주는 쾌감에 중독되어 끊임없이 타인의 인정을 추구하느라 자신의 진정한 삶을 살지 못한다. 혹시 무시당하거나 비판이나 경멸을 받게 되지나 않을까 전전긍긍하면서 두려움에 떨며 살아간다. 사람들은 실패나 역경 자체를 두려워한다기보다는 그것이 가져올지도 모르는 주변 사람들의 무시나 비난을 더 두려워한다.

자신과 타인에 대한 긍정적 정보 처리를 통해 진정한 행복감을 얻기 위해서는 무엇보다도 다른 사람의 인정을 얻고자 갈망하는 중독상태에서 벗어나야 한다. 타인의 시선이나 평가에 지나치게 의존하는 상태에서 벗어날 수 있어야만 나 자신과 건강한 관계를 맺을 수 있다. 나 자신과의 관계가 건강해야 다른 사람과의 관계도 건강해지고, 그래야 긍정적 정서가 유발되며, 그래야 회복탄력성이 생겨난다. 진정한 행복을 얻기 위해서는 타인의 인정이나 칭찬으로부터 완벽하게 자유로워져야 한다. 그래야 마음에 걸리는 것이 없어져 "심무가애, 무유공포"의 상태에 가까워질 수 있다. 그래야 어떠한 상황에서든 스스로 오로지 만족하는 자가 되어 어떠한 실패도 두려워하지 않게 된다. 세상의 평판이나 다른 사람의 인정에 연연해하지 않고 자기 자신과 건강한 관계를 유지하는 사람은 실패를 두려워하지 않게 되며 강력한 회복탄력성을 지니게 된다. 이러한 사람은 어떠한 실패나 역경을 겪는다 해도 그것을 도약의 발판으로 삼아 더 높이 되튀어 오른다.

긍정적 정서는 개인의 문제라기보다는 공동체의 문제다. 행복감이나 불행감 모두 전염성이 매우 강하기 때문이다. 한 사람이 부정적 정서를 유발하게 되면 그 불행한 감정은 그 주변사람 모두에게 곧 전염된다. 나의 불행감은 나만의 문제가 아니다. 우리는 함부로 부정적 정서를 표출하여 우리 주변 사람들을 불행감의 구렁텅이로 끌어 내릴 권리가 없다. 따라서 우리는 행복해야 할 의무가 있다. 이것은 공동체 일원으로서의 의무다. 내가 행복해야 다른 사람도 행복해질 수 있기 때문이다. 행복감을 유지하는 것은 따라서 개인적 권리이기 이전에 공동체적 의무다. 회복탄력성은 사실 개인적인 차원의 문제인 것만은 아니다. 강력한 회복탄력성은 사회의 구조적인 문제를 해결하는데도 꼭 필요하다.

전통적으로 대부분의 학문은 늘 사람을 피동적인 존재로 전제해 왔다. 사람의 태도와 행동과 인식이 객관적인 "사회 – 경제 – 문화 – 정치적 조건"에 의해서 결정된다고 보아 왔다. 인간의 의지 밖에 존재하는 "사회 구조"가 독립변인이고 인간의 생각과 행동은 그에 의해서 결정되는 종속변인이라는 관점이다. 물론 그런 측면도 있다. 그러나 이런 식의 세계관만으로는 근본적인 변화나 혁명은 원천적으로 불가능하다. 한 개인의 의지, 행동, 생각이 사회구조를 바꾸어나갈 수 있는 독립변수일 수도 있다는 관점도 늘 열어 놓아야 한다. 보다 나은 세상을 원한다면 그래야만 한다.

지금 내가 사는 세상이 보다 나은 세상으로 변화되어가기를 원한다면 인간을 독립변수로 보는 시각이 필요하다. 물론 사회적 구조에 대한 관심과 연구는 당연히 필요하다. 그러나 구조만 바라보면서 모든 탓을 구조로 돌려서는 구조 자체를 변화시키는 것이 불가능하다. 한 인간이 정치 – 사회적 조건에 의해서 얼마나 영향을 받는지만 살펴볼 것이 아니라, 한 인간이 자신이 사는 정치 – 사회적 조건에 어떻게, 언제, 얼마큼 영향을 미칠 수 있는지도 살펴보아야 한다. 물론 한 개인이 그가 몸담고 살아가는 사회적 구조를 변화시켜가려면 강력한 회복탄력성이 반드시 필요하다.

이 책의 원고 작업 내내 글의 모든 내용을 꼼꼼히 읽고 잘못을 바로잡아준 서울대 언어교육원의 한은경 박사님에게 깊이 감사한다. 내 회복탄력성의 근원인 그의 도움이 아니었다면 이 책은 세상 빛을 보기 어려웠을 것이다.

2019년 3월 석수 김주환

| 차례 |

마음의 근력,
회복탄력성

회복탄력성은 '기억하는 자아'의 문제다.
기억자아는 자신의 경험에 대해 끊임없이 의미를 부여하고
스토리텔링을 하는 자아다. 이 기억자아가 고난과 역경에 대해
긍정적인 의미를 부여하고 긍정적으로 스토리텔링하는 능력을 지닌 사람이
바로 회복탄력성이 높은 사람이다.

회복탄력성이란
무엇인가

역경을 극복하는 힘

회복탄력성은 자신에게 닥치는 온갖 역경과 어려움을 오히려 도약의 발판으로 삼는 힘이다. 성공은 어려움이나 실패가 없는 상태가 아니라 역경과 시련을 극복해낸 상태를 말한다. 떨어져본 사람만이 어디로 올라가야 하는지 그 방향을 알고, 추락해본 사람만이 다시 튀어 올라가야 할 필요성을 절감하듯이 바닥을 쳐본 사람만이 더욱 높게 날아오를 힘을 갖게 된다. 이것이 바로 회복탄력성의 비밀이다.

우리의 삶은 온갖 역경과 어려움으로 가득 차 있다. 물론 행복한 일도 있지만 그보다는 힘든 일, 슬픈 일, 어려운 일, 가슴 아픈 일이 더 많다. 불행한 일은 항상 행복한 일보다 양도 더 많고 질적으로도 강도가 더 센 것처럼 느껴져서 우리를 좌절하게 만든다는 연구 결과도 있다. 하지만 우리 모두는 인생의 역경을 얼마든지 이겨낼 잠재적인 힘을 지니고 있다. 그러한 힘을 학자들은 회복탄력성resilience이라 부른다.

성공을 위해서는 반드시 실패가 필요한 법이다. 별다른 고생 없이 평탄한 삶을 산 사람 중에 커다란 업적이나 성취를 이룬 사람은 찾아보기 힘들다. 창업 이래 한 번도 실패나 어려움을 겪지 않은 대기업도 없다. 그것이 세상의 이치다. 위인전에 나오는 위대한 인물들을 보라. 어떤 분야에서든 뛰어난 업적을 남긴 사람들은 대부분 역경을 극복한 사람들이다. 그렇다면 그들은 왜 하나같이 역경을 극복하고 위대한 인물이 되었을까? 바로 여기에 작은 힌트가 숨어 있다. 위인들은 역경에도 '불구하고' 위인이 된 것이 아니라 사실 역경 '덕분에' 위대한 업적을 이룰 수 있었던 것이다.

역경이야말로 사람을 더욱더 강하게 튀어 오르게 하는 스프링보드와 같은 역할을 한다. 한 마리의 개구리도 앞으로 뛰려면 반드시 뒤로 움츠려야만 하는 법이다. 만약 모든 일이 술술 풀려 인생에 그 어떤 시련도 없었더라면 가장 위대한 대통령으로 칭송받는 링컨도 보잘것없는 시골 변호사로 생을 마감했을 것이고, 처칠 수상은 평생 자그마한 사업이나 운영했을 것이며, 이순신 장군은 이름 없는 말단 장군으로 전전하다가 정년퇴임 당하고 말았을 것이다.

역경으로 인해 나락으로 떨어졌다가도 강한 회복탄력성으로 되튀어 오르는 사람들은 대부분의 경우 원래 있었던 위치보다 더 높은 곳까지 올라간다. 그야말로 실패를 성공의 원동력으로, 오늘의 아픔을 내일의 기쁨의 원천으로 삼는 셈이다. 이들에게는 역풍이 오히려 반가운 존재다. 마치 하늘을 나는 연처럼 바람이 불면 더욱더 높이 날아오르기 때문이다. 그런데 이러한 회복탄력성을 누구나 다 발휘할 수 있는 것은 아니다. 마치 고무공처럼 강하게 되튀어 오르는 사람이 있는가 하면 유리공처럼 바닥에 떨어지는 즉시 산산조각 나서 부서져버리는 사람도 있다. 통계적으로 보면 고무공보다는 유리공의 비율이 두 배 이상 더 많다. 실패를 성공의 도약으로 삼는 사람들이 오히려 소수다. 따라서 세상에는 성공한 사람보다는 실패한 사람의 숫자가 언제나 훨씬 더 많은 법이다.

회복탄력성은 마음의 근력과 같다. 몸이 힘을 발휘하려면 강한 근육이 필요한 것처럼, 마음이 강한 힘을 발휘하기 위해서는 튼튼한 마음의 근육이 필요하다. 심리학자들에 의하면 마음의 힘은 일종의 '근육'과도 같아서 사람마다 제한된 능력을 갖고 있으며, 견뎌낼 수 있는 무게도 정해져 있다.[1] 그러나 마음의 근육이 견뎌낼 수 있는 무게는 훈련에 의해 얼마든지 키울 수 있다.

이 책은 강한 회복탄력성을 발휘할 수 있는 마음의 근육을 키우기 위한 지침서다. 몸의 근육이 몸의 면역력을 높여주듯이, 마음의 근육은 마음의 잔병치레를 막아준다. 회복탄력성은 꼭 커다란 역경을 이겨내기 위해서만 필요한 힘이 아니다. 자잘한 일상사 속에서 겪는 수많은 스트레스와 인생의 고민과 인간관계에서의 갈등을 자연스럽게 이겨내기 위해서도 필요한 힘이다.

사람마다 지니고 있는 회복탄력성의 크기는 천차만별이다. 마치 사람마다 체력의 차이가 존재하는 것과 같다. 체계적인 운동과 훈련을 통해 우리의 체력을 기를 수 있듯이, 회복탄력성도 체계적인 노력과 훈련을 통해 키워나갈 수 있다. 이 책을 통해 당신은 회복탄력성이 어떠한 요소로 이루어져 있는가를 알게 되고, 그러한 요소들을 개발시키기 위해서 어떠한 노력을 해야 하는지를 이해하게 될 것이다. 이제 인생의 크고 작은 시련은 두려위할 대상이 아니다. 오히려 성공을 위한 도약의 발판이 될 테니 즐겁게 맞이할 일이다.

역경에
대처하는 사람들

서울대 이상묵 교수의 경우

우리가 살아가면서 겪을 수 있는 여러 역경 중에서 최악의 경우에는 어떤 것들이 있을까? 서울대 지구환경과학부 이상묵 교수의 경우를 보자. 그는 국비 장학생으로 MIT에서 박사학위를 받은 전도 유망한 해양지질학자였다. 첨단 해양탐사선 온누리호의 수석과학자로서 전 세계 바다 곳곳을 누비며 세계적인 학자들과 여러 공동 연구를 진행하기도 했다. 그는 과학자이면서 동시에 탐험가였다.

한창 일할 나이인 45세 되던 2006년 여름. 이상묵 교수는 캘리포니아 공과대학과 공동으로 야외지질조사 프로젝트를 수행하게 된다. 그런데 그는 머나먼 미국 땅에서 차량이 전복되는 사고를 당하고 만다. 뜨거운 사막 한가운데를 달리던 차는 뒤집어졌고 그는 정신을 잃었다. 어느 누구도 예측할 수 없었던 불행이 어느 날 갑자기 이상묵 교수에게 찾아왔다. 사고 후 3일이 지나서야 그는 의식을 회복했지만 눈만 껌뻑일 수 있을 뿐 손끝 하나 움직일 수 없었다. 전신마비였다.

눈을 한 번 깜빡이면 긍정, 두 번 깜빡이면 부정의 뜻을 나타내는 것으로 겨우 의사표현을 했고 3주가 지나서야 가까스로 입을 떼서 말을 할 수 있었다. 결국 그는 목 아랫부분을 전혀 움직일 수 없는 전신마비 장애인이 되고 말았다. 세계가 좁다며 5대양 6대주를 탐험하며 연구하던 그에게는 치명적인 역경이 아닐 수 없었다.

하지만 이상묵 교수는 전신마비라는 중증에도 불구하고 현실을 냉정하고 정확하게 파악했다. 처지를 비관해 우울해하거나 현실을 부정하려 하지도 않았고 있는 그대로 받아들였다. 보통 전신마비 환자들은 자신에게 일어난 불행을 부정하며 사실로 받아들이려 하지 않는다. 평균 3년 이상이 지나야 자신에게 닥친 상황을 비로소 현실로 받아들이게 된다. 담당 의사에 따르면 이상묵 교수는 처음부터 자신에게 닥친 불행한 현실을 있는 그대로 받아들였으며 6개월 만에 일상생활에 복귀하는 놀라운 회복탄력성을 보였다.

그는 전동 휠체어에 몸을 실은 채 학교로 복귀하여 강의와 연구에 몰두하고 있다. 오직 입만 움직일 수 있을 뿐인 그는 노트북과 연결된 구강용 마우스로 프로젝터 스크린을 작동하여 강의하는데, 마우스를 빨면 왼쪽 클릭, 불면 오른쪽 클릭이 되는 식이다. 이러한 역경 속에서도 이 교수는 재활 경험과 긍정적 인생관을 담아 책을 출간하기도 했다. 〈뉴욕타임즈〉 등 세계 언론이 그를 주목했으며, 스티븐 호킹 등을 대중적으로 유명하게 만든 노바 채널에서 그의 일대기를 다룬 다큐멘터리를 제작하기도 했다. 그는 이제 한국의 스티븐 호킹에 비유되고 있다. "이 정도만 다쳐서 다행"

이라고 말하는 그는 보조재활공학센터를 만들어 장애인을 위한 기술개발을 시작했고, 장애인에 대한 편견을 없애는 데 앞장서고 있다. 그는 스스로를 진심으로 '행운아'라고 생각하고 있으며, 다시 교단에 설 수 있어 행복하다고 말한다. 그는 이렇게 말한다. "일밖에 모르던 내가 사고 후에 오히려 희망이 무엇인지 알게 되었습니다"라고. 그리고 한마디 덧붙였다. "나는 큰 행운아입니다."

이상묵 교수와 아주 오래전부터 친분이 있던 나의 한 친구는 그가 워낙 성품이 부드럽고 낙천적이며 주변 사람을 편안하게 해주는 성격을 지녔다고 말한다. 그의 낙천적 성격은 방송에 비친 모습에서도 잘 드러난다. 그는 다른 사람의 도움을 받아 관을 통해 소변을 받아내야 하는 힘든 상황에서도 오히려 주변 사람들의 마음을 편하게 해주려 노력한다.

그는 말한다. "사고 때문에 오히려 더 마음이 편해진 면도 있다. 할 수 없는 일에 매달리고 집착하기보다는 할 수 있는 일에 집중하는 것이 더욱 중요하다"라고. 그는 얼굴로 전동휠체어를 조정하고 입술로 컴퓨터 마우스를 조정해야 하는 상황에서도 활발히 연구 활동을 전개하여 오히려 사고 전보다 세계적으로 더 주목받는 학자가 되었다.

사고 후 5년이 흐른 2010년 말에는 KT와 함께 중증장애인용 IPTV를 개발하기도 하였다. 자신처럼 손발을 전혀 사용할 수 없는 장애인들이 주변의 도움 없이 구강용 마우스를 이용해서 TV를 켜고 채널과 볼륨을 조절할 수 있게 한 것이다. 이상묵 교수는 "나에게 닥친 사고를 불운의 시작이라고 보지 않고, 몰랐던 다른 세계를 볼 수 있는 새로운 인생 방향의 전환"이라고 역설하며 장애인 학생들에게 희망을 불어넣어주는 희망메이커의 역할을 담당하는 한편 장애인을 위한 따뜻한 융합 기술의 개발에 열정을 쏟고 있다.

이상묵 교수의 말처럼 '역경도 극복만 할 수 있다면 좋은 것'이다. 다시 말해서 극복만 할 수 있다면, 역경이 아예 없었던 것보다 더 나을 수 있다는 이야기다. 그리고 역경을 극복할 수 있느냐 없느냐는 역경 그 자체에 달려 있는 것이 아니라, 역경을 겪는 사람에게 달려 있다. 극복해낼 수 있는 힘, 즉 회복탄력성에 달려 있는 것이다.

물론 이러한 회복탄력성을 누구나 지니고 있는 것은 아니다. 그렇다고 해서 이상묵 교수처럼 강인한 회복탄력성을 보이는 사람들이 아주 특수하거나 예외적인 것도 아니다. 생각보다는 상당히 많다. 대략 전체 인구의 3분의 1 정도는 인생의 역경에 대해 강한 내성을 지니고 있다고 알려져 있다. 이는 세 사람 중에 두 사람은 역경이 닥치면 무너지거나 주저앉을 가능성이 높은 반면 나머지 한 사람은 꿋꿋이 이겨내고 더 큰 성장과 발전을 이뤄낸다는 뜻이다.

역경을 딛고 일어나는 사람들을 회복탄력성이 높은 사람들(R집단: resilient group)이라 하고, 이와는 반대로 역경을 만나 맥없이 무너지고 굴복하는 사람들을 깨지기 쉬운 사람들(F집단: fragile group)이라 부른다. 전체 인구 중에서 R집단과 F집단의 비율은 대략 1:2 정도인 것으로 알려져 있다(1대 2의 법칙). 이상묵 교수는 물론 F집단이 아니라 R집단에 속하며 그중에서도 상위 그룹에 속한 대표적인 경우다. 그러나 이 분류가 불변하는 원칙은 아니다. F집단에 속한 사람도 노력과 훈련을 통해 R집단으로 옮겨갈 수 있으며, R집단에 속한 사람 역시 회복탄력성을 더욱더 증진시킬 수 있다는 것을 많은 연구가 입증하고 있다.[2] 이제 회복탄력성이 높은 사람들의 특징을 좀더 살펴보기로 하자.

SBS 그것이 알고 싶다

———

이상묵 교수의 이야기는 여러 뉴스 기사와 그가 쓴 책을 통해서도 알려졌지만, 특히 자세히 소개된 것은 2009년 2월 14일에 방영된 SBS의 〈그것이 알고 싶다 — 절망을 이겨낸 사람들의 7가지 비밀〉을 통해서다. 2008년 말에 SBS 〈그것이 알고 싶다〉 제작진은 세계적인 금융 위기 속에서 2009년이 굉장히 어려운 한 해가 될 텐데 국민들에게 희망을 줄 수 있는 이야기를 하고 싶다며 나에게 자문을 구해왔다.

그때 나는 제작진에게 '회복탄력성'이라는 개념을 소개하면서 이를 집중적으로 다뤄볼 것을 권유했다. 회복탄력성이라는 개념은 아직 우리나라 일반 대중에게 제대로 소개된 적이 없고 일반인을 대상으로 전국적인 조사가 이루어진 적도 없었기 때문에 나는 내친김에 〈그것이 알고 싶다〉 제작진과 함께 우리나라 국민들의 회복탄력성 지수를 조사하기로 했다.

그리하여 회복탄력성이 높은 사람과 낮은 사람에 대한 뇌파실험을 진행하는 동시에 우리나라 최초로 전문 조사기관에 의뢰하여 전 국민 샘플 309명의 '회복탄력성 지수RQ: Resilience Quotient'를 측정하게 되었다. 당시만 해도 아직 우리나라 일반인을 위한 적절한 RQ 검사도구가 개발된 것이 없는 상황이어서 우선 레이비치Reivich와 샤테Shatte가 개발한 56개 문항의 검사도구[3]를 번역하여 사용하였다. 이를 통해 한국인의 회복탄력성 수준을 대략이나 마 미국인과 비교해볼 수 있었고 그 내용이 방송을 통해 소개되었다.

검사 결과, 한국인은 낙관성, 원인분석력, 공감능력 등에서 미국인과 거의 비슷한 수준을 보였으나 감정통제력, 자기효능감, 적극적 도전성 등의 요소에서는 현저하게 낮은 수치를 보였다. 하지만 현저하게 높은 점수를 보인 요소도 있었는데 그것은 충동통제능력이었다. 그러니까 한국인들은 충동통제능력 — 하고 싶은 것을 다 참아가면서 목적한 바를 이루는 능력 — 만은 미국인들보다 훨씬 더 높다는 것인데 이는 매우 주목할 만한 현상이었다.

〈그것이 알고 싶다〉는 이상묵 교수 외에도 각기 다른 시련을 이겨낸 여러 사람들의 이야기를 자세히 다루었다. 28세의 우정훈 씨는 비보이계의 고참으로 최고의 스트리트 댄서였다. 9년 열애 끝에 결혼에 골인하여 행복한 신혼 생활을 시작한 그는 어느 날 불의의 교통사고를 당해 하반신 마비 장애인이 되었다. 결혼한 지 8개월밖에 안 된 시점이었다. 그러나 그에게는 이 커다란 시련을 담담하게 받아들이고 남편을 향해 환히 웃으며 따뜻하게 보살펴주는 아내 김성희 씨가 있었다. 우정훈 씨는 사고를 당한 지 1년도 채 안 되어 일상으로 복귀했다. 휠체어를 타고 랩을 하며 무대에 오르고, 비보이 전문 사회자와 방송인으로 활약하며, 대학에서 강의도 시작했다. 좌절을 이겨낼 수 있는 힘이 무엇이냐는 질문에 그는 매일 아내와 나누는 대화라고 대답했다.

인터뷰에서 우정훈 씨의 아내 김성희 씨는 밝은 표정으로 이렇게 얘기한다. "만약 사고가 안 났더라면 서로에게 얼마만큼 힘이 되어줄 수 있고, 또 서로에게 얼마나 소중한 사람인지 영원히 몰랐을 거예요. 사고가 안 났더라면 서로 자신을 더 내세우며 많이 싸우고 갈등을 겪었겠지요." 우정훈 씨 역시 사고로 자신이 할 수 없는 일을 생각하고 괴로워하기보다는 주어진 상황을 긍정적으로 받아들이면서 '할 수 있는 일'을 적극적으로 찾아나서는 '힘'을 보여주었다.

회복탄력성은 신체적 장애의 극복만을 가능하게 하는 것은 아니다. 류춘민 씨는 부산에서 연 매출 50억이 넘는 한우고깃집을 운영하던 사업가였다. 언덕 위에 자리잡은 그의 음식점은 멀리 바다가 내려다보이는 전망 좋은 산책로를 포함해서 1만1천 평에 이르는 거대한 규모였다. 좌석만 해도 500석이 넘고 종업원도 100명이 넘었다. 그러나 1997년 IMF 사태가 닥치면서 매출은 반토막이 났고 엎친 데 덮친 격으로 1999년에는 광우병 파동까지 일어났다. 계속 빚을 늘려가며 음식점을 운영하던 그는 2004년에 100억에 이르는 빚을 지게 되었다.

결국 류춘민 씨는 음식점을 모두 처분하여 빚을 갚고 빈털터리가 되는 결단을 내릴 수밖에 없었다. 스스로 너무 쉽게 성공해서 자만에 빠진 것이 패인이라고 진단하는 그는 "끝까지 욕심내서 붙들고 있다가 부도라도 냈으면 직원들 퇴직금이나 줬겠어요? 팔아 넘긴 게 다행이지요"라고 환한 표정으로 이야기한다. 하루아침에 빈털터리로 전락한 그는 아내와 함께 4년 동안 고생한 끝에 8천만 원으로 14평짜리 작은 국수집을 하나 차릴 수 있었다. 밝은 표정으로 도마질을 하면서 이야기하는 류춘민 씨의 얼굴은 환히 빛났다. 하루 종일 국수를 팔아 버는 돈이 예전 식당의 한 테이블에서 나오는 매출에도 못 미치는 경우가 허다하다. 그럼에도 그는 "이제 하루에 백 그릇만 팔자는 목표가 생겨서 좋다"고 했다. 희망이 보인다는 것이다.

"예전에는 온갖 걱정이 많았지만 지금은 걱정이 없어졌어요. 하루하루가 감사하지요."

류춘민 씨와 함께 식당 일을 열심히 하는 부인 역시 이렇게 얘기했다. "어떤 면에서는 좋죠. 제자리에 돌아온 것 같아요. 옛날에 큰 식당을 할 때에는 땅을 딛고 있는 것이 아니라 붕 떠 있는 듯한 기분이 들었어요. 하지만 이제는 제자리에 제대로 땅을 딛고 서 있는 느낌이지요." 류춘민 씨 역시 우정훈 씨와 같은 이야기를 했다. "내가 지금 얼마나 가졌느냐보다도 내가 지금 무엇을 하고 있느냐에 초점을 맞췄기 때문에 이렇게 웃으며 살 수 있다"는 것이다.

경기도 수원에서 직원이 5명뿐인 작은 두부 공장을 운영하는 김동남 사장의 경우를 보자. 그는 스스로를 평생 단 한 번도 가난에서 벗어나본 적이 없는 사람이라고 했다. 특히 1997년 IMF 위기 때에는 그나마 있던 작은 희망마저 사라져버리는 완벽한 절망을 경험했다. 착하게 열심히 살아도 안 되는구나 하는 비관에 술을 마시기 시작했고, 결국 노숙자로 전락했다. 술에 취한 채 공원 바닥에 쓰러져 잠들었다가는 눈 뜨자마자 다시 술을 마셔야 정신을 차릴 수 있을 정도로 폐인이 되었던 것이다. 그러다가 다행히도 노숙인 쉼터를 운영하던 우정섭 씨에 의해 발견되었다. 우정섭 씨에 의하면 김동남 씨를 발견했을 당시 그는 혼자서는 걸음조차 걸을 수 없어 사람들에게 업혀서 쉼터로 들어왔다고 한다. 김동남 씨는 노숙자 쉼터에 옮겨온 후에도 몇 차례 병원에 실려갈 정도로 술을 계속 마셨다. 그야말로 죽음이 눈앞에 닥칠 만큼 절망적인 상황이었다.

김동남 씨는 그 당시 이대로 죽느냐 아니면 다시 한 번 제대로 살아보느냐의 마지막 갈림길에 서 있음을 느꼈다고 한다. 이제 더 이상 내려갈 곳이 없고, 마지막은 죽음뿐이겠구나 하는 생각이 든 순간, 그는 스스로도 놀랄 정도로 다시 일어서야겠다는 강한 의지가 솟아오르는 것을 느낄 수 있었다고 한다. 가장 밑바닥까지 추락한 뒤에 마침내 되튀어 오를 힘을 만나게 된 것이다.

그는 노숙자 쉼터 근처에 방 한 칸 크기의 작은 공간에서 중고 두부 기계 하나를 마련해놓고 두부를 만들기 시작했다. 처음에는 계속 불량이 나와서 무료로 동네 사람들에게 나눠주기도 했다. 그러나 꾸준히 노력한 결과 이제 두부 공장은 점차 자리를 잡아가고 있다. 그는 "지난해 매출은 2,500~3,000만 원 정도였는데, 이제는 어떻게 해서든지 4,000만 원은 만들어보자는 희망을 갖고 열심히 일한다"고 이야기했다.

김동남 씨는 지금도 쉼터에 두세 달에 한 번씩은 꼭 방문하여 두부를 전달한다. 노숙자 쉼터에서 그는 '살아 있는 신화'로 통한다. 불굴의 의지로 재활에 성공했기 때문이다. 김동남 씨는 두부 공장을 자신처럼 어려운 처지의 사람들이 함께 일할 수 있는 사회적 기업으로 키워나가는 꿈을 갖고 있다. 그는 자신의 삶이 변화하게 된 것은 이러한 목적의식이 생겼기 때문이라고 한다. 왜 살아야 하는지에 대한 목적의식이 자신에게 재활의 의지를 가져다주었다는 것이다. 김동남 씨 역시 이렇게 말한다. "부모 원망하고, 세상 원망하고, 좌절해서 술 마시고 그랬었는데, 지금 생각해보면 오히려 그러한 고통과 절망이 있었기에 지금의 내가 있는 것이지요."

여기서 우리가 주목해야 할 점은 자신의 역경을 바라보는 이들의 긍정적 관점이다. 이상묵 교수는 "하나를 잃고 열 개를 얻었다"며 스스로를 '행운아'라고 표현했으며, 우정훈 씨와 아내 김성희 씨는 "사고 덕분에 서로를 더욱 소중하게 여기게 되었다"고 말했다. 류춘민 씨와 그의 아내 역시 "예전에는 걱정이 많았지만 지금은 걱정도 없고, 하루하루가 감사하다"고 했다. 김동남 사장 역시 "과거의 고통과 절망 덕분에 지금의 내가 있으며 희망과 목적이 있어서 행복하다"고 말했다.

이들은 역경을 극복했기 때문에 역경을 긍정적으로 보는 것이 아니다. 역경을 긍정적으로 봤기 때문에 역경을 극복할 수 있었던 것이다. 역경을 긍정적으로 받아들여 그것을 도약의 기회로 삼는 것, 그것이 바로 회복탄력성의 핵심이다. 회복탄력성의 다른 예를 좀 더 살펴보자.

에이미 멀린스의 경우

에이미 멀린스는 선천적 기형으로 태어날 때부터 종아리 뼈가 없어서 한 살 때 두 다리를 절단하는 수술을 받아 무릎 아래 다리가 없는 장애인이다. 하지만 멀린스는 장애인에 대한 편견을 변화시키고 나아가 장애를 지닌 사람들에게 희망을 주는 인물이라는 평가를 받는다. 〈피플〉 지誌 선정 '아름다운 여성 50인'에 이름을 올리기도 한 멀린스는 장애를 가진 사람을 뭔가 부족한 사람이 아니라 독특한 특징과 새로운 가능성을 지닌 사람으로 봐야 한다고 당당하게 주장한다.

멀린스에 따르면 아직도 많은 사람들이 장애인에 대한 편견을 가지고 있다. 멀린스는 자신은 장애disabled가 있다고 생각하지 않는다고 하면서, 여성의 진정한 아름다움이 무엇인지, 그리고 장애가 무엇인지에 대해 여러 강연을 통해 오히려 반문한다. 테드닷컴www.ted.com에 가면 그의 강연을 쉽게 찾아볼 수 있다. 그중 가장 인상 깊었던 장면은 자신의 여러 개의 인조 다리 세트를 무대 위에 쭉 펼쳐놓고 연설하던 멀린스가 다리 하나를 번쩍 들면서 이렇게 말하는 것이다. "성형으로 유명한 파멜라 앤더슨은 저보다 더 많은 보철술prosthetics을 받았습니다. 그러나 아무도 파멜라 앤더슨을 장애인이라고는 하지 않잖아요?"

사실 그의 강연 모습을 보면, 일반인과 다른 점을 찾을 수가 없다. 뿐만 아니라 멀린스는 자신의 다리가 불가능을 가능하게 하는 놀라운 힘을 주었다고 말한다. 이는 은유가 아니다. 그는 장애에도 '불구하고' 성공한 것이 아니라 장애 '덕분에' 슈퍼 스타가 되었기 때문이다. 멀린스는 운동 선수, 패션 모델, 영화 배우 그리고 동기부여 강연까지 수많은 활동을 하고 있는데 이 모든 것이 두 다리가 없기 때문에 가능해진 일들임을 본인 스스로 분명히 밝히고 있다.

멀린스는 미국 워싱턴에 위치한 조지타운 대학에 입학한 후 장애인 올림픽에 미국 대표 선수로 출전해 자신의 존재를 세상에 알렸다. 그는 의족을 끼고 1996년 장애인 올림픽에서 세계기록을 세웠다. 100미터 15.77초, 200미터 34.60초, 그리고 멀리뛰기 3.5미터의 기록을 갖고 있다. 또한 패션 모델로서 영국의 패션 디자이너 알렉산더 맥퀸의 런던 쇼에서 수공예로 만든 구두 일체형 인공다리로 멋지게 런웨이를 걷기도 했다. 뿐만 아니라 멀린스는 책을 저술하고 강연 활동을 펼치는 동시에 영화 배우로도 왕

성한 활동을 펼치고 있다. 특히 그는 멋진 강연을 통해 사람들에게 용기를 북돋아주는 동기부여 전문가motivational speaker로도 활약하고 있다.

멀린스는 자신의 인조 다리를 통해 인체의 다양한 아름다움에 새로운 경지를 개척해나간다는 자부심마저 갖고 있다. 자신의 여러 가지 모양의 인조 다리가 전통적인 아름다움의 요소와 최첨단의 과학 기술을 한데 합쳐 이루어진 걸작이라고 하면서, 이러한 다리를 만들어가는 과정을 자신만이 할 수 있는 지극히 가치 있는 작업으로 생각한다.

어느 날 스탠딩 파티에서 있었던 일이다. 여러 개의 다리 세트를 갖고 있는 멀린스는 좀 긴 다리나 짧은 다리를 착용함으로써 자신의 키를 8cm 정도 늘였다 줄였다 할 수 있다. 파티에서 오랜만에 멀린스를 만난 그의 친구는 갑자기 커진 에이미의 키에 놀라 이렇게 키가 큰 줄 미처 몰랐다고 말했다. 멀린스가 좀 긴 다리를 착용하고 왔을 뿐이라고 하자 그 친구는 진심으로 부러워하면서 "이건 너무 불공평한 일이야It's unfair!"라고 소리쳤다고 한다. 그것은 농담이 아니라 진심이었다. 멀린스는 다리가 없다는 사실을 장애가 아니라 친구가 부러워할 정도의 독특한 장점으로 전환시켜버린 것이다.

멀린스는 다리가 없는 장애를 그저 극복한 정도가 아니라 자신의 장애를 발판으로 삼아, 그것을 무기로 삼아, 그러한 장애가 없었다면 불가능했을 일들을 이뤄나가고 있다. 멀린스는 자신의 독특한 점이 약점이 되느냐 강점이 되느냐의 여부는 오로지 자신이 그것을 어떻게 활용하느냐에 달려 있을 뿐이라는 것을 분명히 보여준다.

패트리샤 휘웨이, 조앤 롤링, 안데르센의 경우

영국에 사는 패트리샤 휘웨이는 전문직에 종사하던 커리어 우먼이었다. 그러나 한창 일할 나이인 40세가 되던 2000년, 그는 일을 포기하고 전업주부가 되기로 결심한다. 좀 더 정확히 말하자면 아이를 위해 전업주부가 되기로 결심한 것이다. 여기까지 말하면 우리나라에서 흔히 볼 수 있는, '아이의 교육을 위해 모든 것을 희생하는 극성 엄마'의 이미지가 떠오를지도 모른다. 그러나 패트리샤의 희생의 이유는 심각한 장애를 지닌 아들 때문이었다.

패트리샤의 아들 조지는 뇌전증과 학습장애에다가 식이장애까지 갖고 있었다. 시간이 지날수록 패트리샤는 아이가 먹는 모든 음식이 아이의 상태를 더 나쁘게 만든다는 사실을 확신하게 되었다. 조지는 우유와 밀가루 음식 그리고 거의 모든 식품첨가물에 알레르기 반응을 보였다. 먹는 음식마다 토하고, 설사하며 알레르기 반응을 보이다가 간질 발작까지 일으키는 어린 아들을 부둥켜 안고 눈물로 지새는 밤이 늘어갔다.

패트리샤의 어린 시절 역시 평탄하지는 못했다. 공군이었던 그의 아버지는 휘웨이가 다섯 살 때 세상을 떠났다. 아버지의 죽음 이후 어머니는 한곳에 정착하지 못하는 방랑벽이 생겨서 매년 영국 전역을 떠돌아다녔고 패트리샤는 매년 새 학교로 전학을 가야만 했다.

패트리샤 인생의 최대 역경은 첫 아들 조지가 태어난 지 6개월 만에 간질이라는 판정을 받았을 때였다. 엎친 데 덮친 격으로 조지는 주의력 결핍과 학습장애도 보였고, 만성유아 설사증후군도 있었다. 그러던 어느 날 패트리샤는 우연히 시청한 TV다큐멘터리를 통해 음식 문제가 설사뿐만 아니라 자폐증까지도 유발할 수 있음을 알게 되었다. 그는 당장 아이에게 글루텐이 포함된 밀가루가 들어 있지 않은 음식만 주기 시작했다. 그러자 설사가 멎었다. 페트리샤는 아이에게 식품첨가물이 있는 음식을 되도록 덜 먹이기 시작했다. 그러자 아이의 주위산만함도 줄어드는 것 같았다. 조지가 다섯 살이 되었을 때, 패트리샤는 음식 조절만으로도 조지의 많은 문제가 해결되어가는 것을 느낄 수 있었다.

그런데 문제는 글루텐과 식품첨가물이 없는 먹을거리를 구하기가 쉽지 않다는 것이었다. 패트리샤는 집 근처의 슈퍼마켓과 건강식품점을 샅샅이 뒤졌지만 아이에게 먹일 안전한 먹을거리는 거의 없었다. 할 수 없이 그는 아이를 위해 스스로 글루텐이 없는 빵을 매일 굽고 아이가 먹는 모든 음식을 직접 다 만들었다.

그리고 마침내 휘웨이는 스스로 음식 산업을 바꿔야겠다고 마음먹었다. 그는 영국의 최대 유통회사인 테스코의 경영진에게 편지를 썼다. 그는 알레르기 환자들을 위한 음식을 만들겠다는 자신의 계획을 밝히면서, 제대로 된 슈퍼마켓이라면 이러한 음식을 판매해야 한다고 설득했다. 휘웨이는 아들의 상태와 자신이 처한 상황을 있는 그대로 전했다.

놀랍게도 테스코 경영진은 휘웨이의 제안을 받아들였다. 테스코는 휘웨이에게 알레르기 환자용 식품 개발을 맡겼으며, 유명한 '프리 프롬 Free From' 시리즈 생산과 유통은 그렇게 시작되었다. 2006년 패트리샤 휘웨이는 테스코의 브랜드 매니저가 되었다. 프리 프롬 라인 외에도 첨가물이 없는 '테스코-키즈' 시리즈와 '페어트레이드' 시리즈도 개발했다. 이제 그는 영국의 식품 산업을 주도하는 인물로 떠올랐다.

아이의 질병 때문에 자신의 모든 경력을 잃을 뻔했던 패트리샤는 오히려 더 화려한 경력을 쌓아갈 수 있게 되었다. 페트리샤 휘웨이 역시 멀린스처럼 역경을 오히려 도약의 발판으로 삼았다. 역경에도 불구하고가 아니라 역경 덕분에 성공적이고도 행복한 삶을 살게 된 것이다. 페트리샤 휘웨이에게 회복탄력성이 부족하였다면, 아마도 자신에게 닥친 역경에 굴복하여 처지를 비관하면서 눈물과 절망으로 하루하루를 보냈을 것이다.

《해리 포터》의 저자인 조앤 롤링은 20대 초반에 영국에서 포르투갈로 가서 그곳 남자와 결혼했으나, 딸을 낳고 2년 만에 이혼했다. 어린 딸과 함께 무일푼 신세가 되어 영국으로 돌아온 그는 정부보조금으로 근근히 먹고사는 가난에 찌든 싱글맘이 되었다. 어린 딸과 함께 죽어버리고 싶다는 생각이 들 정도로 혹독한 가난에 시달렸고 심지어 우울증마저 그를 괴롭혔다. 어린 딸에게 읽어줄 동화책 한 권 살 돈이 없었던 조앤 롤링은 아이에게 읽어줄 동화를 직접 쓰기 시작했다. 이렇게 해서 《해리 포터》가 탄생한 것이다. 결국 그는 해리 포터 시리즈로 엄청난 돈을 벌어 영국 여왕보다 더 큰 부자가 되었고, 《포브스》 선정 세계 500대 부자에 등극하기에 이르렀다.

조앤 롤링은 이렇게 얘기한다. "제가 가장 두려워했던 실패가 현실로 다가오자 오히려 저는 자유로워질 수 있었습니다. 실패했지만 저는 살아 있었고, 사랑하는 딸이 있었고, 낡은 타자기 한 대와 엄청난 아이디어가 있었죠. 가장 밑바닥이 인생을 새로 세울 수 있는 단단한 기반이 되어준 것입니다."

동화작가 안데르센 역시 자신의 역경이 진정한 축복이었다고 회고한 바 있다. 그는 매우 가난한 집안에서 태어나 초등학교도 다니지 못했으며 알코올 중독자인 아버지에게 학대를 당하곤 했다. 그는 훗날 동화작가로 명성을 얻게 되었을 때 이렇게 말했다. "생각해보니 나의 역경은 정말 축복이었습니다. 가난했기에 《성냥팔이 소녀》를 쓸 수 있었고, 못생겼다고 놀림을 받았기에 《미운 오리새끼》를 쓸 수 있었습니다."

이처럼 역경을 극복한 사람들은 한결같이 자신의 역경을 긍정적으로 바라보며 성공과 도약의 발판이자 원동력이라고 말한다.

시한부 생명을 선고받은 경우

회복탄력성은 시한부 생명을 선고받은 사람들에게도 힘과 용기와 행복을 준다. 불치의 병으로 시한부 생명을 선고받은 사람 중에는 오히려 이전의 삶보다 더 행복해졌다고 말하는 사람이 꽤 많다. 진정 하고 싶었던 것, 진짜 의미 있는 일을 이제 더 이상 미루지 않고 하게 되었기 때문이다.

회복의 가능성이 없어 시한부 생명을 선고받은 악성 뇌종양 환자 7명과 그의 가족 22명을 심층 인터뷰한 연구가 있다.[4] 환자들은 긴 인터뷰를 통해 자신이 현재 처한 상황은 고통스러운 경험이지만, 그런 과정에서 자신 안에 있던 강인함과 회복탄력성을 스스로 발견할 수 있었다고 응답했다. 환자들은 특히 가족이나 친지들과 자신의 경험을 이야기할 수 있다는 사실 자체에 깊이 감사했다.

죽음을 수개월 앞둔 이 환자들은 불치의 병에 걸리고 나서 스스로 무엇인가를 배우고 깨닫게 되었다고 말한다. 불치의 병을 통해 만약 그것이 없었더라면 도저히 불가능했을 성장이 가능했다는 것이다. 어떤 환자는 시한부 생명을 선고받은 이후에 자신의 진정한 삶이 시작되었다고 말할 정도다. 시한부 생명 선고가 오히려 "삶을 천천히 되돌아보게 하고, 삶의 모든 순간을 즐길 수 있게 해주었다"는 것이다. 심지어 그것이 "나에게 도전하고 싸울 수 있는 특별한 힘을 주기도 한다"고 말한 환자도 있었다. 시한부 생명을 선고받은 환자들은 놀라울 정도로 자신의 처지와 주위 사람들에게 감사하는 긍정적 태도를 보이고 있었다.

지금까지 살펴본 사람들은 한결같이 자신의 고통과 시련을 긍정적으로 바라보고 그것을 적극적으로 받아들이며 오히려 그러한 역경을 도약의 발판으로 삼고 있음을 알 수 있다. 그런데 도대체 어떻게 이런 일이 가능한 것일까? 아픔과 괴로움을 겪게 되면 어서 그 상황에서 벗어나고 싶어지는 것이 인지상정이다. 도대체 어떻게 고통과 좌절을 긍정적으로 바라볼 수 있는 가능성이 생기는 것일까? 이에 대해 노벨경제학 수상자인 다니엘 캐니만 교수는 명쾌한 답을 제공한다.

회복탄력성을
발견하다

다니엘 캐니만 교수의 대장내시경 실험

심리학자인 다니엘 캐니만 교수는 심리학자이면서도 노벨경제학 상을 수상했다. 그는 인간의 행동과 의사결정이 결코 고전경제학에서 가정하는 이성적 인간처럼 산술적인 이해관계와 기계적 합리성에 의해 이루어지지 않는다는 것을 입증해 보임으로써 행동경제학의 새로운 지평을 열었다. 그는 고전경제학의 가장 근본적인 가정, 즉 사람은 자신이 무엇을 원하는지를 분명히 알고 있으며 이에 따라 이성적이고도 합리적인 결정을 내린다는 가정을 일거에 무너뜨렸다.

　캐니만 교수에 따르면 한 인간에게는 경험자아experiencing self와 기억자아remembering self라는 뚜렷이 구분되는 두 존재가 공존하고 있다. 경험자아는 현재 내가 경험하는 것을 느끼는 자아다. 이 자아는 지금 벌어지는 기쁜 일이나 쾌락을 즐기고 고통이나 괴로움을 피하려 한다. 한편 기억자아는 지나간 경험을 회상하고 평가하는 자아다. 그러한 '회상'은 이야기하기story-telling의 형태로 나타난다. 그런데 이 두 자아의 판단은 대체로 일치하지는 않는다는 것이 캐니만 교수 이론의 핵심이다. 그리고 미래에 대한 예측과 그에 따른 의사결정—예컨대 지금 무슨 일을 어떻게 할 것인가 등—은 전적으로 기억자아에 의존해서 이루어진다. 다시 말해서 우리가 세상을 살아가는 데 있어서 더 중요한 것은 기억자아다.

구체적인 예를 들어보자. 지금 당신이 이 책을 읽으면서 무엇인가를 느끼고 생각하는 것은 바로 당신의 경험자아다. 그런데 책을 읽고 나서 이 책에 대해 기억하고, 다른 사람과 이야기를 나누는 것은 바로 기억자아다. 문제는 경험자아가 느끼는 것과 기억자아가 기억하는 것이 반드시 일치하는 것은 아니라는 점이다.

캐니만 교수는 이러한 사실을 대장내시경 검사를 받은 환자의 경험과 기억에 대한 연구 결과를 통해 밝혀냈다.[5] 캐니만 교수팀은 대장내시경을 받는 환자를 임의로 두 그룹으로 나누었다. A그룹 환자들은 평소대로 대장내시경 검사가 끝나자마자 내시경을 제거하게 했다. 그런데 B그룹 환자들은 대장내시경 검사가 다 끝난 후에도 내시경을 즉시 제거하지 않고 한동안 놔두었다가 제거했다.

이 연구 결과를 요약한 그래프를 살펴보자. 그래프에서 가로축은 검사가 지속된 시간이고 세로축은 검사받는 동안 환자가 느끼는 고통의 정도다. A환자 그룹은 8분간 고통스러운 검사를 받았고 그 고통의 순간은 급작스럽게 끝났다. 반면에 B환자 그룹은 상대적으로 훨씬 더 긴 24분이나 검사를 받았고 A환자 그룹만큼 고통스러운 순간도 겪었다. 두 그룹을 비교해보

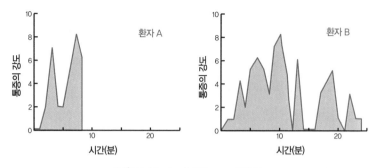

출처: Redelmeier & Kahneman(1996).

니 '경험하는 자아'는 B그룹의 경우 훨씬 더 큰 고통을 받았다. A그룹이 검사를 다 마치고 편안히 쉬는 동안 B그룹은 여전히 고통을 겪고 있었기 때문이다. 그러나 '기억하는 자아'의 평가는 완전히 달랐다.

검사가 다 끝나고 1시간이 지난 후에 고통의 정도와 또다시 검사를 받을 의향이 있는가를 물었을 때, 놀랍게도 B그룹이 검사를 훨씬 덜 고통스럽게 기억했다. 재검사에 대한 의향의 비율도 B그룹이 훨씬 더 높았다. 이는 A그룹의 경우 검사가 고통스러운 순간에 끝났기 때문에 계속 고통스럽게 '기억'하고, B그룹의 경우에는 고통이 점차 감소하다가 줄어들면서 끝났기 때문에 훨씬 덜 고통스럽게 '기억'하기 때문이다. 이처럼 경험하는 자아와 기억하는 자아는 인간이 어떠한 사건이나 경험에 대해 전혀 다른 평가를 내리는 별개의 존재다.

경험자아와 기억자아가 별개의 존재라는 캐니만 교수의 발견은 사회과학 전반에 걸쳐서, 그리고 '인간이란 무엇이냐' 하는 철학적 문제에 이르기까지, 인간에 대한 근본적인 이해의 전환을 요구하는 개념이라 할 수 있다. 이는 어떠한 것이 옳고 그르냐 하는 도덕성의 문제와도 곧바로 연결된다. 즉 위의 예에서 의사는 환자의 덜 고통스런 '기억'과 '행복'을 위해 내시경을 한동안 놔두는 것이 옳은가, 아니면 검사가 끝나자마자 곧바로 내시경을 제거하는 것이 옳은가? 어느 쪽이 더 도덕적이고 정의로운 선택인지는 판단하기 어렵다. 또 이러한 기억자아와 경험자아의 분리의 문제는 개인뿐만 아니라 공동체에게 해당되는 문제이기도 하다. 이러한 경우 정치적으로 어떠한 선택이 합리적이고 정당성을 지니는가 하는 지극히 어려운 문제가 대두된다. 이 문제는 한 인간의 '자아란 무엇이냐'에 대한 근본적인 의문을 제기함으로써 존 롤스나 마이클 샌들도 미처 생각지 못했던 '정의 실현'에 관한 새로운 차원의 논쟁을 야기하는 정치철학적인 문제이기도 하다.

그런데 회복탄력성은 바로 이 '기억하는 자아'의 문제다. 기억자아는 자신의 경험에 대해 끊임없이 의미를 부여하고 스토리텔링을 하는 자아다. 이 기억자아가 자신의 고난과 역경에 대해 긍정적인 의미를 부여하고 긍정적으로 스토리텔링하는 능력을 지닌 사람이 바로 회복탄력성이 높은 사람이라 할 수 있다. 이제 회복탄력성이라는 개념이 어떻게 발견되었는지에 대해 살펴보도록 하자.

하와이 카우아이 섬에서 있었던 일

하와이 군도 중 북서쪽 끝에 둘레가 50킬로미터쯤 되고 인구는 3만 명에 불과한 카우아이라는 섬이 있다. 아름다운 폭포 줄기가 계곡 사이사이를 흘러내려 신비한 장관을 이루며, 기묘한 협곡과 암석들이 멋진 풍광을 자랑하고 언제나 화사한 꽃나무와 푸른 초목들로 무성한 아름다운 곳이다. 이 섬의 와이알레알레 산 주변은 1년에 350일 정도 비가 온다고 하니 거의 매일 비가 내리는 셈이다. 이 비가 산을 깎아 협곡을 만들고, 여러 줄기의 폭포가 풍부한 강을 만들어 주변을 온통 푸른 정원으로 만들어냈다. 그래서 섬 전체가 울창한 열대 정원 같다고 해서 '정원의 섬Garden Island'이라는 별칭으로 불릴 정도다. 카우아이 섬은 〈남태평양〉, 〈블루하와이〉, 〈쥬라기공원〉, 〈트로픽 썬더〉 등 여러 영화의 촬영지이기도 하다.

카우아이는 환상적인 대자연의 신비를 경험할 수 있는 천국 같은 섬이지만 1950년대만 해도 이 섬에 살고 있는 사람들에게는 벗어나고 싶은 지옥과도 같은 곳이었다. 하와이 군도가 미국의 50번째 주로 편입된 것은 1959년이다. 그 이전의 카우아이 섬은 관광지로 개발되지도 않았으며 그야말로 오지였다. 섬 주민들은 대대로 지독한 가난과 질병에 시달렸고, 주민 대다수가 범죄자나 알코올 중독자 혹은 정신질환자였다. 학교 교육조차 제대로 이루어지지 않아 청소년의 비행도 심각한 수준이었다. 이 섬에서 태어난다는 것은 마치 불행한 삶을 예약하는 것과 다름 없었다.

당시 카우아이 섬에는 다양한 인종들이 다양한 계층을 이루고 살고 있었다. 이 섬에 19세기경부터 백인들의 이주가 시작되었으며 사탕수수 농장이 건설되었다. 이때부터 중국, 폴리네시아, 일본 등지에서 사탕수수 농장 노동자로 다양한 인구가 유입되기 시작했고, 20세기 초에는 푸에르토리코와 한국에서, 그리고 2차 대전 뒤에는 필리핀에서 많은 이민자가 들어

왔다. 선교사나 사탕수수 농장 관리자로 이민을 왔던 유럽인들의 후손은 상류계층을 이루었고, 그 다음으로는 가장 빠른 신분 상승을 이뤘던 중국, 한국, 일본인들이 중산층을 차지했으며, 푸에르토리코, 필리핀 이주민들과 하와이 원주민들은 주로 가장 하층민에 속했다. 하지만 대부분의 카우아이 섬의 주민들은 경제적으로 대단히 빈곤했다. 물론 극소수의 상류층 아이들도 있기는 했지만 대부분의 아이들은 열악한 가정 환경과 사회경제적 조건과 싸워 나가야만 했다.

카우아이 섬 종단연구

한국전쟁이 끝난 다음 해인 1954년에 미국 본토로부터 소아과 의사, 정신과 의사, 사회복지사, 심리학자에 이르기까지 다양한 학문적 관심을 가진 일군의 학자들이 절망과 좌절로 가득 찬 이 섬에 도착했다. 훗날 사회과학의 역사상 가장 야심 찬 연구 중 하나로 기록될 카우아이 섬 종단연구오랜 세월 동안 같은 연구 대상자를 계속 추적 조사하는 연구가 시작된 것이다.

　이 연구자들은 1955년에 카우아이 섬에서 태어난 모든 신생아 833명을 대상으로 해서 이들이 어른이 될 때까지 추적 조사하는 대규모 연구 프로젝트에 착수했다. 카우아이 섬이 연구 대상으로 선정된 것은 무엇보다도 열악한 사회경제적 환경 때문이었다. 한 인간이 태어나서 겪을 수 있는 불운이 모두 모여 있는 곳이 카우아이 섬이었다. 그리고 그 섬에서 태어난 사람들 대부분은 성인이 되어서도 계속 그 섬에 산다. 인구유동이 적은 이 섬은 그 자체로서 하나의 닫힌 세상이었다.

　연구자들은 1955년 한 해 동안에 카우아이 섬에서 태어난 모든 신생아를 연구 대상으로 삼았다. 사실 이 아이들은 태어나기도 전에 이미 조사 대상이 되었다. 연구자들은 1954년부터 출산할 산모들을 조사하기 시작했다. 이 연구가 기념비적인 이유는 앞으로는 이러한 연구가 다시 반복될 가능성이 거의 없기 때문이다. 민주주의 국가에서 일정한 조건에 해당하는 모든 사람에 대한 조사 연구를 하는 것은 사실 불가능하다. 실험 참가자의 의향에 관계없이 모든 사람들을 강제로 실험 대상으로 삼아야 하기 때문이다. 하지만 이런 전수조사표본을 추출하지 않고 조사 대상 전체를 연구 대상으로 삼는 것가 1950년대 중반 미국의 식민지였던 가난한 섬 카우아이에서는 가능했다.

카우아이 섬에서 1954년에 임신을 한 산모는 결혼을 했든 안 했든, 심지어 10대 미성년자 임산부라 할지라도 예외 없이 연구 대상이 되었다. 연구 대상이 되었던 신생아들에 대해서는 그들이 엄마 뱃속에 있을 때부터 상상할 수 있는 거의 모든 데이터가 수집되었다. 산모의 건강, 가족관계, 직업, 성격 등 모든 사항이 장시간의 인터뷰를 통해 기록되었다. 임산부뿐만 아니라 태아의 모든 가족 구성원에 대한 세세한 자료까지 전부 포함되었다.

이 연구는 결국 한 인간이 어머니의 뱃속에서부터 겪는 여러 가지 건강상의 문제나 사건 사고, 그리고 가정 환경이나 사회경제적 환경이 그 아이가 어른이 되기까지 어떠한 영향을 얼마만큼이나 미치는가를 체계적이고도 전체적으로 바라보기 위한 야심 찬 시도였다. 이 아이들이 30세가 넘은 성인이 될 때까지 이 연구는 계속되었으며, 무려 90%에 가까운 698명이 조사 대상으로 끝까지 남았다. 종단연구에서 장기간에 걸쳐 이렇게까지 높은 잔존률을 보이는 것은 극히 드문 일이다.

1955년에 태어난 카우아이 섬의 아이들을 10여 년 넘게 추적 조사한 연구의 첫 결과물은 1971년에야 《카우아이의 아이들》이라는 제목으로 처음 출간되었으며, 이 아이들이 18세가 될 때까지의 연구 결과는 1977년에 두 번째 책으로 출간되었다. 이 연구가 발견한 것은 사실 우리가 세상을 바라보는 관점과 삶의 방식을 송두리째 바꾸어놓을 수도 있는 엄청난 것이었으나, 연구자들은 그때까지도 이 사실을 미처 깨닫지 못하고 있었다.

카우아이 섬의 연구자들은 어떠한 요인들이 한 인간을 사회적 부적응자로 만들며 그들의 삶을 불행으로 이끄는가 하는 문제에만 관심을 쏟았다. 어렸을 적의 어떠한 경험이나 사건들이 훗날 질병, 성격적인 결함, 사회적 부적응, 무능력, 우울증, 정신질환, 범죄 등을 유발시키는가에 초점을 맞추었던 것이다. 오랜 기간 동안 많은 시간과 돈을 투자하여 얻은 연구 결과는 그러나 상식에서 크게 벗어나지 않는 것이었다. 결손 가정의 아이들일수록 학교나 사회에 적응하기 힘들었으며, 부모의 성격이나 정신건강에 결함이 있을 때 아이들에게 나쁜 영향을 끼치는 것으로 나타났다. 부모와의 관계나 동료와의 관계가 좋은 아이일수록 자율성과 자기 효능감도 좋은 것으로 나타났다. 이 정도의 발견은 굳이 이런 대규모 조사를 하지 않아도 짐작 가능한 사실이다. 결국 뻔한 사실을 다시 한 번 확인한 정도라 할 수 있다.

조금 특이한 발견이라고 해봐야 여자 어린이가 외부적 위험요소에 더 잘 견딘다는 정도였다. 여자아이들은 남자아이들에 비해 더 빨리 성숙했으며—이것 역시 누구나 다 아는 이야기다—태어나서 몇 주만 지나도 성장 속도에 남녀간의 차이가 드러났다. 남자아이들은 공격 성향이 더 높고,

좌절을 더 잘하며 더 충동적이었다. 부모나 선생님과 문제를 일으킬 가능성이 더 많았고 실제로 학교나 집에서 더 많은 문제를 일으켰다―이것도 다 아는 이야기다. 사회적으로 성 역할에 따른 기대감이 남자아이들에게 더 엄격했으며, 즉 남자다울 것을 좀 더 강하게, 일찍부터 요구받았다. 여자아이들은 약간 남자 같아도 사회적으로 용인이 되지만 남자아이들이 여자아이의 성향을 드러내면 비웃음과 조롱의 대상이 된다. 더욱이 남자아이들은 집이나 학교에서 역할 모델로 삼을 만한 적절한 남성과의 만남의 기회가 적은 것도 문제인 것으로 나타났다. 사실 이러한 결론은 50년 전 카우아이 섬의 아이들에 대한 것이라기보다는 마치 요즈음 우리나라 아이들의 이야기처럼 들린다.

이 정도의 결론은 그다지 새로울 것도 없는 것이다. 더욱이 세상 사람들의 많은 관심을 모으며 시작했던 초대형 연구 프로젝트였음을 생각해보면 더욱더 그러하다. 두 번째 책이 나온 후에도 연구는 계속 진행되었지만, 이 연구는 점차 사람들의 관심에서 멀어져가기 시작했다.

에미 워너의 발견

카우아이 섬 연구의 자료 분석에 주도적 역할을 담당했던 에미 워너는 심리학자였다. 그는 이 방대한 자료에서 우리가 배울 것이 무언가 분명 더 있을 것이라는 믿음을 갖고 있었다. 에미 워너는 어린 시절에 겪었던 특정한 어려움이 훗날 어떤 문제를 일으킬 가능성이 있는가에 대해 구체적인 인과관계를 찾아내려 애썼다. 예컨대, 엄마가 알코올 중독자이면 자녀 역시 알코올 중독에 걸릴 가능성이 높은가? 10대 미혼모에게서 태어난 아이는 범죄의 길로 빠질 가능성이 더 높은가? 엄마와 아빠가 이혼한 아이는 좀 더 공격적인 성향을 보이는가? 엄마의 모유를 먹지 못한 아이는 어떤 정신적 육체적 문제를 보이는가? 조부모와 함께 사는 대가족에서 태어난 아이들과 편부모 밑에서 자란 아이들은 사회적응성에 있어서 어떠한 편차를 보이는가 등등.

만약 이런 인과관계를 속속들이 다 밝혀낼 수 있다면, 아이들의 출생과 양육 환경만 보고도 사회적응 가능성에 대해 어느 정도 예측할 수 있게 될 것이며 이는 사회적으로 커다란 반향을 불러일으킬 것이 분명했기 때문이다. 이러한 목적을 갖고 에미 워너는 전체 연구 대상 중에서 가장 열악한 환경에서 자란 201명을 추려냈다. 여기서 우리가 기억해야 할 것은 1955년에 카우아이 섬에서 태어난 아이들 대부분이 불우한 환경에서 태어났다고 단정할 수 있을 만큼 섬의 사회 경제적 여건이 열악했다는 점이다. 그런 상황에서 특히 더 극단적으로 열악한 조건에 놓였던 201명을 추려낸 것이다. 이들은 다음과 같은 공통점을 지녔다. 모두 극빈층에서 태어났으며, 태어날 때 크고 작은 어려움을 겪었다. 가정불화가 극히 심하거나 부모는 별거 혹은 이혼 상태였다. 엄마나 아빠가 혹은 양쪽 모두가 알코올 중독이나 정신질환을 앓고 있었다.

'고위험군'이라 불리운 이 201명의 성장 과정에 대한 자료를 분석해보니 실제로 다른 집단에 비해 훨씬 더 높은 수준의 학교 생활 부적응과 학습장애를 보였고 학교와 집에서 여러 가지 갈등을 일으켰다. 이들이 커서 18세가 되었을 때에는 상당수가 폭력 사건에 연루되어 소년원에 들락거리거나, 이미 여러 차례 범죄 기록을 갖고 있거나, 정신질환을 앓거나 미혼모가 되어 있었다. 확실히 이들은 나머지 아이들에 비해 훨씬 더 높은 비율로 사회부적응자가 되어 있었다. 그러나 에미 워너는 끝내 알고 싶었던 것을 밝혀낼 수는 없었다. 이 아이들이 보이는 문제행동들과 이 아이들이 겪었던 시련 사이에는 구체적인 대응관계가 존재하지 않는 것처럼 보였기 때문이었다.

게다가 그런 문제를 일으킨 것은 3분의 2뿐이었다. 물론 높은 비율이었지만 이 말은 나머지 3분의 1은 별 문제를 일으키지 않았다는 얘기가 된다. 이것은 에미 워너에게 또 다른 골칫거리였다. 고위험군에 속한 아이들 중에서 3분의 1가량에 해당하는 72명이 별다른 문제를 일으키지 않았다니, 이건 분명 무엇인가 잘못된 것이었다. 자료 조사가 철저하지 못했던 것일까? 아이들이 응답을 불성실하게 한 것일까? 무엇이 잘못된 것일까? 이 고위험군 아이들이 18세가 되었을 무렵의 인터뷰 결과를 정리하던 에미 워너 교수는 마이클이라는 한 아이의 이야기를 유심히 들여다보게 된다.

마이클은 그 섬의 어느 누구보다도 열악한 환경에서 태어나고 자랐다. 마이클이 태어날 당시 그의 어머니는 16세의 앳된 일본계 소녀였고 아버지는 19세의 필리핀 소년이었다. 10대 소년 소녀였던 마이클의 부모는 마이클이 태어나기 3개월 전에야 겨우 결혼하게 된다. 물론 양쪽 집안에서 심한 반대가 있었으나 우여곡절 끝에 결혼하여 마이클을 낳게 된다.

마이클은 태어날 당시 2kg밖에 안 되는 미숙아였고 태어나자마자 3주 동안 시설도 열악한 군대 병원의 인큐베이터에서 보내야만 했다. 마이클이 엄마와 함께 퇴원해서 집으로 돌아왔을 때, 그의 아버지는 집에 없었다. 한국 전쟁 말기에 징집되었던 마이클의 아버지는 2년이나 더 복무한 후에 집으로 돌아왔다.

마이클이 열 살 되었을 때, 그에게는 동생이 셋이나 생겼다. 하지만 그 무렵 그의 부모는 결국 이혼하게 된다. 20대 중반이 된 그의 엄마가 마이클과 동생들을 모두 버리고 섬을 떠나버린 것이다. 마이클의 엄마는 그 후 다시는 섬으로 돌아오지 않았다. 마이클의 아빠는 아이 넷을 데리고 할아버지 집에 얹혀 살았다. 마이클의 아빠와 할아버지는 사사건건 갈등을 빚었다. 집안 분위기는 엉망이었다.

이쯤 되면 마이클은 약물 중독자나 소년범 아니면 적어도 사회부적응자가 되었어야 한다. 그것이 상식에 맞는 것 아닌가? 그래야만 이 거대한 연구의 기본 가설이 유지될 수 있다. 에미 워너 교수의 눈에 마이클은 이 거대한 연구의 기반이 된 상식에 온몸으로 저항하고 있는 것처럼 보였다. 결과적으로 마이클은 에미 워너의 상식을 완전히 무너뜨렸다.

이제 막 18세를 넘긴 마이클은 놀라울 정도로 밝고 명랑한 매력적인 청년으로 자라 있었다. 성적은 초등학교 이래 늘 상위권이었고, 독서력도 늘 자기 학년의 수준을 넘었다. 고등학생이 되었을 때, 그의 성취도는 상당했다. SAT미국의 대학입학 자격시험 점수는 전 미국 상위 10% 안에 들었으며 학교 성적은 대부분 A였고 전교 석차 역시 10위 안에 들었다. 뿐만 아니라 학교에서 교우관계도 원만해서 동아리 대표와 학생회장으로도 선출되었다. 마이클은 미국 본토의 유명 대학에 장학금을 받고 합격한 상태였다. 그는 장차 교사가 되리라는 구체적인 진로 계획도 갖고 있었다. 그는 자신의 삶에서 벌어지는 모든 일들은 자신이 노력한 결과라고 굳게 믿고 있었다. 성격도 긍정적이며, 자율적이고, 도덕적이었다. 마이클은 행복해 보였다. 마이클은 세상의 모든 부모와 학교 교육이 만들어내길 원하는 이상적 청년이었다. 에미 워너는 마이클의 자료를 다시 점검해보았으나 자료 조사는 철저했다. 다만 마이클은 상식에 반하는 경우였을 뿐이다. 마이클은 마치 그에게 닥친 모든 역경을 극복한 것처럼 보였다. 마이클은 에미 워너로 하여금 이 연구를 전혀 새로운 관점에서 다시 보게 만들었다.

에미 워너 교수는 마이클의 모든 기록과 인터뷰들을 읽고 또 읽었다. 도대체 어떻게 이런 일이 가능한 것일까? 에미 워너 교수는 당연히 마이클의 경우가 아주 예외적인 경우라고 생각했다. 그러나 놀랍게도 이러한 사례는 마이클뿐만이 아니었다. 마이클과 다른 아이들의 차이점을 찾던 에미 워너는 차이점을 발견하기는커녕 오히려 마이클과 비슷한 아이들을 하나 둘 더 발견하게 되었다.

하와이계인 케이 역시 10대 미혼모의 자녀로 태어났다. 엄마는 임신 때문에 학교를 떠나야 했고, 역시 10대 소년이었던 아빠는 직장도 없었다. 이 젊은 커플은 10대 초기부터 서로 사랑에 빠져 결혼하고 싶어했다. 물론 양쪽 집안에서는 격렬히 반대했다. 우여곡절 끝에 케이의 엄마는 가정법원에 의해 호놀룰루의 구세군 가정으로 보내져서 겨우 케이를 낳을 수 있었다. 케이의 엄마는 케이의 양육을 포기하고 입양보내려 했지만, 그것도 실패하여 결국 그냥 키우기로 했다.

케이의 엄마 아빠는 케이가 6개월이 되었을 때 마침내 결혼했고, 5년 간격으로 두 동생도 낳았다. 어린 10대들의 결혼이 보통 그렇듯이 케이의 엄마와 아빠의 결혼 생활도 평탄하지 않았다. 늘 다투던 둘은 결국 별거하기에 이르렀다. 케이는 아빠와 살았고, 엄마가 종종 들렀다. 케이는 부모가 여전히 서로를 좋아하지만 각기 다른 삶을 산다고 믿으며 자랐다.

이러한 열악한 환경에서 성장했음에도 불구하고, 18세가 되었을 때 케이는 상당히 성숙하며 자존감이 높은 훌륭한 젊은이로 성장했다. 통찰력과 가치관, 목표가 있으며 갈등의 감정은 잘 표현하지 않았다. 사회화, 자기통제, 좋은 인상, 공동체정신, 여성성에서 높은 점수를 받았으며, 진지하고 근면하며 차분했다. 참을성과 기본적인 상식, 판단력, 자기확신이 있고 남들을 존중하고 받아들일 줄도 알았다. 야심이 많지는 않지만 자신의 능력을 잘 이용할 줄 알았다. 어른이 되면서 그는 "나는 사람들과 잘 지낼 수 있다. 나는 일할 재능도 있으며 결혼해서 행복하게 살고 싶다. 그리고 내 성격이 꽤 좋다고 느낀다"고 말했다. 모든 지표에서 케이는 아주 좋은 환경에서 태어나고 자란 아이들보다 훨씬 더 긍정적이고 유능하고 자신감이 넘치는 걸로 드러났다.

마이클이나 케이뿐만이 아니었다. 메리 역시 매우 가난하고 불우한 환경에서 성장했다. 필리핀계 백인인 메리의 엄마는 여러 번 유산한 끝에 겨우 메리를 임신했다. 임신 중에는 과체중을 비롯한 여러 가지 건강상의 문제가 있었다. 메리를 낳을 때, 심한 가진통으로 세 번이나 입원했었고, 20시간 이상이나 산고를 겪은 끝에 겨우 메리를 낳았다. 난산이었다.

메리의 엄마는 자주 실직 상태에 빠졌다. 뿐만 아니라 메리가 다섯 살에서 열 살이 되는 동안 메리 엄마는 큰 병에 여러 번 걸려 수술과 입원을 반복했다. 메리의 엄마는 신경질적이었고 두 아이—메리가 20개월 되었을 때 여동생이 태어났다—에게 늘 짜증을 냈으며 자신이 아이들을 해칠지도 모른다며 스스로 두려워하기도 했다. 다섯 살부터 열 살에 이르기까지 메리는 여러 차례 신체적 정신적 학대를 받았다. 그의 엄마는 여러 차례 정신병원에 입원할 정도로 심한 신경과민 환자였다.

그러나 메리의 기록 어디에서도 불우한 환경이 메리에게 나쁜 영향을 끼쳤다는 점을 찾아볼 수가 없었다. 사춘기 시절 메리는 학교에서 늘 평균 또는 그 이상의 수행 능력을 보였으며 심리검사에서도 사회성, 지배, 자기 수용성, 좋은 인상 부문에서 평균 이상의 점수를 얻었다. 메리는 외향적이고, 자기 주관이 뚜렷하며, 자기 주변의 다른 사람들에 대해 배려하며 협조적이었다. 엄마와 갈등을 겪지 않느냐는 질문에 메리는 이렇게 대답했다. "저는 싸움하는 것을 싫어해요. 엄마가 불평을 늘어놓으며 집 안을 돌아다니면 결국 나는 참지 못하고 조용히 일어나서 집을 나서지요. 그뿐이에요. 엄마는 또 곧 화가 풀리니까요. 그 후에 집에 들어가면 돼요. 저는 자식이 부모와 싸워서는 안 된다고 생각하며, 항상 대화로 원만히 풀어야 한다고 믿어요."

메리는 강한 자신감과 긍정성을 보이는 훌륭한 젊은이로 성장했다. 인터뷰를 통해 그는 자기 자신에 대해 이렇게 이야기했다. "자랑하는 것 같지만, 저는 성격이 좋은 편이에요. 저를 아는 모든 사람들이 저를 좋아한다고 자신 있게 말할 수 있지요. 저는 무엇이 옳고 그른지 스스로 안다고 믿지만, 아직 더 많이 배우고 경험해야 한다고 생각해요. 저는 무슨 일이나 해낼 수 있다고 믿고, 또 정말 그렇게 되리라 생각해요." 어려운 환경 속에서도 메리가 이렇게 긍정적이고 자신감 넘치는 젊은이로 성장할 수 있었던 원동력은 무엇일까?

풀리지 않는 수수께끼

마이클, 케이, 메리뿐만이 아니었다. 자료를 살펴보니 고위험군 201명 중에서 무려 72명이 별다른 문제를 보이지 않았다. 고위험군은 다시 한 번 강조하지만, 여러 가지 열악한 환경적 조건 때문에 사회적 부적응을 보일 것이 거의 확실시되는 아이들이었다. 이들 중 무려 72명이 마치 유복한 가정에서 태어나기라도 한 것처럼 훌륭한 청년으로 성장한 것이다. 가족이나 친구들과도 아무 문제 없이 잘 지내고 있었으며, 긍정적이었고, 장래가 촉망되는 그야말로 정상적인 젊은이들이었다. 이들 중 단 한 명도 심각한 학습장애나 행동장애 혹은 사회부적응을 보이지 않았다. 마치 어떠한 어려움이나 역경도 감히 이들을 불행하게 만들 수 없을 것처럼 여겨졌다. 그리고 그들은 그렇게 예외적인 존재가 아니었다. 고위험군의 무려 3분의 1에 해당하는 숫자였던 것이다.

이것은 에미 워너 교수에게 풀기 힘든 커다란 의문을 제기했다. 어려운 환경 속에서도 마이클이 훌륭한 청년으로 성장할 수 있었던 비밀은 무엇일까? 도대체 무엇이 케이나 메리로 하여금 좋은 환경에서 태어나고 자란 아이들 이상으로 사회적응을 잘하게 만들어준 것일까? 그 당시 심리학이나 교육학은 이 질문에 대해 속 시원히 답할 수 없었다.

인류의 역사에서 위대한 발견은 항상 뜻하지 않은 곳에서 일어난다. 워너 교수는 별 볼일 없이 잊혀져갈 뻔한 연구에서 전혀 의도하지 않았던 엄청난 발견을 하고 있었던 것이다. 에미 워너는 이 72명이 역경을 이겨낼 수 있는 어떤 공통된 속성을 지니고 있음을 직감적으로 깨달았다. 삶의 어떠한 역경에도 굴하지 않는 강인한 힘의 원동력이 되는 이 속성을 에미 워너는 '회복탄력성'이라 불렀다. 에미 워너는 무엇이 아이들을 사회부적응자로 만드느냐는 질문을 버렸다. 대신 역경에도 불구하고 무엇이 아이들을 정상적으로 유지시켜주느냐는 질문을 던지기 시작했다. 카우아이 섬 연구는 시작하고 나서 거의 30년이 지난 후에 회복탄력성에 대한 연구로 탈바꿈하게 된 것이다.[6]

그 후 워너 교수는 카우아이 섬 연구를 통해 회복탄력성이라는 개념을 확립했다. 워너 교수가 40년에 걸친 연구를 정리하면서 발견한 회복탄력성의 핵심적인 요인은 결국 인간관계였다. 어려운 환경 속에서도 꿋꿋이 제대로 성장해나가는 힘을 발휘한 아이들이 예외 없이 지니고 있던 공통점이 하나 발견되었다. 그것은 그 아이의 입장을 무조건적으로 이해해주고 받아주는 어른이 적어도 그 아이의 인생 중에 한 명은 있었다는 것이다. 그 사람이 엄마였든 아빠였든 혹은 할머니, 할아버지, 삼촌, 이모이든 간에, 그 아이를 가까이서 지켜봐주고 무조건적인 사랑을 베풀어서 아이가 언제든 기댈 언덕이 되어주었던 사람이 적어도 한 사람은 있었던 것이다.

톨스토이 말대로, 사람은 결국 사랑을 먹고 산다는 것이 카우아이 섬 연구의 결론이다. 아이는 사랑 없이 강한 인간이 되지 못한다. 사랑을 먹고 자라야 아이는 이 험한 세상을 헤쳐 나아갈 힘을 얻는 법이다. 이러한 사랑을 바탕으로 아이는 자기 자신에 대한 사랑과 자아존중심을 길러가며 나아가 타인을 배려하고 사랑하고 제대로 된 인간관계를 맺는 능력을 키우게 된다. 그리고 이것이 바로 회복탄력성의 근본임을 카우아이 섬 연구는 알려준 것이다.

에미 워너 교수는 네브라스카 대학에서 심리학 박사 학위를 받은 뒤 미네소타 대학을 거쳐 캘리포니아 대학 데이비스에 정착한 이래 40년간 카우아이 섬 연구를 주도해왔다. 에미 워너 교수의 어린 시절을 보면 그 자신이 마치 카우아이 섬의 아이들처럼 지독한 역경을 이겨낸 사람이라 할 수 있다. 그는 히틀러 치하에서 어린 시절을 보냈다. 열다섯 살이 될 때까지 무려 5년이란 세월을 지하 대피소에서 폭격을 피하며 살았다. 그의 어린 시절의 기억은 배고픔과 고통뿐이었다. 사춘기가 될 때까지 겨우 굶어 죽지 않을 정도로 근근히 먹고 살았다. 나치의 핍박과 2차 대전을 겪으면서 오빠를 비롯해서 그의 가족의 모든 남자가 다 죽었다. 전쟁이 끝나고 살아남게 된 에미 워너는 "자 이제 나는 어떻게 살아나가야 하나?" 하고 스스로 한탄했다.

어린 시절의 이러한 경험에도 불구하고 무엇이 그를 그렇게 낙관적인 사람으로 만들었냐는 질문에 워너 교수는 가족 덕분이라고 단언했다. 특히 엄마 쪽이 유머 감각을 지닌 쾌활한 사람들이었다. 어머니의 무덤에 찾아갈 때마다, 워너 교수는 그 앞에 앉아서 이렇게 얘기했다고 한다. "엄마, 유머 감각을 주셔서 감사해요. 그거 살아가는 데 엄청 도움되거든요!" 그리고 그는 늘 따뜻하고 인자했던 할아버지에 대해서도 좋은 기억을 갖고 있다. 뿐만 아니라 유치원 시절 이래 노년이 될 때까지 친분을 유지해온 절친한 친구들도 있다. 이런 모든 사람들이 결국 그의 인생의 '완충 보호장치'인 셈이며 회복탄력성의 근원이라 할 수 있다고 스스로를 진단했다.

40년에 걸친 카우아이 섬 연구를 한마디로 요약하자면 이렇다. 사람마다 역경을 극복하는 능력이 있는데, 그 능력이 바로 회복탄력성이다. 그러나 사람마다의 회복탄력성에는 차이가 있다. 어린 시절 부모나 가족들로부터 헌신적인 사랑과 신뢰를 받고 자란 사람은 회복탄력성이 높다. 그렇다면 회복탄력성은 어린 시절의 경험에 의해서만 결정되는가? 만약 그렇다면 회복탄력성이 낮은 사람은 평생 부모와 가정 환경 탓만 하며 살아야 한다. 그러나 다행히도 그렇지 않다. 이후 이루어진 많은 연구를 통해 어른이 된 이후에도 스스로의 노력과 훈련에 의해서 회복탄력성이 얼마든지 높아질 수 있다고 밝혀졌다. 에미 워너의 말을 들어보자.

"지독한 가난, 부모의 부재, 폭력적인 이웃과 우범 지대에서의 성장 등 어려움 속에서도 아이들이 꿋꿋이 바르게 성장하고 사회에 제대로 적응할 수 있는 능력을 발휘하는 것은 놀라운 일입니다. 물론 모든 아이들이 다 그럴 수 있는 것은 아니지요. 회복탄력성이 있는 아이들만 그러한 능력을 발휘합니다. 회복탄력성 자체를 아이들에게 가르칠 수는 없습니다. 그것은 지식이나 정보가 아닙니다. 다만 회복탄력성의 요소가 많은 학자들에 의해서 파악된 만큼 회복탄력성의 증진을 위해 노력하는 방법에 대해서는 얼마든지 가르칠 수 있습니다."

회복탄력성은 어려운 환경에서 태어난 아이들에게만 필요한 것은 아니다. 누구나 다 살아가면서 이런저런 역경과 어려움을 겪게 마련이다. 회복탄력성이 높은 사람은 다양한 종류의 크고 작은 역경을 이겨낼 수 있는 힘이 강한 사람이다. 그리고 이러한 회복탄력성은 체계적인 훈련을 통해 얼마든지 키울 수 있다. 카우아이 섬 연구 이래, 최근 긍정심리학의 연구를 주도하는 펜실베니아 대학교의 연구팀을 중심으로 청소년과 성인의 회복탄력성에 대한 연구가 활발히 진행되어왔다. 이제 그동안 학자들에 의해 밝혀진 회복탄력성을 구성하는 요인들에 대해 살펴보고, 나아가 회복탄력성을 키우기 위해서 구체적으로 어떠한 노력을 해야 하는가를 알아보도록 하자.

나의 회복탄력성
지수는 얼마인가?

회복탄력성이 높은 사람들은 스스로의 실수에 대해
보다 긍정적인 태도를 지닌다. 그들의 뇌는 습관적으로 보다 더 과감하고
도전적이어서 늘 새로움을 추구한다. 자신의 실수에 대해 예민하게 반응하되,
실수를 두려워하지 않는 것이 긍정적인 뇌의 특징이다.

한국형
회복탄력성 지수의 개발

회복탄력성에 대한 관심

당신의 현재 회복탄력성은 도대체 어느 정도 수준일까? 각자의 회복탄력성 수준을 측정하기 전에 회복탄력성이란 무엇인지 좀 더 자세히 알아보자.

회복탄력성은 다시 튀어 오르거나 원래 상태로 되돌아온다는 뜻인데, 심리학에서는 주로 '정신적 저항력'을 의미하는 말로 쓰인다.[1] 학자들은 회복탄력성을 주로 스트레스나 역경에 대한 정신적인 면역성[2], 내·외적 자원을 효과적으로 활용할 수 있는 능력[3], 혹은 역경을 성숙한 경험으로 바꾸는 능력[4] 등으로 정의한다. 좀 더 포괄적으로 회복탄력성은 대체로 '곤란에 직면했을 때 이를 극복하고 환경에 적응하여 정신적으로 성장하는 능력'이라 할 수 있다.[5] 회복탄력성은 어느 정도 유전적인 요인에 의해 결정되기도 하지만, 매우 역동적이어서 시간의 흐름에 따라 변하며, 환경 요인과 문화, 교육, 개인의 노력 등 다양한 요인에 의해 결정되는 것으로 알려져 있다.[6]

한마디로 회복탄력성은 변화하는 환경에 적응하고 그 환경을 스스로에게 유리한 방향으로 이용하는 인간의 총체적 능력이라 할 수 있다. 학자들은 회복탄력성의 핵심이 결함이나 약점이 없는 것에 있다고 보지 않는다. 그보다는 변화하는 상황에 알맞고 유연하게 대처할 수 있는 개인의 능력이 회복탄력성의 핵심이다.[7]

국내 학자들은 지금까지 'resilience'를 '탄력성[8]', '심리적 건강성[9]', '회복력[10]' 등으로 번역해서 사용해 왔다. 나는 'resilience'를 어려움에서 적응적 상태로 다시 돌아온다는 의미인 '회복'과 정신적 저항력의 향상, 즉 역경을 딛고 되튀어 오르는 성장을 뜻하는 개념인 '탄력성'을 합쳐 '회복탄력성'이라 번역하였다.[11] 인터넷을 검색해보면 이제 '회복탄력성'이란 용어는 'resilience'를 지칭하는 보편적인 용어가 되었다.

2009년 2월 14일에 방영된 SBS의 〈그것이 알고 싶다〉에는 우리나라 일반 국민의 회복탄력성 지수$_{RQ}$ 평균이 소개되었다. 회복탄력성에 대해 일반 국민 전체에 대한 표본 조사를 실시한 것은 아마도 우리나라 최초의 일이었을 것이다. 앞에서 소개했던 이상묵 교수와 우정훈 씨 부부, 류춘민, 김동남 씨 등은 이 프로그램에서 역경을 극복한 대표적인 인물들로 등장했다. 이들의 회복탄력성을 측정해보니, 역시 일반 국민보다 훨씬 높은 수준을 보였다. 인터뷰 대상자는 대부분의 항목에서 일반 국민에 비해 두 배 이상의 높은 점수를 보였다.

〈그것이 알고 싶다〉에 소개된 회복탄력성 지수 결과는 많은 것을 말해주지만 사실 그 조사에서 사용된 회복탄력성 측정 문항은 일정한 한계를 지닌다. 레이비치와 샤테의 책에 소개된 56개의 문항[12]을 번역하여 사용한 것이기 때문이다. 물론 이 56개의 문항은 레이비치와 샤테가 엄격한 측정 도구 개발 과정을 통해서 만들어냈겠지만 그들의 책을 아무리 자세히 살펴봐도 어떠한 과정과 통계 기법을 거쳐 설문 도구가 개발되었는지에 대한 자세한 설명은 나오지 않는다. 다만 부록에 200여 개의 문항을 수천 명을 대상으로 조사한 후에 요인분석 방법을 통해 7개 요인에 대한 8개 항목으로 정리했다고만 밝히고 있다. 게다가 더욱 중요한 문제는 이들의 56개 문항을 한국어로 옮기는 과정에서 필연적으로 발생할 수밖에 없는 문화적 차이나 문항의 뉘앙스 차이에 따른 여러 가지 오차다. 하지만 그 당시에 구할 수 있었던 가장 신뢰할 만한 RQ 조사 문항이었기에 사용할 수밖에 없었다.

비슷한 시기였던 2009년 초, 나는 〈한국일보〉에 '행복하게 사는 법' 시리즈를 기고하고 있었고 2월 2일에는 '회복탄력성'에 대한 긴 칼럼을 썼다. 여기서 나는 회복탄력성 지수가 무엇인지 간단히 소개하는 차원에서 레이비치와 샤테의 56문항 중에서 임의로 28개 문항을 소개하려 했다. 그러나 데스크에서는 28개조차도 너무 길다고 하여 지면 관계상 14개로 간략히 정리한 문항이 기사화되었다. 그야말로 RQ 수준 검사의 목적이 아니라 RQ 문항이 어떤 것인가를 소개하기 위한 것이었다.

그러나 회복탄력성에 대한 독자들의 관심은 놀랄 만큼 폭발적이었다. 더구나 2주일 뒤 SBS의 〈그것이 알고 싶다〉에서 회복탄력성이 다루어지자 수많은 블로그와 카페가 14개 문항의 RQ 검사지를 등록해 올리기 시작했다. 대부분 출처도 없이 퍼온 것을 다른 사람이 또 게재해서 인터넷엔 회복탄력성 지수 측정에 관한 글들이 넘쳐났다. 그러나 대부분의 블로그나 카페는 〈한국일보〉에 나온 14개 문항이 마치 원래 RQ 문항이라도 되는 양 소개했고 많은 사람들이 그 14개 문항에 의해 자신의 RQ 점수를 측정하고 있었다. 나는 너무도 안타까운 마음에 56개의 문항을 내 블로그에 급히 올렸으나 검색 엔진은 항상 다른 블로그만을 검색 순위 상위에 올려 놓았고, 14개 문항의 약식 버전은 걷잡을 수 없이 계속 퍼져나갔다.

나는 이러한 사태를 통해 수많은 사람들이 회복탄력성 지수에 관심이 높다는 것을 확인할 수 있었다. 또한 나는 우리나라 사람들을 위한 제대로 된 RQ 지수를 개발해야 할 의무감을 느꼈다. 우선 레이비치와 샤테의 56개 문항을 꼼꼼이 다시 살펴보고 문화적 차이 등으로 우리나라에는 어울리지 않는 문항들은 수정하거나 보완했다. 또한 기존의 회복탄력성에 관한 수십 개의 연구들을 훑어보면서 그동안 여러 연구에서 사용되었던 회복탄력성 관련 문항 수백 개를 모두 수집한 후에, 문항의 내용을 이론적 바탕에 입각하여 검토하고 80개의 문항을 선정했다. 그 후에 중학생, 고등학생, 대학생, 60세 이상 일반 성인에 이르기까지 2,000명 이상의 표본을 대상으로 여러 차례 조사를 반복하고 엄밀한 통계분석 기법을 사용하여 53개 문항으로 이루어진 한국형 회복탄력성 지수KRQ-53를 완성했다. 그 과정에서 청소년용 27문항YKRQ-27도 개발했다.[13]

하나의 새로운 심리 측정 도구를 개발한다는 것은 상당히 까다로운 일이다. 그 과정은 고급 통계 기법에 기반한 신뢰도 검증과 다양한 종류의 타당도 검증 등 여러 가지 까다로운 절차를 거쳐야 한다.[14] 여기에 소개하는 회복탄력성 측정 문항은 이와 같은 통계 기법에 의거하여 신뢰도와 타당도를 다양한 집단을 대상으로 검증하였으므로 신뢰할 만한 검사 도구라 할 수 있다. 우선 나의 현재 회복탄력성은 얼마인지 각자 측정해보도록 하자.

나의 회복탄력성 지수는?
〈KRQ-53 테스트〉

응답 방법: 각 문항을 읽은 후 다음과 같이 점수를 기록한다.

전혀 그렇지 않다 1 / **그렇지 않다** 2 / **보통이다** 3 / **어느 정도 그렇다** 4 / **매우 그렇다** 5

1 나는 어려운 일이 닥쳤을 때 감정을 통제할 수 있다. 〈 〉

2 내가 무슨 생각을 하면, 그 생각이 내 기분에 어떤 영향을 미칠지

  잘 알아챈다. 〈 〉

3 논쟁거리가 되는 문제를 가족이나 친구들과 토론할 때 내 감정을

  잘 통제할 수 있다. 〈 〉

4 집중해야 할 중요한 일이 생기면 신바람이 나기보다는 더 스트레스를

  받는 편이다. 〈 〉

5 나는 내 감정에 잘 휘말린다. 〈 〉

6 때때로 내 감정적인 문제 때문에 학교나 직장에서 공부하거나 일할 때

  집중하기 힘들다. 〈 〉

7 당장 해야 할 일이 있으면 나는 어떠한 유혹이나 방해도 잘 이겨내고
   할 일을 한다. 〈 〉

8 아무리 당황스럽고 어려운 상황이 닥쳐도, 나는 내가 어떤 생각을
   하고 있는지 스스로 잘 안다. 〈 〉

9 누군가가 나에게 화를 낼 경우 나는 우선 그 사람의 의견을 잘 듣는다. 〈 〉

10 일이 생각대로 잘 안 풀리면 쉽게 포기하는 편이다. 〈 〉

11 평소 경제적인 소비나 지출 규모에 대해 별다른 계획 없이 지낸다. 〈 〉

12 미리 계획을 세우기보다는 즉흥적으로 일을 처리하는 편이다. 〈 〉

13 문제가 생기면 여러 가지 가능한 해결 방안에 대해 먼저 생각한 후에
   해결하려고 노력한다. 〈 〉

14 어려운 일이 생기면 그 원인이 무엇인지 신중하게 생각한 후에
   그 문제를 해결하려고 노력한다. 〈 〉

15 나는 대부분의 상황에서 문제의 원인을 잘 알고 있다고 믿는다. 〈 〉

16 나는 사건이나 상황을 잘 파악하지 못한다는 이야기를 종종 듣는다. 〈 〉

17 문제가 생기면 나는 성급하게 결론을 내린다는 이야기를 종종 듣는다. 〈 〉

18 어려운 일이 생기면, 그 원인을 완전히 이해하지 못했다 하더라도 일단 빨리
   해결하는 것이 좋다고 생각한다. 〈 〉

19 나는 분위기나 대화 상대에 따라 대화를 잘 이끌어 갈 수 있다. 〈 〉

20 나는 재치 있는 농담을 잘한다. 〈 〉

21 나는 내가 표현하고자 하는 바에 대한 적절한 문구나 단어를
   잘 찾아낸다. 〈 〉

22 나는 윗사람과 대화하는 것이 부담스럽다. 〈 〉

23 나는 대화 중에 다른 생각을 하느라 대화 내용을 놓칠 때가 종종 있다.〈 〉

24 대화를 할 때 하고 싶은 말을 다 하지 못하고 주저할 때가 종종 있다.〈 〉

25 사람들의 얼굴 표정을 보면 어떤 감정인지 알 수 있다.〈 〉

26 슬퍼하거나 화를 내거나 당황하는 사람을 보면 그들이 어떤 생각을
하는지 잘 알 수 있다.〈 〉

27 동료가 화를 낼 경우 나는 그 이유를 꽤 잘 아는 편이다.〈 〉

28 나는 사람들의 행동 방식을 때로 이해하기 힘들다.〈 〉

29 친한 친구나 애인 혹은 배우자로부터 "당신은 나를 이해 못해"라는
말을 종종 듣는다.〈 〉

30 동료와 친구들은 내가 자기 말을 잘 듣지 않는다고 한다.〈 〉

31 나는 내 주변 사람들로부터 사랑과 관심을 받고 있다.〈 〉

32 나는 내 친구들을 정말로 좋아한다.〈 〉

33 내 주변 사람들은 내 기분을 잘 이해한다.〈 〉

34 서로 도움을 주고받는 친구가 별로 없는 편이다.〈 〉

35 나와 정기적으로 만나는 사람들은 대부분 나를 싫어하게 된다.〈 〉

36 서로 마음을 터놓고 얘기할 수 있는 친구가 거의 없다.〈 〉

37 열심히 일하면 언제나 보답이 있으리라고 생각한다.〈 〉

38 맞든 아니든, "아무리 어려운 문제라도 나는 해결할 수 있다"고 일단
믿는 것이 좋다고 생각한다.〈 〉

39 어려운 상황이 닥쳐도 나는 모든 일이 다 잘 해결될 거라고 확신한다.〈 〉

40 내가 어떤 일을 마치고 나면, 주변 사람들이 부정적인 평가를 할까봐
걱정한다.〈 〉

41 나에게 일어나는 대부분의 문제들은 나로서는 어쩔 수 없는 상황에 의해 발생한다고 믿는다.〈 〉

42 누가 나의 미래에 대해 물어보면, 성공한 나의 모습을 상상하기 힘들다.〈 〉

43 내 삶은 내가 생각하는 이상적인 삶에 가깝다.〈 〉

44 내 인생의 여러 가지 조건들은 만족스럽다.〈 〉

45 나는 내 삶에 만족한다.〈 〉

46 나는 내 삶에서 중요하다고 생각한 것들은 다 갖고 있다.〈 〉

47 나는 다시 태어나도 나의 현재 삶을 다시 살고 싶다.〈 〉

48 나는 다양한 종류의 많은 사람들에게 고마움을 느낀다.〈 〉

49 내가 고맙게 여기는 것들을 모두 적는다면, 아주 긴 목록이 될 것이다.〈 〉

50 나이가 들어갈수록 내 삶의 일부가 된 사람, 사건, 생활에 대해 감사하는 마음이 더 커져간다.〈 〉

51 나는 감사해야 할 것이 별로 없다.〈 〉

52 세상을 둘러볼 때, 내가 고마워 할 것은 별로 없다.〈 〉

53 사람이나 일에 대한 고마움을 한참 시간이 지난 후에야 겨우 느낀다.〈 〉

〈채점 및 점수 해석 방법〉

4, 5, 6, 10, 11, 12, 16, 17, 18, 22, 23, 24, 28, 29, 30, 34, 35, 36, 40, 41, 42, 51, 52, 53번 문항에 대해서는 6에서 자신의 점수를 빼고 계산한다. 예컨대 1이라고 적었으면 5점, 3은 3점, 5는 1점.

자기조절능력 = 감정조절력 + 충동통제력 + 원인분석력

1번부터 6번 문항까지의 점수의 합은 당신의 감정조절력을, 7번부터 12번 문항은 충동통제력을, 그리고 13번부터 18번까지의 문항은 원인분석력을 나타낸다. 그리고 이 셋을 합한 점수가 당신의 자기조절능력 점수다. 각 하위 요소에 대한 자세한 설명은 다음 장에서 다룬다. 우리나라 성인들의 자기조절능력의 평균 점수는 63.5점이다. 만약 당신의 점수가 63점 이하라면 자기조절능력을 높이기 위해 노력하는 것이 좋다. 만약 55점 이하라면 자기조절능력을 향상시키기 위해 반드시 노력해야 한다. 하위 20%에 해당하기 때문이다. 70점 이상이 나왔다면 당신의 자기조절능력에는 별 문제가 없다고 봐도 좋으며, 75점 이상이라면 아주 높은 편—상위 7% 이내—이니 자부심을 가져도 좋다.

대인관계능력 = 소통능력 + 공감능력 + 자아확장력

19번부터 24번까지는 소통능력, 25번부터 30번까지는 공감능력, 31번부터 36번까지는 자아확장력의 점수를 각각 나타낸다. 그리고 이 셋의 점수를 합친 것이 당신의 대인관계능력 점수다. 우리나라 사람들의 대인관계능력 평균 점수는 67.8점이다. 만약 당신의 점수가 67점 이하라면 대인관계능력을 높이기 위해 노력하는 것이 좋다. 62점 이하라면 대인관계능력을 높이기 위해 반드시 노력해야 한다. 하위 20%에 해당하기 때문이다. 이렇게 점수가 낮은 사람들은 조금만 노력해도 스스로 그 효과를 금방 느낄 수 있다. 만약 대인관계능력의 점수가 74점 이상이 나왔다면 당신의 대인관계능력에는 별 문제가 없다고 봐도 좋으며, 80점 이상이라면 당신은

대인관계와 사회성이 아주 뛰어난 편—상위 6% 이내—이라 할 수 있다.

긍정성 = 자아낙관성 + 생활만족도 + 감사하기

긍정성은 자기 스스로의 장점과 강점을 낙관적으로 바라보는 태도(37번~42번 문항), 행복의 기본 수준이라 할 수 있는 삶에 대한 만족도(43번~47번 문항), 그리고 삶과 주변 사람에 대해 감사하는 태도(48번~53번 문항)로 측정된다. 우리나라 사람들의 긍정성의 평균 점수는 63.4점이다. 만약 당신의 점수가 63점 이하라면 긍정성을 높이기 위해 노력하는 것이 좋다. 56점 이하라면 긍정성을 높이기 위해 반드시 노력해야 한다. 하위 20%에 해당하기 때문이다. 만약 긍정성의 점수가 70점 이상이 나왔다면 당신의 긍정성에는 별 문제가 없다고 봐도 좋으며, 75점 이상이라면 당신은 대단히 긍정성이 높은 사람—상위 6% 이내—이니 자부심을 가져도 좋다.

자기조절능력, 대인관계능력, 긍정성의 세 가지 점수의 총합이 당신의 회복탄력성 지수다. 우리나라 사람들의 평균 점수는 195점이다. 만약 당신의 점수가 190점 이하라면 회복탄력성을 높이기 위해 노력하는 것이 좋다. 180점 이하라면 당신은 사소한 부정적인 사건에도 쉽게 영향 받는 나약한 존재다. 당신은 되튀어 오를 힘을 빨리 길러야 한다. 170점 이하라면 당신은 깨지기 쉬운 유리 같은 존재라 할 수 있다. 작은 불행에도 쉽게 상처를 입게 되며 그 상처는 치유하기 어려울 것이다. 하루하루 살얼음 위를 걷는 기분으로 살아온 당신은 지금 당장 회복탄력성을 높이기 위해 온 힘을 기울여야 한다.

만약 당신의 점수가 200점을 넘는다면 일단 안심이다. 그러나 212점 정도는 돼야 상위 20%에 들 수 있다. 220점을 넘는다면 당신은 대단히 회복탄력성이 높은 사람이다. 웬만한 불행한 사건은 당신을 흔들어놓지 못한다. 오히려 역경은 당신을 더 높은 곳으로 올려놓기 위한 스프링보드이니 즐겁게 받아들일 일이다.

이제 회복탄력성을 구성하는 세 가지 요소인 자기조절능력, 대인관계능력, 그리고 긍정성에 대해 설명하고 이러한 요소들을 어떻게 강화시킬 수 있는지에 대해 자세히 살펴볼 것이다. 성질 급한 독자를 위해서 먼저 결론부터 밝혀두자면, 답은 긍정성의 강화다. 긍정성을 강화하면 자기조절능력과 대인관계능력을 동시에 높일 수 있다. 긍정성을 습관화하면 누구나 회복탄력성을 높일 수 있다. 긍정성을 습관화한다는 것은 뇌를 긍정적인 뇌로 바꿔나간다는 뜻이다.

회복탄력성 높은 사람과
낮은 사람의 뇌는 어떻게 다른가?

실수를 대하는 긍정적인 태도

회복탄력성이 높은 사람과 낮은 사람의 뇌는 역경에 반응하는 방식이 다르다. 이는 뇌파 실험을 통해서도 살펴볼 수 있다. 뇌파 실험은 순간적으로 일어나는 뇌의 반응 방식을 측정하는 것이기 때문에 의식적으로 통제할 수 없다. 우선 20대 젊은 층 46명 중에서 회복탄력성 점수가 가장 높게 나온 두 명과 가장 낮게 나온 두 명을 실험 대상으로 삼아 회복탄력성이 높은 사람들과 낮은 사람들의 뇌가 실수에 대해 어떻게 다르게 반응하는가를 살펴보기로 했다.

　뇌파 측정에는 두 가지 방법이 있다. 하나는 특정한 자극 직후에 나타나는 일정한 요소나 형태components를 측정하고 분석하는 형태 분석이고 다른 하나는 독자들도 한 번쯤은 들어보았을 알파파니 감마파니 하는 특정한 주파수를 분석하는 것이다. 형태 분석은 보통 자극이 주어진 후 0.5초

이내에 뇌가 어떤 세기의 반응을 보이는지를 밀리세컨드millisecond. 1,000분의 1초 단위에서 분석하는 것이다.

반면에 주파수 분석은 상당히 긴 시간—수 초에서 수십 초—에 걸쳐서 어떠한 주파수—뇌파 파장의 주기—가 나타나는가를 분석하는 것이다. 주파수 분석은 상대적으로 측정하기가 쉽기 때문에 100여 년 전부터 측정되고 연구되어 왔다. 그러나 주파수가 무엇을 의미하는지는 여전히 분명치 않다. 그것은 수많은 신경세포의 매우 다양한 활동을 한데 묶어서 측정하는 것에 불과하기 때문이다. 예컨대 뇌파가 8~12 Hz 전후—1초에 10번 내외 진동—에 움직이는 파장을 알파파라고 하는데 이것은 어떤 일에 집중할 때, 잠자기 직전, 지루할 때, 자기 자신에 대해서 생각할 때, 그냥 멍하니 있을 때 등등 다양한 경우에 나타난다. 다시 말해서 알파파의 의미는 특정한 뇌의 작용이나 기능과 연결시키기가 매우 힘들다. 온 신경을 곤두세워 집중하고 있을 때도 나타나지만 지루하거나 졸리거나 멍하니 있을 때도 나타나는 것이 알파파이기 때문이다.

그런 이유로 현대 뇌과학의 뇌파 연구는 대부분 형태분석 방법, 특히 사건유발전위event-related potential 분석을 사용한다. 주파수 분석은 보조적으로 사용되는 정도다. 사건유발전위에서 '사건'이라 함은 뇌파 실험에서 주어지는 특정한 자극을 말한다. 즉, 특정한 자극이 주어졌을 때 뇌가 어떻게 반응하는가를 분석하는 것이다. 주파수 분석에서는 뇌파 반응의 크기보다는 파장의 주기를 분석하지만, 사건유발전위 분석에서는 파장의 주기보다는 파장의 크기와 그 파장이 일어나는 시간대를 주로 분석한다.[15]

회복탄력성 상하 집단에 대한 이 뇌파 실험에서는 자신의 실수라는 작은 역경에 대해 피험자의 뇌가 어떻게 반응하는지를 살펴본 것으로 일종의 사건유발전위 분석이다. 즉 스스로의 실수를 '사건자극'으로 삼아 자신이 실수했다고 느꼈을 때 뇌가 무의식중에 어떠한 반응을 보이는가를 측정한 것이다.

실험 내용을 간략히 정리하면 다음과 같다. 먼저 컴퓨터 모니터에 영어 알파벳 M 또는 W가 0.1초 동안 제시된다. 피험자는 최대한 빨리 M이 나오면 오른쪽 버튼을, W가 나오면 왼쪽 버튼을 눌러야 한다. 그런데 전체적으로 M은 80%, W는 20% 정도 등장한다. 다시 말해서 M은 빈번히 등장하는 자극이 되고 W는 가끔 등장하는 자극이 된다. 반대로 M이 20%, W가 80% 나오도록 실험해도 상관없다. 실험이 시작되면 M이 자주 나오기 때문에 피험자들은 오른쪽 버튼을 누르는 것에 쉽게 익숙해지고 '습관화'가 진행된다. 그러한 상황에서 가끔 W가 나올 때 사람들은 오른쪽 버튼을 누르는 실수를 저지르게 마련이다. 물론 실수하는 순간에 '아차!' 하고 스스로 실수했음을 인식하게 된다. 그런데 그 실수하는 순간의 뇌의 반응은 사람마다 다르게 나타난다. 바로 이 실수하는 순간에 나타나는 뇌파 신호를 분석하는 것이 실수관련부적전위ERN: Error-Related Negativity 분석이다.

인지심리학의 연구 결과에 따르면, 한 개인이 목표 달성을 위해 노력하는 데 있어서 고려해야 할 중요한 능력은 바로 스스로의 수행에 대해 평가하고 정확하게 답할 수 있는 능력이다. 즉 "내가 지금 잘하고 있는가?"라는 질문에 제대로 답할 수 있는 능력이다. 이것이 바로 스스로의 행동을 살펴보는 자기 모니터링 능력이라고 할 수 있는데, 이와 관련해서 특히 중요한 것이 실수를 했을 때 이를 탐지하는 기능이다. 인지과학은 자신의 실수를 모니터링하는 것을 돕는 특별한 뇌 기제가 존재함을 밝혀냈다. 이것이 바로 실수관련부적전위로 알려진 뇌파 신호인데, 이것은 대략 실수가 일어난 직후에 아주 짧은 시간 동안—0.04초~0.1초 사이—에 관찰된다. 실수관련부적전위가 강하게 나타나는 사람일수록 자신의 실수를 잘 탐지하며, 스스로의 수행을 정확히 평가하고, 목표달성을 위해 더 노력할 수 있는 사람이라 할 수 있다. 자신의 실수를 금방 알아차리고 이를 수정하려는 '열린 자세'를 지닌 뇌를 소유한 사람이라고 볼 수 있는 것이다.

실험 결과는 역시 예상대로 회복탄력성이 높은 사람들이 훨씬 더 높은 수준의 실수관련부적전위를 보였다(그래프 참조). 즉 회복탄력성이 높은 사람들의 뇌는 자신의 실수에 대해 보다 민감하게 반응한다는 것을 보여준다. 물론 이것은 의식적인 상태가 아니라 무의식적인 상태에서 그렇다는 뜻이다. 회복탄력성이 높은 사람의 뇌는 스스로의 실수를 보다 잘 '모니터링'하는 습관이 들어 있다고 볼 수 있다.

실수관련부적전위가 자신의 실수를 깨달았을 때 생겨나는 뇌파 신호인데 반해, N2두 번째 부적전위 뇌파 신호는 익숙하지 않은 자극에 대해 성공적으로 대처했을 때 나타난다. 다시 말해서 N2는 습관화된 행동을 성공적으로 억제했을 때 나타나는 뇌파라 할 수 있으며, 자동적이거나 빈번한 반응을 스스로 통제하고 조절하는 것과 관련된다. 이러한 억제적 통제와 조절에 관여하는 뇌 영역은 전방대상피질ACC: Anterior Cingulate Cortex이라고 알려져 있다. N2는 보통 자극 제시 후 200~400ms 사이에서 나타난다.

실험 결과는 다음 그래프에 나타나 있다. 회복탄력성이 가장 높은 두 명과 가장 낮은 두 명의 ERN과 N2 뇌파의 진폭을 비교한 그래프다. 갈색선

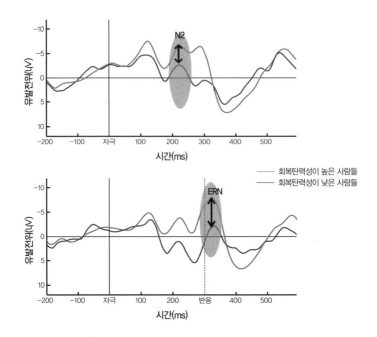

은 회복탄력성이 높은 사람들을 나타내며 회색선은 회복탄력성이 낮은 사람들을 나타낸다. 그래프를 보면 회복탄력성이 높은 두 명이 낮은 사람들에 비해 N2와 ERN에서 모두 더 큰 진폭을 보이고 있다. 이 결과는 회복탄력성이 높은 사람들이 낮은 사람들에 비해 예기치 않은 상황 혹은 작은 역경에 직면했을 때 인지신경적으로 더 민감하게 반응한다는 것을 말해준다.

한편, 가끔씩 나오는 자극에 대한 정답률은 어떤 사람들이 더 높았을까? 다시 말해서 회복탄력성이 높은 사람들과 낮은 사람들 중 누가 실수를 덜 했을까? 놀랍게도 회복탄력성이 낮은 사람들의 정답률이 두 배 이상 높았다. 물론 응답하는 데 걸린 평균 시간은 회복탄력성이 낮은 집단이 높은 집단에 비해 두 배 이상 길었다.

회복탄력성이 낮은 사람들은 천천히, 조심스럽게 응답했고 따라서 실수를 훨씬 덜 했다. 그러나 회복탄력성이 높은 사람들은 상대적으로 훨씬 더 빠르게 응답했고 따라서 실수율도 훨씬 더 높았다. 이러한 실험 조건에서 가끔씩 나오는 자극에 대한 정답률이 70%를 넘어선다는 것은 상당한 정도의 완벽주의와 소심한 성격을 보여주는 것이라 할 수 있다. 과거에 진행한 다른 ERN 실험 결과를 보면 일반인의 정답률의 평균은 47.6% 정도 수준이었다. 가끔 나오는 자극에 대해서는 보통 절반 정도 실수를 저지른다는 뜻이다. 그런데 회복탄력성이 높은 사람들은 정답률이 훨씬 낮았고 훨씬 더 많은 실수를 저질렀다. 반면에 회복탄력성이 낮은 사람들의 정답률은 무려 73%나 되었다. 이는 실수를 두려워하는 소심한 사람일수록 회복탄력성이 낮으며 자신의 실수—혹은 역경—를 회피하려는 성향이 대단히 높다고 할 수 있다.

이상의 뇌파 실험과 행동 반응의 결과를 종합해보면 우리는 다음과 같은 결론에 도달할 수 있다. 즉 회복탄력성이 높은 사람들은 실수를 두려워하지 않으면서도 자신의 실수에 대해서는 스스로 민감하게 알아차리는 뇌를 지닌 사람들이다. 설령 실수를 범한다 해도 실수로부터의 피드백을 적극적으로 받아들이는 습관이 들어 있는 뇌를 지닌 사람들이다.

반면에 회복탄력성이 낮은 사람들은 실수를 지나치게 두려워한다. 이런 사람들은 실수는 덜 하지만 정작 실수를 했을 경우에 그들의 뇌는 민감하게 반응하지 않는다. 실수를 적극적으로 모니터링하고 받아들이려 하기보다는 억누르고 무시하려는 무의식이 작동한다고도 해석할 수 있다.

한마디로 회복탄력성이 높은 사람들은 스스로의 실수에 대해 보다 긍정적인 태도를 지닌 사람들이다. 그들의 뇌는 습관적으로 보다 더 과감하고 도전적이어서 늘 새로움을 추구한다. 자신의 실수에 대해 예민하게 반응하되, 실수를 두려워하지 않는 것이 회복탄력성이 높은 긍정적인 뇌의 특징이다.

어떻게 나의 뇌의
회복탄력성을 높일 수 있는가?

행복을 뇌에 새기는 연습

회복탄력성을 높이려면 내 삶에서 일어나는 모든 사건들을 보다 더 긍정적으로 받아들이는 뇌가 필요하다. 무의식적인 수준에 자동적으로 내가 겪는 경험에 긍정적인 스토리텔링을 해주는 '기억하는 자아'가 필요한 것이다. 이러한 긍정적이고도 회복탄력적인 뇌는 훈련을 통해서 얻을 수 있다. 다시 말해서 회복탄력성은 뇌에 새겨진 습관의 문제다. 긍정적 스토리텔링을 하는 습관이 나의 뇌에 들도록 훈련해야 한다. 이는 뇌의 긍정적 정보처리 루트를 활성화한다는 뜻과 같다. 나에게 일어나는 크고 작은 고민거리나 어려운 일들을 순간순간 긍정적으로 받아들이고 대처할 수 있는 '습관'을 들여야 한다.

습관을 들인다는 것은 어떠한 대상이나 사건에 대해 뇌가 자동적으로 반응하는 것을 말한다. 이렇게 습관을 들이는 과정을 우리는 훈련 혹은 연습이라 부른다. 연주를 위해 악기 다루는 법을 배운다거나, 스노우 보드 타는 법을 배운다거나, 수영을 배운다거나, 젓가락질을 배우는 것 모두가 연습을 통해 습관을 들여야만 제대로 할 수 있다. 이러한 것은 지식을 머리로 이해하는 것만으로는 배울 수 없다. 즉 악기 다루는 법이나 젓가락질하는 법을 아무리 자세히 가르쳐주고 또 그것을 잘 이해하고 완벽하게 암기했다고 해서 악기를 다룰 수 있게 되거나 젓가락질이 능숙해지지는 않는다. 상당 기간의 연습 없이는 그러한 지식을 체득할 수 없다.

지식에는 두 가지 종류가 있다. 배움을 통해 얻어지는 명시적explicit 지식과 익힘을 통해 얻어지는 암묵적implicit 지식이다. 명시적 지식은 머리로 배우는 것이고, 암묵적 지식은 몸으로 익히는 것이다. 명시적 지식은 암기해야 내 것이 되지만 암묵적 지식은 습관을 들여야 내 것이 된다. 공자의 논어 맨 처음에 나오는 '학이시습學而時習'에서의 학學이 곧 명시적 지식의 습득이요, 습習은 암묵적 지식의 체화다. 머리로 배우는 명시적 지식은 역사적 사실을 암기하거나, 논리적 추론을 이해하는 지식이다. 역사나 과학, 수학 등의 과목이 이에 해당한다. 이러한 지식은 한 번만 잘 이해하고 암기해두면 내 것이 된다. 그러나 암묵적 지식은 반복적인 연습과 훈련을 통해서 몸으로 체득해야만 하는 지식이다. 악기 다루는 것, 자전거 타는 것, 그 밖의 다양한 스포츠 기술 등을 배우는 예체능 과목이 대표적인 예다. 영어 같은 외국어 과목 또한 마찬가지다. 특히 영어의 듣기와 말하기는 반복 연습을 필수적으로 요구한다는 점에서 일종의 예체능 과목과 유사하다.

이러한 암묵적 지식은 우리가 흔히 말하는 '몸에 배게 한다'는 것이며, 이는 곧 습관을 들인다는 뜻이다. 그런데 이러한 지식은 사실 몸에 배는 것이 아니라 뇌에 새겨지는 것이다. 좀 더 정확하게 말하자면 뇌 신경들 사이에 보다 더 단단하고 견고한 신경연결망이 새로 형성된다는 것이다. 특정한 행동이나 사건에 뇌가 거의 자동적으로 반응할 수 있도록 새로운 신경망 구조를 잘 만들어둔다는 뜻이기도 하다. 이런 습관을 들이기 위해서는 부단한 훈련과 연습이 필요하다. 모든 종류의 훈련이나 연습은 뇌에 새로운 신경망을 만들어낸다. 그런데 새로운 신경망이 형성되려면 뉴런의 수상돌기와 축색돌기를 이어주는 시냅스 부분에 새로운 단백질 합성이 일어나 일정한 형태로 '자라야' 한다.[16] 그렇기 때문에 훈련과 연습이 효과를 보려면 보통 수 주에서 수개월 이상 반복해야 하는 것이다.

젓가락질을 예로 들어보자. 젓가락을 능숙하게 사용하는 사람들에게 젓가락질은 많은 연습을 통해 체득한 일종의 암묵적 지식이다. 그런데 젓가락질을 처음 배우는 사람—어린아이나 외국인—에겐, 일단 명시적 지식으로 가르쳐야 한다. 예컨대 가운데 손가락을 고정시켜 젓가락 하나를 받치고 그와 평행하게 나머지 젓가락 하나를 놓은 다음 그것을 검지와 엄지로 잡고 위아래로 움직인다, 하는 식의 '젓가락 사용하기'에 대한 요령을 먼저 가르쳐야 한다. 이러한 '방법' 혹은 '지시 사항'이 곧 젓가락질하기에 대한 명시적 지식이다. 그러나 물론 이러한 명시적 지식의 습득만으로는 젓가락질을 제대로 해낼 수 없다. 그러한 방법을 머리로 습득한 이후에는 젓가락질이 충분히 손에 익숙해질 때까지 많은 연습을 해야 한다. 그런데 이 연습 과정에서 생겨나는 '익숙해짐'은 손가락 관절이나 근육과 관계가 있는 것이 아니라 손가락 근육의 움직임을 맡고 있는 뇌신경과 관련된다. 다시 말해서 젓가락질 연습의 결과는 손에 남는 것이 아니라 뇌에 새로운 신경망으로 남는다. 피아니스트의 뇌를 스캔해보면 손가락 움직임을 관장하는 뇌 부위가 상당히 발달해 있음을 알 수 있다. 피아니스트가 피아노를 잘 치게 되는 것은 손가락 근육이 발달해서가 아니라 손가락의 움직임을 담당하는 뇌 부위가 훈련에 의해 발달했기 때문이다.

2007년에 발표된 한 뇌영상 연구에 따르면 프로 골프 선수들과 초보자들은 공을 치는 순간에 뇌를 사용하는 방식과 부위가 완전히 다르다.[17] 겉보기에는 골프 스윙이라는 대단히 유사한 행위를 하고 있는 것처럼 보이지만, 프로 선수와 아마추어 초보자들의 뇌는 전혀 다른 일을 하고 있다고 해도 과언이 아니다.

아마추어 골퍼들은 스윙할 때 뇌의 다양한 부위를 사용한다. 한마디로 생각이 많은 것이다. 아마도 "하체를 단단히 고정시키고, 어깨 회전은 충분히 하고, 손목 코킹 각도 유지하면서 힘 빼고 끌어내리다가 골프채를 던지듯이 치고…" 등등 배운 내용을 머릿속에서 정리하는 것이리라. 즉 아마추어 골퍼에게 스윙은 여전히 명시적 지식에 따른 '몸 움직이기'라 할 수 있다. 반면 LPGA 프로 골프선수들은 스윙할 때 초보자들과는 전혀 다르게, 아주 특정한 부위의 뇌만을 사용하는 것으로 나타났다. 뇌를 훨씬 적게 사용하는 것이다. 그야말로 머릿속이 복잡하지 않고 '아무 생각 없이' 치는 것처럼 보인다. 이렇게 아무 생각 없이 치려면 골프 스윙이라는 동작이 몸에 완전히 배어 있어야 한다. 다시 말해서 뇌에 그러한 동작을 가능하게 하는 신경망 구조가 잘 형성되어 있어서 골프 스윙할 때마다 뇌의 여러 분야에 저장되어 있는 다양한 정보를 다시 긁어 모으는 복잡한 일을 할 필요가 없다. 프로선수에게 골프 스윙은 뇌에 깊이 습관화되어 있는 셈이다.

회복탄력성의 습득도 이러한 훈련과 연습의 과정을 거쳐야 한다. 이 책은 회복탄력성이 어떠한 요소로 구성되어 있고 그것을 높이기 위해서 어떻게 해야 하는가를 당신에게 가르쳐줄 것이다. 그러나 그러한 명시적 지식을 머리로만 이해해서는 회복탄력성 증진에 별 도움이 되지 않는다. 그러한 지식이 암묵적 지식이 되어 당신의 뇌에 확실한 회복탄력성의 신경망 구조를 형성할 때까지 반복적으로 훈련해야 한다. 회복탄력성은 당신이 들여야 할 좋은 습관에 의해 길러진다.

그러한 훈련은 뇌를 재-회로화rewiring 시키는 일이다. 부정적인 사건에 긍정적으로 대처할 수 있도록 뇌의 반응 기제를 바꾸는 일이다. 즉 당신의 뇌를 긍정적인 뇌로 만드는 일이다. 이러한 변화에는 시간이 필요하다. 반복적인 훈련도 필요하다. 이러한 훈련은 우리의 뇌가 원하는 방향으로 우리의 몸과 마음을 저절로 움직일 수 있도록 해준다. 이것이 바로 긍정성을 훈련해야 하는 이유다. 3주가량 꾸준히 노력하면 특별히 의식하지 않아도 저절로 뇌가 내게 벌어지는 상황을 긍정적으로 판단하고 좋은 방향으로 정보를 처리하는 습관이 들기 시작한다. 3개월 정도 지나면 회복탄력성을 완전히 '내 것'으로 만들 수 있다. 수많은 연구와 실험이 그것을 입증한다. 이 책은 긍정성의 습관화를 통해서 당신의 뇌를 강한 회복탄력성을 지닌 뇌로 업그레이드시키는 안내자 역할을 할 것이다.

뒤센 미소의 비밀

사람의 표정에는 감정이 드러나게 마련이다. 우리 몸의 근육 중에서 표정을 만들어내는 얼굴 근육만이 뇌신경과 직접적으로 연결되어 있다. 그래서 얼굴 표정은 뇌의 감정 상태를 그대로 드러내는 유리창과도 같다. 관상으로 그 사람의 운명을 점친다는 것은 어쩌면 상당히 근거가 있다.

얼굴 표정에 대한 본격적인 연구를 했던 심리학자 폴 에크만은 인간의 웃음 중에서도 긍정적 정서가 반영된 환한 웃음을 '뒤센Duchenne의 미소'라 이름 지었다. 에크만은 광대뼈 근처와 눈꼬리 근처의 얼굴 표정을 결정짓는 근육을 발견해낸 뒤센을 기려 그의 이름을 따서 뒤센의 미소라 명명했던 것이다. 이러한 뒤센의 미소를 짓는 사람들의 뇌는 기본적으로 긍정적 정서를 타고났다고 볼 수 있다. 이러한 긍정적 정서야말로 회복탄력성의 원천이다. 긍정적 정서는 상당 부분 유전적으로 결정되는 것이지만, 후천적인 훈련과 노력을 통해서도 얼마든지 향상시킬 수 있다.

당신이 만약 환한 뒤센의 미소를 지을 수 있다면 당신의 뇌는 높은 수준의 긍정성을 지녔다고 볼 수 있으며, 높은 수준의 회복탄력성을 통해 평생 좋은 팔자를 누리게 될 것이다. 여기에는 과학적인 근거가 있다.

하커Harker와 켈트너Keltner의 연구[18]는 30년간의 면밀한 추적 연구조사를 통해서 이뤄졌다. 연구를 시작한 교수의 제자가 다시 교수가 되어 발표하게 된, 그야말로 대를 이어 진행한 연구다. 이들은 1958년과 1960년에 캘리포니아 오클랜드에 있는 밀즈 칼리지 졸업생 141명을 연구 대상으로 삼았다. 우선 졸업 앨범 속에 나타난 사람들의 표정을 전문가들이 정밀

분석했다. 분석의 대상이 된 사진 중에서 50명의 졸업생은 눈꼬리의 근육이 수축되어 눈이 반달 모양이 되는 환한 뒤센의 미소를 짓고 있었다. 나머지는 카메라를 보며 인위적인 미소를 지어 보였다. 이 졸업 사진의 주인공들이 각각 27세, 43세, 52세가 되는 해에 연구자들은 인터뷰를 통해 그들의 삶의 다양한 측면에 대한 자료를 수집하여 비교했다.

그 결과는 놀라웠다. 환한 긍정적 미소를 지었던 '뒤센 미소 집단'은 '인위적 미소 집단'에 비해 훨씬 더 건강하였으며 병원에 간 횟수도 적었고 생존률도 높았다. 결혼 생활에 대해서도 훨씬 높은 만족도를 보였으며, 이혼율도 더 낮았다. 평균 소득 수준 역시 뒤센 미소 집단이 훨씬 더 높았다. 한마디로, 같은 해에 같은 대학을 졸업한 여대생들 중에서 뒤센의 미소를 지었던 여성들이 훗날 더 좋은 삶을 살고 있음이 밝혀진 것이다.

연구자들은 통제 변인으로 '매력도'도 고려했다. 다시 말해서 뒤센 미소 집단이 더 예쁘고 매력 있어 보여서 행복한 삶을 누리는 것은 아닐까 하는 우려도 테스트해 보았다. 그러나 다양한 방식으로 엄밀하게 체크된 매력도는 이들의 삶에 별다른 영향을 못 미친 것으로 나타났다. 예쁘냐 안 예쁘냐 하는 외모는 그 사람의 건강이나 행복한 결혼 생활 혹은 소득 수준과 아무런 상관이 없는 것으로 나타난 것이다. 이 연구는 젊은 날 한순간의 표정만으로도 그 사람의 인생이 얼마나 행복할지를 어느 정도 예측해 볼 수 있음을 알려주고 있다.

지금 거울 앞에 서서 활짝 웃어보라. 그때 당신의 웃음이 위쪽 두 사진과 유사하다면 당신의 회복탄력성 점수도 높았을 가능성이 크다. 만약 아래쪽 사진에 가깝다면 활짝 웃는 연습부터 시작해야 한다.

위쪽 두 사진은 뒤센 미소의 예.
아래 두 사진은 인위적 미소의 예.

긍정성 훈련을 통해 부정적이고 비관적인 뇌는 긍정적이고 낙관적인 뇌로 재-회로화될 수 있다. 긍정적인 뇌는 긍정적인 정보처리 루트가 활성화되어 있는 뇌고, 반대로 부정적인 뇌는 부정적인 정보처리 루트가 활성화되어 있는 뇌다. 동일한 사건이나 사람에 대해서 긍정적인 뇌는 자동적으로 긍정적으로 정보처리를 하며 부정적인 뇌는 자동적으로 부정적으로 받아들인다. 이는 순식간에 일어나는 일이어서 스스로 의식적으로 통제하기가 쉽지 않다. 다시 말해서 부정적인 사람이 긍정적인 사람이 되기 위해서는 부단한 노력을 통해 뇌의 긍정적 정보처리 루트를 활성화해야 한다. 이렇게 뇌의 긍정적 재-회로화가 성공적으로 이뤄진다면 당신의 표정도 뒤센 미소를 지을 수 있게 된다. 나이 들수록 얼굴에 책임을 져야 한다는 말이 바로 이런 뜻이다. '생긴 대로 논다'는 말도 단순히 우스갯소리로만 들을 일이 아니다.

앞에서 소개한 전신마비의 이상묵 교수가 다시 일어서는 데에는 무엇보다도 서울대학교의 이건우 교수가 학술재단에서 받은 상금 1억 원을 전액 기부해준 것이 커다란 도움이 되었다. 일면식도 없었던 이건우 교수는 난생처음 이런 큰 액수를 기부해본다고 하면서 마음에서 오는 기쁨이 너무 커서 돈이 아깝다거나 손해 본다는 생각이 전혀 들지 않았다고 말한다. 1억을 기부하면서 생기는 기쁨과 행복은 1억을 공짜로 얻는 것보다 더 크다. 그것이 세상의 이치이자 행복의 원리다. 남을 행복하게 해줘야만 우리는 스스로 행복해질 수 있다. 우리의 뇌는 그렇게 진화되어 왔다. 공동체의 행복에 봉사하도록 우리의 뇌는 프로그램되어 있는 것이다. 이러한 원칙에서 벗어나 다른 사람을 불행하게 하면서 자기의 욕심만을 탐욕스럽게 채우려 한다면 반드시 불행해진다. 이것은 도덕적인 얘기가 아니라 과학적인 얘기다. 1억 원을 기부해서 행복하다고 말하는 이건우 교수의 얼굴 표정을 독자들은 〈그것이 알고 싶다〉 동영상 다시보기를 통해 꼭 한 번 살펴보기 바란다. 진정 행복한 표정이 무엇인지, 건강한 긍정성을 지닌 사람의 얼굴이 어떻게 생겼는지 확인해보기 바란다.

이건우 교수는 이상묵 교수와 함께 장애인 의료기기개발센터를 설립하여 한국의 장애인들을 위해 여러 가지 연구를 진행하고 있다. 이상묵 교수는 사고 이후 여러 사람으로부터 도움을 받으면서 "아, 이제부턴 나도 남을 도우며 살아가야겠구나" 하고 깨닫게 되었다고 한다. 그러면서 덧붙이는 한마디. "진짜 현명한 사람은 불행을 당하기 전에 남을 돕는 사람이겠지요."

긍정성이 높아지면 남을 더 배려하고 더 도와주고 기부와 봉사 활동도 더 많이 하게 된다는 많은 연구가 있다.[19] 한마디로 긍정적인 사람은 더 착하고 좋은 사람이다. 또한 배려나 봉사 활동은 사람을 더욱더 행복하게 해주고 긍정성을 높여준다. 긍정성의 선순환이 일어나게 되는 것이다. 이러한 긍정성은 모든 면에서 강한 회복탄력성을 갖게 해준다. 경제적 어려움이든 건강상의 역경이든 인간관계에서의 갈등이든 인생의 어려움을 꿋꿋이 이겨내고 오히려 그러한 어려움을 통해 더욱더 크게 성장하는 힘을 갖게 해준다. 긍정성이 그러한 힘을 지녔다는 사실은 수많은 연구들이 실증적으로 입증하고 있다. 포스트와 니마크는 이러한 연구들을 정리하여 왜 좋은 사람들에게 결국 좋은 일이 생길 수밖에 없는지를 밝히고 있다.[20]

남을 배려하고 봉사하는 착한 마음으로 살면 그것이 자신에게 복으로 돌아온다는 것은 이제 단순히 도덕적인 이야기만이 아닌 과학적으로 입증된 사실이다. 이제 즐겁고 긍정적인 마음으로 회복탄력성을 키우도록 해보자. 당신의 인생에 더 이상 실패란 없다. 아니, 실패는 있을지도 모른다. 그러나 그 실패 때문에 좌절하거나 무너지거나 주저앉는 일은 없을 것이다. 그 실패를 도약의 디딤돌로 삼아 더 높이 튀어 오르는 자신을 발견하게 될 것이다.

회복탄력성의 첫 번째 요소

자기조절능력

회복탄력성을 이루는 핵심 요소에 인성지능이 포함된 것은 전혀 우연이 아니다.
자기이해지능은 그 자체로서는 뚜렷한 능력 발휘의 징표가 되지는 않지만
다른 지능과 결합함으로써 그 지능을 크게 발휘시키는
일종의 촉매제나 효소와 같은 역할을 한다.

자신을 이해하는 힘,
자기조절능력

• 감정조절력 + 충동통제력 + 원인분석력 •

나를 통해 타인을 이해하는 법

회복탄력성을 구성하는 첫 번째 요소인 자기조절능력이란 스스로의 감정을 인식하고 그것을 조절하는 능력이다. 역경이나 어려움을 성공적으로 극복해내는 사람들의 공통적인 특징이기도 하다. 자기조절능력은 어려운 상황이 닥쳤을 때, 첫째로 스스로의 부정적 감정을 통제하고 긍정적 감정과 건강한 도전의식을 불러일으키며(감정조절력), 둘째로 기분에 휩쓸리는 충동적 반응을 억제하고(충동통제력), 마지막으로 자신이 처한 상황을 객관적이고도 정확하게 파악해서 대처 방안을 찾아낼 수 있는(원인분석력) 능력이다. 이처럼 자기조절능력의 근간을 이루는 것은 감정조절력, 충동통제력, 원인분석력 등의 요소인데, 이러한 능력은 하워드 가드너가 다중지능이론에서 말하는 인성지능과 다니엘 골만이 제안한 감성지능 등과 관련된다.

   각각의 지능은 대체로 30~50% 정도는 유전적 요인에 의해서 선천적으로 결정되지만, 나머지 50~70% 정도는 꾸준하고도 체계적인 훈련과 노력에 의해 얼마든지 향상시킬 수 있다. 먼저 회복탄력성을 이루는 첫번째 요소인 자기조절능력에 대해서는 하버드대 교육심리학자인 하워드 가드너 교수의 다중지능 이론을 통해 살펴보도록 하자.

하워드 가드너의 경험

유대인에 대한 나치의 박해가 날로 심해지던 1938년, 하워드 가드너의 부모는 고향인 독일을 등지고 미국행 배에 몸을 실었다. 하워드는 아직 태어나기 전이었고, 어린 아들 에릭을 데리고 가드너 부부는 일가친척을 떠나서 미국으로 향했다. 하워드 가드너의 부모가 미국에 도착한 것은 11월 9일이었는데, 마침 그날은 고향인 독일에서 끔찍한 일이 일어나고 있었다.

훗날 '수정의 밤' 혹은 '깨진 유리의 밤'이라고 알려지게 되는 그날 밤, 나치 독일은 유대인과 유대인의 집, 상점 등에 대해 엄청난 폭력을 마구 휘둘러댔다. 사건 후 깨진 유리조각이 온 시내에 흩어져 있었던 데서 이런 이름이 붙여졌다. 그날 밤의 난동으로 유대인 91명이 죽고 수백 명이 중상을 입었으며 수천 명이 수모와 테러를 당했다. 하워드 가드너 집안의 많은 친척과 가족들은 유대인 대학살의 희생자가 되었다. 가난한 탄광촌 마을인 스크랜튼에 정착하게 된 가드너 일가는 늘 고향에 두고 온 친척들의 안위를 걱정했으며, 유대인 수용소에서 극적으로 살아남아 미국으로 건너오는 친척들에게 가드너 씨의 집은 잠시 머무르는 휴식처 같은 역할을 했다.

하워드 가드너가 기억하는 그의 어린 시절 집안 분위기는 늘 침울했다. 게다가 하워드 부부는 일곱 살 난 아들 에릭이 눈 앞에서 끔찍한 사고로 목숨을 잃고 마는 충격적인 일을 겪게 된다. 하워드의 형 에릭이 어린 나이에 사고를 당해 죽었을 때, 가드너 부인은 하워드를 임신하고 있었다. 훗날 하워드의 어머니는 그에게 이런 얘기를 했다. "하워드야. 만약 내가 뱃속에 널 갖고 있지 않았더라면 우린 그때 모두 자살해버렸을지도 모른다." 그만큼 첫째 아들을 잃은 부모의 고통은 컸다. 하워드가 자라는 동안 부모님은 그의 형에 대해 일체 이야기하지 않았다. 집안 여기저기에 걸려 있는 형 사진을 보고 누구냐고 물으면 그냥 '옆집 아이'라고 대답할 정도였다. 그 옆집 아이가 자기가 태어나기도 전에 죽은 형이라는 사실을 깨닫게 되기까지는 많은 시간이 흘렀다.

하워드 가드너는 선천적으로 눈동자가 안쪽으로 쏠린 심한 내사시crossed-eye여서 두 눈으로 촛점을 맞추는 양안시의 능력이 없었다. 게다가 색맹이었으며 지독한 근시였다. 안경으로 약간 교정할 수는 있었지만, 사람의 얼굴을 알아볼 수 없었기에 소년 하워드는 내성적일 수밖에 없었다. 어려서부터 피아노가 그의 유일한 낙이었다. 한때 뮤지션을 꿈꾸었던 그는 1961년에 하버드 대학에 입학하면서 다양한 학문 분야에 눈뜨게 된다. 하워드는 과학보다는 역사, 문학, 예술에 더 많은 관심을 갖는 청년이었으며, 어느 날 마침내 심리학을 접하게 된다.

하워드 가드너는 에릭 에릭슨과 제롬 브루너 등의 저명한 심리학자들에게 영향을 받아 심리학에 관심을 갖게 되었으며 넬슨 굿만을 만나서는 창의성과 예술성에 대해 체계적인 연구를 하는 '프로젝트 제로'에 참여하게 된다. 박사 학위를 받은 후에는 신경학자인 노만 거쉰트에게 영향을 받아 실어증에 관한 신경심리학 연구를 20년 이상 하게 된다. 하지만 하워드는 순수한 과학적인 연구보다는 현실에 보다 직접적인 변화를 가져올 수 있는 교육 개혁과 사회 정책 분야에 더 많은 관심을 갖게 된다.

하워드 가드너가 특히 흥미를 갖게 된 분야는 뇌과학에서 밝혀진 새로운 사실들을 교육학에 접목시키는 일이었다. 그는 특히 사람의 뇌 기능이 다양한 독립적인 기능의 총합이라는 사실에 매료되었다. 예컨대 난독증alexia이 있지만 난기증agraphia이 없는 환자는 글을 읽을 수는 없으나 글을 쓸 수는 있다. 이런 환자는 자신이 방금 쓴 글조차 읽지 못한다. 세상에, 자기가 쓴 글을 스스로 읽을 수 없다니! 뇌의 좌측에 있는 시각 피질이 손상되면 우측 시각피질만이 시각 정보를 처리할 수 있게 된다. 하지만 이러한 정보는 좌뇌에 있는 언어처리 영역—브로카 영역이나 베르니케 영역 등—으로 전달되지 못한다. 그러나 이러한 환자는 여전히 글을 쓸 수는 있다. 왜냐하면 좌뇌의 언어영역과 손의 근육을 연결하는 신경은 손상되지 않은 채로 남아 있기 때문이다. 글을 읽고 쓰는 것과 같은 사람의 능력이 뇌의 한 부위에서 결정되는 것이 아니라 뇌의 서로 다른 부위의 기능이 종합되어서 일어난다는 사실에 가드너는 깊은 흥미를 느꼈다. 그는 점차 신경과학 연구에 빠져들게 되었고 이후 수십 년간 신경과학과 심리학, 교육학을 넘나들면서 다양한 연구를 수행했다.

다중지능이론의 발견

마침내 가드너는 일정한 부위의 뇌 손상이 가져오는 장애 등에 대한 신경심리학적 지식과 인지발달심리학적 지식을 융합함으로써 사람의 인지 능력이 여러 개의 독립적인 요소로 구성되어 있다는 결론에 도달했다. 그는 이러한 독립된 여러 개의 인지 능력을 '다중지능multiple intelligence'이라고 부르기 시작했다. 그것은 심리학에서 오랜 세월 동안 유지되어 왔던 하나의 종합적 지능general intelligence이라는 개념, 즉 IQ라는 환상이 깨지는 순간이었다. 지능은 한 덩어리이며 IQ가 높은 사람은 머리가 좋기 때문에 무엇이든 잘할 수 있고 IQ가 낮은 사람은 머리가 나쁘기 때문에 아무것도 잘할 수 없다는 믿음은 폐기되기 시작했다.

20세기 초에 지능이란 개념이 소개된 이래 지능지수IQ에 대한 환상과 믿음은 100년이 넘도록 굳건히 유지되어 왔다. 많은 연구들이 IQ는 믿을 만한 것이 못 된다는 것을 보여주었음에도 아직도 대중들은 IQ를 막연히 신봉한다. 1921년 스탠퍼드 대학의 저명한 심리학자 루이스 터먼Lewis Terman 역시 IQ의 대단한 신봉자였다. 그는 정부로부터 막대한 연구비를 지원받아 지능지수에 관한 대대적인 연구를 시작했다. 우선 각 초등학교와 중학교 교사의 추천을 받아 가장 명석한 아이들 25만 명을 추려냈다. 터먼은 우수한 학생들을 대상으로 다시 IQ 검사를 실시해서 지능지수가 140이 넘는 아이들 1,470여 명을 뽑아냈다. 그야말로 수재 중의 수재, 또는 '천재'라 할 만한 아이들을 선발해낸 것이다.

수십 년 동안 터먼은 이 아이들을 면밀히 추적 관찰했다. 그는 이 아이들 중에서 다음 세대를 이끌어갈 엘리트가 나올 것이며 어른이 되면 대부분이 뛰어난 성취를 이룰 것이라는 사실을 믿어 의심치 않았다. 그러나 수십년이 지나도 터먼의 천재 집단에서는 세상을 놀라게 할 만한 뛰어난 업적을 낸 사람은 나오지 않았다. 물론 사회적으로 성공을 거둔 사람들은 몇몇 있었으나, 그 비율은 그저 평범한 아이들 1,400명 중에서 성공한 사람이 나오는 비율과 비슷했다. 터먼의 천재 집단 중에서는 단 한 명의 노벨상 수상자도 나오지 않았지만, 터먼의 지능 검사를 통해 IQ가 충분히 높지 않다는 이유로 조사 대상에서 제외되었던 학생들 중에서는 오히려 두 명의 노벨상 수상자가 나왔다. 어른이 되었을 때 터먼이 선발한 '천재'들은 대부분 평범한 일에 종사하는 범재로 살아가고 있었다. 수십 년의 추적 조사 끝에 터먼은 어쩔 수 없이 다음과 같은 결론을 내릴 수밖에 없었다.

"IQ와 성취도 사이에는 그 어떠한 상관관계도 없다."

아이큐가 높으면 뛰어난 성취를 이루리라는 믿음은 아직도 우리 사회에 팽배해 있다. 지능지수가 120인 사람보다 140인 사람이 머리가 더 좋고, 업무 능력도 더 높으며, 사회적 성공도 이루리라는 막연한 믿음 말이다. 물론 지능지수가 학업이나 업무 성취 능력과 전혀 상관 없다는 뜻은 아니다. 평균 점수인 IQ 80과 130 사이에는 분명 일정한 차이가 존재한다. 그러나 심리학자들에 의하면 110만 넘어서면 지능지수는 성공의 가능성과는 아무런 상관이 없다. 지능지수가 110 정도만 넘는다면 그 사람이 뛰어난 업적을 남길 확률은 IQ와는 아무런 상관이 없다.

《아웃라이어》의 저자 말콤 글래드웰은 2007년 이후 노벨의학상을 수상한 미국 학자 25명의 출신 대학 목록을 한번 살펴보라고 권유한다. 노벨상 수상자니까 당연히 일류 대학 출신일 거라고? 그렇지 않다. 물론 하버드나 예일대학도 있지만 해밀턴 대학, 케이스 기술대학, 홀리 크로스 대학, 헌터 대학 등 잘 알려지지 않은 대학 출신도 많다. 즉 고등학교 시절 그렇게 뛰어난 학생이 아니었어도 얼마든지 노벨상을 받을 만큼 훌륭한 학자가 될 수 있다는 뜻이다. 노벨화학상 수상자의 출신 대학 역시 마찬가지다. 하버드나 스탠퍼드 대학 출신도 물론 있지만, 롤린스 대학, 르린넬 대학, 베레아 대학, 아우스버그 대학 등 잘 알려지지 않은 대학 출신도 많다. 고등학교 졸업하고 대학갈 때 그저 웬만한 대학에 들어갈 정도로만 똑똑하면 훗날 노벨상을 받는 데 아무런 문제가 없다는 것은 이처럼 분명한 사실이다. 그렇다면 이렇게 기본적인 수준의 지능을 지닌 사람이 뛰어난 업적을 남길 정도로 놀라운 성취력을 발휘하게 하는 원동력은 무엇일까? 여기서 하워드 가드너의 다중지능이론이 힘을 발휘한다.

하워드 가드너의 다중지능이론은 인간의 능력이 몇 개로 구분되는 별개의 지능으로 구성되어 있다고 본다. 다중지능이론은 인간의 능력에 대한 이해를 근본적으로 바꾸어 놓았고, 인간의 능력을 개발시키려는 교육학에 많은 영향을 미쳤다. 하워드 가드너는 1983년《마음의 틀Frames of Mind》이라는 책을 통해 다중지능이론을 체계화함으로써 여덟 개의 독립적이고도 자율적인 지능에 관한 이론을 확립하였다.[1] 이 책은 대중서가 아니었음에도 불구하고 발표되자마자 선풍적인 인기를 끌었다. 특히 교육 관련자들이 다중지능이론을 실제 교육현장에 어떻게 적용할 것인가에 많은 관심을 갖게 되었다.

하워드 가드너의 다중지능이론에 따르면 인간의 지능은 서로 독립적으

로 존재하는 적어도 여덟 개의 하위 요소로 구성되어 있다.

1. 언어지능은 글을 쓰고 말을 하는 능력과 관계된다. 이 지능이 높으면 언어를 빨리 습득하고, 글을 잘 쓰고, 말을 유창하게 잘한다. 시인이나 소설가는 대체로 언어지능이 높다.

2. 논리-수학지능은 논리적 기호나 숫자를 이해하고 다루는 능력과 관계된다. 셈이 빠르고 논리적 퍼즐을 잘 푸는 사람들이 이 지능이 높다. 컴퓨터 프로그래머에게 특히 요구되는 지능이다.

3. 시각-공간지능은 입체적 공간 인지 능력과 관계된다. 길눈이 밝은 사람, 디자인이나 그림 그리기에 능한 사람 등이 이 지능이 높으며 디자이너나 건축설계사에게 요구되는 지능이다.

4. 음악지능은 리듬, 멜로디, 화음 등을 인지하고 사용할 수 있는 능력과 관계된다. 한번 들은 노래를 곧 따라 부를 수 있는 사람이나 음감이 뛰어난 사람은 이 지능이 높다. 음치나 박치라면 이 지능이 낮은 것이다. 음악가나 작곡자에게 요구되는 지능이다.

5. 신체-운동지능은 몸의 움직임을 조정할 수 있는 능력과 관계된다. 어떤 운동 동작이나 춤 동작을 쉽게 습득할 수 있다면 이 지능이 높은 것이고, 어려서부터 몸치였다면 이 지능이 낮은 것이다. 운동선수나 댄서에게 특히 요구되는 지능이다.

6. 자연지능은 자연에 있는 사물이나 현상을 분간하고 분류해낼 수 있는 능력과 관계된다. 주변에 있는 나무나 꽃의 종류나 이름을 분간해낼 수 있는 사람은 이 지능이 높다고 할 수 있다. 동물학자나 식물학자 등에게 특히 필요한 지능이다.

7. 대인지능은 다른 사람의 마음 상태나 의도를 파악하고 대인관계를 맺고 유지하는 능력과 관계된다. 한마디로 눈치가 빠른 사람들이 이 지능이 높으며, 분위기 파악이 잘 안 되는 사람은 이 지능이 낮은 것이다. 뛰어난 리더십을 위한 필수적인 지능이다. 영업사원이나 정치인에게 특히 필요한 지능이다.

8. 자기이해지능은 자기 자신의 생각과 느낌과 감정 상태를 스스로 파악하고 통제하는 능력과 관계된다. 이는 정서지능 혹은 EQ의 핵심 요소이며 자신의 충동을 통제하고 감정을 조절하는 능력과 직결된다. 자기이해지능은 그 자체로는 특정한 직업과 관련되지는 않으며 오히려 다른 모든 지능이 효율적으로 발휘될 수 있도록 돕는 지능이다.

자기이해지능의 중요성

하워드 가드너의 다중지능의 개념과 기존의 지능 개념 간의 가장 큰 차이점은 대인지능과 자기이해지능이다. 루이스 터먼이 개발했던 스탠퍼드-비네 검사라는 IQ검사는 세계적으로 널리 사용된 표준화된 지능 검사인데, 이는 언어능력, 수리능력, 추리력, 공간지각력 등 4가지 하위요소로 이루어져 있다. 즉 대인지능과 자기이해지능이 빠져 있다. 이 두 가지 요소는 전통적인 지능 검사에는 포함되어 있지 않았다.

다중지능이론을 발표한 지 25주년을 기념하는 글에서 하워드 가드너는 대인지능과 자기이해지능은 사실 하나의 지능의 두 측면일지도 모른다는 주장을 했다. 다시 말해서 대인지능과 자기이해지능은 그것이 드러나는 방식은 상당히 다르지만 결국 하나의 지능임을 인정한 것이다. 이는 지난 10여 년간의 신경과학과 뇌이미지 연구 결과에 의해 뒷받침되는 주장이다. 어린아이가 타인의 마음을 헤아릴 수 있는 기본적 능력인 '마음이론Theory of Mind'을 갖게 될 때, 아이는 타인에 대한 개념과 자신에 대한 개념을 동시에 획득한다. 다시 말해서 타인의 입장을 이해하는 것과 나의 입장을 이해하는 것, 혹은 달리 말해서 타인과 나를 구별하는 것은 결국 동일한 기능이다. 타인의 입장을 이해하는 순간 자아의식이 생기며, 자아 개념의 근본은 타인의 시선을 느낌으로서—혹은 타인의 관점에서 나를 바라봄으로써—생겨나는 것이다.

이러한 사실은 뇌과학 연구에 의해서도 입증된다. 사람이 자기 자신에 대해서 생각할 때나 타인에 대해서 생각할 때 혹은 나를 바라보고 있는 타인의 시선을 느낄 때 특히 활성화되는 부위는 공통적으로 내측전전두엽medial prefrontal cortex과 쐐기전소엽precuneus 등이다. 즉 나 스스로에 대해서 생각할 때나 타인에 대해 생각할 때나 모두 같은 부위가 활성화된다. 이러한 이유로 최근 하워드 가드너는 대인지능과 자기이해지능은 인성지능의 서로 다른 두 측면이라는 주장도 하고 있는 것이다.

2008년 EBS에서 방영된 다큐멘터리 〈아이의 사생활〉 제4부에서는 다중지능을 다루었다. 우리나라 국민 중 자기 고유 분야에서 뛰어난 업적을 남긴 사람들의 다중지능을 조사해본 것이다. 그 결과, 국내 최초로 심장이식술에 성공한 최고의 외과의사인 송명근은, 논리-수학지능, 자연지능, 자기이해지능이 상대적으로 높았다. 2007년 제35회 로잔 국제발레 콩쿠르에서 1위를 차지한 발레리나 박세은은 신체운동지능, 대인관계지능, 자기이해지능이 높았다. 그리고 1999년 올해의 디자이너 상을 수상했으며 유럽에서도 널리 알려진 패션디자이너 이상봉은 시각-공간지능, 언어지능, 자기이해지능이 높았다. 한편 2007년 제22회 신인골든디스크 상을 수상한 가수 윤하는 음악지능, 언어지능, 자기이해지능이 높았다.

이 결과가 말해주는 것은 분명하다. 자기 분야에서 뛰어난 업적을 남기는 사람들은 각각 해당 분야와 관련되는 지능과 함께 모두 자기이해지능이 높다는 사실이다. 다시 말해서, 논리-수리지능만 높다고 해서 뛰어난 과학자가 되는 것은 아니며, 음악지능만 높다고 해서 뛰어난 음악가로 성공하게 되는 것도 아니다. 운동지능만 높아서는 뛰어난 운동선수로 성공하기 어렵다는 것을 의미한다. 어느 한 가지 이상의 지능과 함께 반드시 자기이해지능이 높아야만 뛰어난 업적을 이룰 수 있게 되는 것이다.

자기이해지능과 밀접하게 관련된 것이 감정의 조절 능력이다. 결국 자기이해지능은 자신의 감정 상태에 대해 정확히 인지하는 능력과 자신의 감정 상태를 원하는 방향으로 조절할 수 있는 능력을 말한다. 그리고 대인관계지능은 다른 사람들의 기분이나 감정 상태를 잘 파악하여 분위기를 맞추고, 타인의 태도에 영향을 미치는 능력이다. 이러한 지능은 흔히 리더십과 설득력으로 나타난다.

어떤 분야에서든 뛰어난 성취를 이루기 위해서, 그리고 나아가 성공적인 삶을 위해서 이러한 인성지능이 반드시 필요한 것은 어찌 보면 당연한 일이다. 사회의 모든 가치는, 그것이 돈이든 명예든 권력이든 사랑이든 간에, 모두 다 인간관계로부터 나오기 때문이다. 우리가 인생에서 '성취' 혹은 '성공'이라고 부르는 모든 것의 기본에는 인간관계가 깔려 있다. 그리고 그 인간관계를 잘 맺고, 유지하고, 조절하고, 갈등을 관리하는 능력이 바로 인성지능이다.

회복탄력성을 이루는 핵심 요소에 이러한 인성지능이 포함된다는 것은 전혀 우연이 아니다. 특히 자기이해지능은 다른 지능의 발휘를 돕는 일종의 지능의 지능, 즉 메타지능이라 부를 수 있다. 자기이해지능은 그 자체로서는 뚜렷한 능력 발휘의 징표가 되지는 않지만 다른 지능과 결합함으로써 그 지능을 크게 발휘시키는 일종의 촉매제나 효소 같은 역할을 한다고 볼 수 있다. 예컨대 신체운동지능이 뛰어나서 축구에 재능을 보이는 운동선수가 성공적인 축구 선수로서 대성하기 위해서는 높은 수준의 인성지능이 반드시 필요하다. 그래야 다른 팀 구성원들과의 관계나 감독 코치와의 관계 그리고 그밖의 여러 인간관계를 통해 인정받고, 심리적 안정도 얻고,

동기부여와 자신감도 얻어서 축구 선수로서, 그리고 한 인간으로서 계속 성장해나갈 수 있기 때문이다.

하워드 가드너의 자기이해지능은 회복탄력성의 자기조절능력과 밀접한 연관성을 갖는다. 이제 자기조절능력의 바탕이 되는 감정조절력, 충동통제력, 원인분석력에 대해 하나하나 살펴보도록 하자.

긍정적 감정을
불러일으키는 습관

• 감정조절력 •

촛불 문제와 사탕

회복탄력성을 이루는 요소인 자기조절능력의 기반은 자기이해지능이다. 높은 수준의 자기이해지능은 감정조절력으로 나타난다. 감정조절력은 압박과 스트레스 상황에서도 평온함을 유지할 수 있는 능력이다. 회복탄력성이 높은 사람들은 스스로의 감정과 주의력과 행동을 통제할 수 있는 능력을 지니고 있다. 감정조절력은 분노나 짜증처럼 부정적인 감정을 억누르는 것만을 의미하는 것은 아니다. 필요할 때면 언제나 긍정적인 감정을 스스로 불러일으켜서 신나고 재미있게 일할 수 있는 능력도 의미한다.

코넬 대학의 심리학자 앨리스 아이센 교수팀은 지난 30여 년간 수많은 연구를 통해 긍정적 정서가 창의성과 문제해결능력을 현저하게 향상시킨다는 사실을 입증하였다. 심리학자들은 창의성과 문제해결능력을 시험해보는 다양한 문제들을 개발했는데, 그중 던커가 개발한[2] 그림 A의 촛불 문제가 대표적이다.

학생들에게 그림에서 보는 것처럼 성냥 한 갑과 압정 한 상자, 그리고 양
초 하나를 나눠준 다음, 이 초를 교실 벽에 붙여 불을 밝히되, 촛농이 책상
위나 교실 바닥에 떨어지지 않도록 하라는 과제를 주었다. 우리는 초를 평
평한 바닥 위에 붙여 놓는 것에 익숙해져 있기 때문에 이 문제를 얼른 풀어
내기란 쉽지 않다.

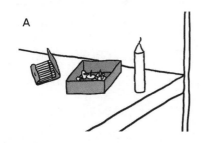

A

이 문제의 정답은 그림 B에 나타나 있다. 정답을 보면 쉬워 보이지만, 이
문제를 풀기 위해서는 압정이 담겨 있는 상자를 받침대로 사용하는 '창의
성'을 발휘해야만 한다. 던커는 이를 '기능적 고정성functional fixedness의 극
복'이라고 불렀다. 즉 압정이 담겨 있는 압정 상자에 주어진 기능은 '압정
담고 있기'다. 이러한 압정 상자의 기능적 고정성을 극복해서, 압정을 쏟아
내고, 빈 압정 상자에 '초 받침대'라는 새로운 기능을 부여할 수 있는 창의
성이 이 문제를 해결해내는 열쇠다. 창의성이란 새롭고 기발한 아이디어
를 내는 '상상력'과는 다르다. 창의성이란 곧 창의적 문제해결능력이며, 창
의성이 높아야 다양한 분야에서 높은 업무 성취 능력을 발휘할 수 있다.

어떤 사물의 기능적 고정성을 극복할 수 있는 능력은 곧 그 사물의 주어

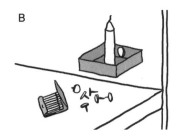

진 의미에 얽매이지 않고 창의적으로 새로운 의미를 부여하는 능력이다. 물한 컵이 있다. 이때, 그 컵의 주어진 기능은 '물을 담는 것'이다. 그러나 물을따라 버리면 그 컵은 연필꽂이로 사용할 수도 있고 혹은 밑에 구멍을 뚫어서 화분으로도 사용할 수 있다. 이처럼 기능적 고정성의 극복이란 결국 사물의 주어진 의미를 던져버리고 능동적으로 자기 나름대로의 의미를 부여하는 일이다. 이러한 적극적이고도 진취적인 삶의 태도가 곧 우리 삶에 있어서 여러 가지 문제를 해결하는 능력의 근본이 된다. 그리고 당연히 이러한 능력은 회복탄력성의 주요 구성 요인이 된다.

　앞에서 살펴 보았듯이, 강한 회복탄력성으로 역경을 극복해낸 사람들의공통점은 자신에게 닥친 역경과 고난에 대해 고정관념에 사로잡히지 않고능동적으로 새로운 의미를 부여해서 오히려 기회로 바꾸었다는 점이다.역경을 오히려 기회로 바꾸어놓는 힘. 그 힘이 바로 기능적 고정성의 극복능력이다. 우리는 일상 생활에서 늘 새로운 문제와 마주하게 된다. 그때, 자신이 사용할 수 있는 여러 가지 인적 물적 자원을 새롭게 조직하고, 거기에새로운 의미와 기능을 부여해서, 최선의 해결책을 만들어내는 능력이 회복탄력성의 중요한 요소다.

기능적 고정성을 극복하려면

그렇다면 이러한 기능적 고정성을 극복할 수 있는 힘은 어떻게 키울 수 있을까? 코넬 대학의 앨리스 아이센 교수는 학생들을 두 그룹으로 나눠서 한 그룹에게는 5분 동안 재미있는 코미디 영화를 보여주었다.[3] 학생들은 깔깔대며 즐겁게 영화를 봤다. 다른 그룹에게는 별다른 감정을 불러일으키지 않는—하지만 논리적 사고를 자극하는—수학적 내용에 관한 영화를 보여주었다. 그러고는 이들에게 각각 10분을 주고 던커의 촛불 문제를 풀어보게 했다. 과연 어느 그룹이 잘 풀었을까?

결과는 놀라웠다. 깔깔대며 즐겁게 코미디 영화를 본 그룹은 75%가 10분 내에 문제를 풀었다. 그러나 논리적 사고를 자극하는 영화를 본 그룹은 단 20%만이 문제를 풀었다. 두 학생 그룹 사이에 지능이나 학력 수준에 차이는 없었다. 다만 코미디 영화를 보면서 잠시 웃었다는 사실, 즉 긍정적 정서가 유발되었다는 사실이 이처럼 큰 차이를 가져온 것이다.

긍정적 정서를 유발하기 위해 아이센 교수팀은 코미디 영화만 사용한 것은 아니다. 실험 참가자들에게 감사의 표시라고 하면서 싸구려 캔디 몇 개를 주어도 참가자들은 기분이 좋아졌고 그렇게 미세하게 좋아진 기분의 차이는 엄청났다. 사탕을 받은 사람들은 그렇지 않은 사람들에 비해 촛불 문제뿐만 아니라 다른 종류의 창의성 테스트 문제도 더 잘 풀었다.

빈 방에 천장으로부터 늘어뜨려진 밧줄 두 개가 있다. 밧줄은 거의 바닥에 닿을 정도로 늘어져 있다. 문제는 이 두 밧줄의 끝을 묶어서 서로 연결하는 것이다. 그런데 하나의 밧줄을 잡고 다른 밧줄로 가까이 가면 줄이 짧아서 닿지 않는다. 주위를 둘러봐도 방 안에는 나무 의자 하나가 있을 뿐이다. 자, 과연 해결 방법은 무엇일까? 해결 방법은 나무 의자에 있다. 물론 나무 의자에 앉아서 생각을 하거나 아니면 나무 의자를 받침대로 딛고 올라서 봐야 이 문제는 해결되지 않는다. 그러한 것은 의자에 주어진 기능적 고정성을 탈피하지 못하고 의자를 의자로만 보는 것이니까.

해결 방법은 한 밧줄 끝에 의자를 묶어서 마치 추처럼 흔드는 것이다. 밧줄 하나에 의자를 매달아서 흔든다. 그러고는 다른 밧줄을 끌어와서는 의자를 추로 삼아 흔들리는 밧줄이 다가올 때 그것을 잡아서 의자를 풀고 두 밧줄을 묶으면 된다. 역시 여기서도 문제의 핵심은 의자라는 사물을 밧줄을 흔들 수 있는 일종의 '무거운 추'로 바라볼 수 있느냐 하는 기능적 고정성 극복의 능력이다. 아이센 교수팀의 실험에 의하면 밧줄 문제 역시 사탕을 받아서 기분 좋아진 사람들이 훨씬 더 잘 해결했다.

긍정적 정서가 여러 가지 문제 해결 능력을 높인다는 사실은 아이센 교수의 실험 이전부터 어느 정도 알려져 있었다. 로쉬의 연상실험[4]에 따르면, 쿠키나 쥬스 같은 작은 선물을 받거나 5분간 코미디 영화를 봐서 긍정적 정서가 유발된 사람들은 그렇지 않은 사람들에 비해 더 확장된 연상능력을 보였다. 예컨대 주어진 단어들을 다른 범주의 개념과 연계시키는 문제를 생각해보자. 자동차, 버스, 트럭 등의 단어가 주어졌을 때 이를 운송수단vehicle이라는 개념과 연관시키는 것은 쉬운 일이다. 그러나 엘리베이터, 낙타, 발 등의 단어가 주어졌을 때 이를 운송수단이라는 단어와 같은 범주에 포함시키기는 쉽지 않다. 즉 개념적으로 먼 단어들을 연결시키는 확장된 연상작용remote association에는 상당한 정도의 상상력과 창의성이 필요하며, 기능적 고정성의 극복에서 요구되는 것과 같은 '고정관념의 파괴'가 필요하다. 그런데 다른 조건이 동일하다면, 쥬스나 과자를 받거나 코미디 영화를 보고 기분이 좋아진 학생들이 훨씬 더 높은 수준의 확장된 연상작용 능력을 보였던 것이다.[5]

사탕 한 봉지의 위력

그런데 이러한 연구들의 한계는 주로 실험 대상자가 학생들이라는 데 있다. 긍정적 정서가 다양한 창의적 문제해결 능력을 향상시킨다는 연구 결과가 속속 발표되자, 긍정적 정서의 이러한 효과가 어린 학생들에게만 국한된 현상일지도 모른다는 비판이 제기되기 시작했다. 이러한 우려를 불식시키기 위해서 아이센 교수는 비슷한 실험을 성인을 대상으로 실시하기에 이른다. 그것도 사회적으로 신뢰도가 가장 높은 전문직 중에 하나인 대형 병원의 내과의사들을 상대로 긍정적 정서가 의사들의 진찰 능력에 미치는 영향을 테스트해 본 것이다.

미국의 대형 종합병원인 헨리 포드 병원에 있는 내과의사 44명을 상대로 한 연구 결과는 학생들을 대상으로 한 연구 결과와 비슷하게 나타났다.[6] 감사의 표시로 사탕 한 봉지씩을 받은 의사들은 창의성 테스트 문제에서 아무것도 받지 않은 의사들보다 더 높은 점수를 받았다. 작은 사탕 한 봉지가 유발시킨 긍정적 정서는 순간적으로 전문 직종에 종사하는 성인인 의사들의 창의성과 문제해결 능력마저도 높였던 것이다. 뿐만 아니라 더 놀라운 사실은, 사탕을 받은 의사들은 자신의 직업만족도와 관련해서 인간적인 동기—의사가 되어 환자를 치료하는 것이 보람있다 등—를 외재적 동기—의사는 월급을 많이 받는다 등—보다 더 중요한 요인으로 간주하는 것으로 나타났다. 긍정적 정서는 사람을 보다 '좋은' 사람으로 만들고 다른 사람에게 봉사하려는 열린 마음을 지니게 한다는 것이 다시 한 번 사실로 입증된 것이다.

아이센 교수팀은 수년 뒤 다시 내과의사들을 상대로 실험을 했다.[7] 이번에는 사탕 한 봉지를 받아 유발된 긍정적 정서가 의사 본연의 업무 수행 능력에도 영향을 미치는지를 살펴본 것이다. 의사들을 사탕을 받은 그룹과 그렇지 않은 그룹으로 무작위로 나눈 후, 간질환 환자의 복잡한 케이스를 주고 진단을 내리도록 했다. 그런데 놀랍게도 사탕을 받은 의사들이 훨씬 더 높은 문제해결 능력을 보였다. 물론 사탕을 받은 의사들은 사탕을 먹지는 않았다. 다만 감사의 표시라며 작은 비닐봉지에 예쁘게 리본으로 포장한 사탕을 받기만 했을 뿐이다. 그런데도 그들은 더 높은 창의성을 보였고, 더 빨리 관련 정보들을 통합했으며, 초기에 내린 잘못된 진단에 대해 스스로의 입장을 신속히 바꾸는 유연성을 보였다. 그들은 사탕을 받지 않은 통제집단보다 간질환과 관련된 단서를 더 일찍 발견해냈고 틀에 박힌 생각에서도 더 자유로웠다. 한마디로 긍정적 감정을 경험한 의사들은 통합된 정보를 더 일찍 도출해냈으며 생각의 제한이 상대적으로 적었다. 싸구려 사탕 몇 알에 의해 유발된 작은 긍정적 정서의 효과는 놀라웠다.

이처럼 긍정적 정서는 일반적인 창의적 문제해결 능력뿐만 아니라 전문직 종사자의 구체적인 업무수행 능력까지 향상시킨다는 것이 확인되었다. 이 밖에도 아이센 교수팀은 여러 연구를 통해 긍정적 정서가 협상 능력이나 의사결정 과정에서의 능력 등을 향상시키고 내재동기도 유발한다는 사실도 밝혀냈다.

긍정적 정서 향상의 효과

이처럼 긍정적 정서는 일시적으로 유발된 아주 작은 것이라도—예컨대 예상치 못하게 사탕 선물을 받았다든지, 5분간 코미디 프로를 시청했다든지, 감사한 일에 대해 생각했다든지—인지 능력을 뚜렷하게 향상시킨다. 많은 연구들이 이러한 긍정적 정서는 사고의 유연성을 높여주고[8], 창의성과 문제해결능력을 향상시키고[9], 집중력과 기억력을 증가시켜 인지 능력의 전반적인 향상을 가져온다는 것을 밝혀냈다.[10]

긍정적 정서가 어떻게 이렇게 놀라운 일을 하는가에 대해서는 많은 추측만이 있었을 뿐 뚜렷하게 밝혀진 바가 없었다. 그러다가 1990년대 후반에 들어서서 이것이 도파민의 효과라는 이론이 제시되었으며[11], 많은 학자들이 이에 동의하고 있다. 긍정적 정서는 뇌의 도파민 레벨을 일시적으로 향상시킨다. 도파민 레벨이 높아졌다고 해서 기분이 좋아지는 것은 아니나, 기분이 좋아지면 도파민이 많이 분비되고 이는 뇌의 다양한 영역을 활성화시키며 이에 따라 인지 능력이 향상된다. 도파민에 대해 신경세포들이 더 민감하게 반응하는 유전자를 지닌 사람들이 외향적이고 쾌활한 성격을 지녔음을 밝혀낸 연구도 있다.[12] 긍정적 정서를 향상시키는 훈련을 하게 되면 도파민 분비에 따른 긍정적 정보처리 시스템이 보다 활발히 작용하게 되어 마치 선천적으로 쾌활하고 행복한 성격을 지닌 사람의 뇌에 가까와지게 된다.

긍정적 정서는 자기조절능력뿐만 아니라 회복탄력성의 두 번째 요소인 대인관계능력도 향상시켜준다. 대인관계능력은 기본적으로 자기 자신과 타인을 얼마나 동일시하는가, 혹은 타인과 나 사이의 건널 수 없는 간극을 어떻게 극복해내는가 하는 태도에 달려 있다. 즉 관계성이란 확장된 자아expanded-self의 문제다. 긍정적 정서는 확장된 자아 개념을 유발시킴으로써 다른 사람들과 나 자신을 동일시하게 한다. 그럼으로써 다른 사람들을 보다 더 긍정적으로 보게 해준다. 이러한 이유 때문에 긍정적 정서가 높아지면 자아확장력이 높아지고 한마디로 더 좋은 사람이 된다. 봉사나 선행을 베풀 가능성도 높아지고, 친절해지며, 관계 맺기에 적극적이 된다.

긍정적 정서는 창의성의 증가와 업무수행 능력의 향상에만 영향을 미치는 것은 아니며, 보다 폭넓은 사유와 마음을 갖게 해준다는 것도 밝혀졌다. 긍정적 정서의 효과에 관한 많은 연구를 진행한 아이센 교수팀은 긍정적 정서가 사회 범주화에 미치는 영향도 살펴보았다.[13] 연구자들은 64명의 피험자를 무작위로 2개의 그룹으로 나누고, 그중 한 집단에게만 마찬가지로 예쁘게 포장된 사탕을 나눠줌으로써 긍정적 정서를 유발시켰다. 그리고 컴퓨터 모니터에 제시된 사람들이 긍정적이고 좋은 범주에 속하는지 아니면 상대적으로 부정적이고 약한 범주에 속하는지를 판단하게 했다. 컴퓨터 화면에는 다양한 직업과 연령대, 성격적 특징을 지닌 사람들의 사진이 등장했다. 그 결과, 긍정적 정서가 유발된 피험자들은 가난한 사람, 노인, 청소부 등 사회적인 약자들에 대해서 좋은 사람들 범주 안에 속한다고 긍정적으로 판단하는 비율이 더 높았다. 즉 긍정적 정서가 향상되면 다른 사람을 더 긍정적으로 바라보게 되며, 부정적인 편견이나 고정관념은 약화된다. 반대로 부정적인 감정은 심한 편견과 고정관념을 가져온다. 스스로 불행한 사람이 다른 사람을 더 평가절하하고, 편견에 사로잡혀서 부정적인 시각으로 바라본다. 긍정적인 감정은 타인에 대한 부정적인 편견으로부터 우리를 자유롭게 한다는 사실이 실증적으로 밝혀진 것이다. 당신 주변에 혹시 이상하고, 나쁘고, 사악하고, 부정적인 사람이 유난히 많다고 느끼는가? 그렇다면 그것은 당신 자신의 부정적 감정의 결과일 가능성이 높으니, 스스로를 한번 돌이켜볼 일이다.

뿐만 아니라 긍정적 정서는 무언가 새로운 것을 찾으려는 진취성과 도전성도 키워준다. 예컨대 부정적인 정서가 많은 사람은 늘 하던 일만 하고, 먹던 것만을 먹으려는 반면, 긍정적인 정서가 많은 사람은 새로운 것을 추구하는 경향이 강하다. 행복한 사람은 그래서 좀 더 도전적이고, 진취적이고, 늘 새로운 것을 추구하게 된다. 이것이 바로 행복하고 긍정적인 사람에게 늘 더 많은 기회가 찾아오는 이유다.

한 실험 결과를 보자. 긍정적 정서가 유발되면 사람들은 특정한 제품을 선택하는 데 있어서 훨씬 높은 수준의 다양성을 보여준다.[14] 실험 참가자들 일부에게 긍정적 정서를 유발시킨 후 널리 알려진 크래커 브랜드와 알려지지 않은 브랜드—아마도 맛이 없을 것이라 보여지는—를 여럿 제시하고 구입한다면 어떤 브랜드를 선택할 것인지를 물었다. 그 결과, 알려지지 않은 새로운 브랜드를 선택하는 비율은 긍정적인 정서가 유발된 사람들에게서 훨씬 더 높았다. 즉 긍정적 정서는 일상적인 환경에서도 무언가 새로운 것을 찾으려는 호기심과 적극성을 향상시켰다. 이러한 결과는 긍정적인 정서가 일상적 업무에 있어서 새롭고 독특한 것에 대한 선호도를 증진시키며, 또한 창의적이고도 흥미로운 것을 추구하게 한다는 연구 결과와 일치하는 것이기도 하다.

구글의 경우

긍정적 정서가 이처럼 창의성과 문제해결 능력 향상 등 개인적 능력뿐만 아니라 대인관계의 측면에서도 좋은 결과를 가져온다는 연구 결과들은 경영과 조직의 차원에서도 많은 변화를 불러일으키고 있다. 이러한 연구 결과를 현실에 반영한 대표적인 사례가 구글Google이다. 1998년 무명의 대학생인 세르게이 브린과 래리 페이지가 회사를 차렸을 당시 이미 검색엔진 시장은 야후Yahoo, 알타비스타Altaviata, 익사이트Excite 등이 자본력을 바탕으로 치열한 경쟁 중이었다. 신생 소규모 검색엔진 업체가 설자리는 없어 보이는 상황이었다. 그러나 브린과 페이지는 웹사이트의 중요도를 자동으로 계산해내는 새로운 방법을 개발해냈는데, 이는 검색자가 원하는 정보를 보다 정확히 찾아 순서대로 배열해줄 수 있는 기술이었다. 이들 젊은이는 새로운 회사를 차릴 의도도 능력도 없었기 때문에 자신들의 새로운 검색엔진 기술을 당시의 거대 검색엔진 회사인 알타비스타나 익사이트 등에 팔아 넘기려고 했다. 그러나 어느 회사도 이들의 새로운 기술에 관심을 보이지 않았다. 당시 사람들의 생각은 검색 기술은 대동소이한 것이고 효과적인 마케팅과 홍보만이 치열한 검색엔진 시장에서 살아남는 유일한 길이라고 믿었던 것이다.

자신들의 기술을 아무도 사주지 않자 브린과 페이지는 선택의 여지가 없었다. 그들 스스로 회사를 차리는 수밖에. 하지만 만약 이때 모든 일이 브린과 페이지가 원하는 대로 풀렸다면, 오늘날의 구글은 존재하지 않았을 것이다.

이들의 새로운 검색엔진이 스탠퍼드 대학을 중심으로 알려지면서 브린과 페이지는 비교적 쉽게 새로운 투자자들을 찾을 수 있었고, 광고를 전혀 하지 않았지만, 혁신적인 검색 결과 배열 방식 덕택에 다른 검색엔진보다 뛰어나다는 입소문이 빠르게 퍼져나갔다. 1999년 9월 공식적인 테스트 기간이 종료되었을 때 구글 사이트에서는 이미 하루 300만 건의 검색이 이루어지고 있었다.

그로부터 2년 후 구글은 최대 경쟁사인 야후마저 끌어안아 가장 많은 이용자가 찾는 검색엔진이 되었다. 결국 창업 3년 만에 수십억 달러의 시장을 선도하는 기업이 된 것이다. 검색 서비스로 시작한 구글은 이제 스마트폰과 브라우저, 구글맵, 구글문서, 웹기반의 크롬OS 등의 다양하고도 획기적인 서비스를 쏟아내면서 가장 거대한 IT 기업으로 초고속 성장을 이뤄냈다. 2010년 4월 기준으로 시가총액 1,760억 불이고 2009년 매출 236억 불이라는 놀라운 성과를 달성했다. 초기보다는 성장률이 약간 둔화되었다고 하나 그래도 2005~2009년까지 연평균 성장률 40.1%를 기록하는 기염을 토했다.

창업자인 브린과 페이지는 구글이 이렇게 기적에 가까운 성장을 이뤄낸 것은 직원들의 창의성과 문제해결능력 덕분이라는 것을 굳게 믿고 있으며, 그러한 믿음은 전 세계 구글 사의 사무실 환경에 그대로 반영되어 있다. 브린과 페이지는 '즐겁지 않으면 창의력이 나오지 않는다'는 앨리스 아이센의 연구 결과를 바탕으로 '펀fun 경영'을 실천해 간다. 사무실을 네온 사인으로 현란하게 치장한다거나 온갖 기괴한 장난감으로 가득 채우는 것은 모두 사원들을 즐겁게 하기 위한 노력이며, 이는 과학적인 근거가 있는 사실이다. 긍정적 정서의 창의성과 문제해결능력 증진이라는 앨리스 아이센의 연구 결과가 그대로 반영된 현장인 셈이다.

예컨대 구글의 한국지사 사무실을 보면 마치 놀이터와 장난감 가게를 연상시킨다. 전 세계 구글의 구내식당은 모두 무료이며 제공되는 음식은 어떤 구내식당보다도 고급스럽다. 휴게실에는 포켓볼과 미니축구 등 다양한 놀이기구가 완비되어 있고 안마 의자와 게임기도 있다.

빠른 시간 내에 세계 최고의 회사로 성장할 수 있었던 원동력이 곧 직원들의 창의성이며, 창의성은 부정적 감정―스트레스 등―의 최소화에 의해서 달성된다는 것을 구글은 너무도 잘 알고 있다. 구글의 혁신적인 성과들은 실제로 펀 문화 속에서 탄생했다. 축구하며 놀다가, 식당에서 같이 떠들썩하게 식사하다가 튀어나오는 아이디어들이 그대로 새로운 사업 아이템으로 실현되는 점이 구글의 강점이다. 이러한 구글의 펀 경영을 마이크로 소프트뿐만 아니라 국내의 여러 기업에서도―특히 창의성을 그 생명으로 하는 IT 기업이나 각종 디자인 관련 회사에서―모방하고 있다.

아이센 교수팀 이외에도 많은 학자들이 긍정적 정서가 개인의 다양한 능력을 키워준다는 연구를 속속 발표했다. 수십 편에 이르는 긍정적 정서의 효과에 대한 연구를 한마디로 정리하면 다음과 같다. 사람들은 긍정적 정서와 행복감을 갖게 되면 생각의 폭이 넓어지고, 깊어지고, 빨라지며, 창의적으로 되고 상상력도 풍부해진다. 따라서 자신이 지닌 능력을 극대화하기 위해서는 스스로 긍정적인 감정을 불러일으킬 줄 알아야 한다. 중요한 순간에 긍정적 정서를 스스로 유발하는 습관이 필요하다.

뛰어난 업무수행 능력과 원만한 대인관계로 성공 가도를 달리는 사람들은 지능이 높은 사람들이 아니다. 한 개인의 지능과 성취도에는 별다른 상관관계가 없다는 것이 학계의 정설이다. 직장, 사회, 학교 생활에서의 성공 여부는 중요한 일이 닥쳤을 때 스스로 얼마만큼 긍정적인 감정을 불러일으켜 신나게 일할 수 있느냐에 달려 있다. 중요한 순간에 스스로에게 '사탕'을 주어서 긍정적 정서를 불러일으키는 것이 습관화된 사람이 뛰어난 능력을 발휘한다는 뜻이다.

아이젠 교수는 긍정적 감정은 판단력과 유연성, 창의성을 관할하는 뇌 부위의 도파민 시스템을 활성화시킨다고 주장한다. 이러한 유연성은 문제 해결 능력을 높일 뿐만 아니라 원만한 인간관계 역시 가능하게 한다. 직장인들의 불행감과 스트레스는 주로 인간관계에서 온다. 상사나 동료 직원들과의 갈등은 회사를 그만두게 하는 가장 큰 이유다. 일이 힘들다거나 보수가 적어서 그만두는 경우는 드물다. 보다 원만한 인간관계를 위해서는 내가 먼저 행복해져야 하고 긍정적 감정으로 충만해져야 한다.

회복탄력성을 높이려면 어떤 중요한 일이 발생했을 때 스스로 긍정적 정서를 불러일으키는 것을 습관화해야 한다. 중요한 시험이 다가왔을 때, 많은 사람 앞에서 프레젠테이션을 해야 할 때, 업무상 중요한 프로젝트를 맡게 되었을 때 스스로 신바람이 나고, 말할 수 없이 짜릿한 쾌감을 느끼는 사람, 이런 사람이 뛰어난 업무 성취 능력을 발휘하기 마련이다. 결국 세상은 그들의 것이다.

참지 말고
즐겨라

• 충동통제력 •

놀지 말고 공부해라?

충동통제력은 단순한 충동억제력이 아니다. 충동성은 주로 계획성 없이 어떤 일을 수행하거나 그때그때 기분에 따라서 행동하려는 성향을 말한다. 충동통제력은 자신의 동기를 스스로 부여하고 조절할 수 있는 능력과 관계된다. 그것은 단순한 인내력이나 참을성과는 다르다. 자율성을 바탕으로 오히려 고통을 즐기는 능력 혹은 고통의 과정을 즐거움으로 승화시키는 마음의 습관이라 할 수 있다. 이러한 습관은 회복탄력성을 이루는 아주 중요한 요소다.

　매슬로우에 따르면 사람을 움직이는 데에는 기본적으로 두 가지 동기가 있다. 하나는 부족한 것을 채우려는 '결핍deficit 동기'와 다른 하나는 보다 나은 자기 모습을 위해 노력하려는 '성장growth 동기'다.[15] 만약 배가 고파서 무언가를 먹으려 한다면 그것은 배고픔이라는 결핍을 해결하려는 결핍

동기에 의한 행동이다. 반면에 보다 나은 운동선수가 되기 위해 열심히 연습한다면 그것은 성장동기에 의한 행동이다.

충동통제력은 결핍동기보다는 성장동기와 더 밀접한 관련성을 갖는다. 단순히 고통을 참아내는 힘은 오히려 결핍회피동기와 관련된다. 배가 고파도 참고, 졸려도 참고, 괴로워도 그냥 참을 수 있는 것은 단순한 인내력이지 충동통제력이 아니다. 반면에 충동통제력은 자신의 보다 나은 모습을 위해서 즐거운 마음으로 꾸준히 노력할 수 있는 성장지향적 자기조절 능력을 의미한다.

충동통제력을 달리 표현하면 다니엘 골만이 제안한 감성지능EQ과도 통하는 개념이다.[16] 어린아이에게 마시멜로를 하나 준 뒤, 15분간 먹지 않고 참으면 마시멜로를 하나 더 주겠다고 약속을 한다. 그러고는 아이를 혼자 놔둔다. 눈앞에 있는 달콤한 마시멜로를 먹지 않고 혼자 버티는 것은 아이에게는 대단한 통제력을 의미한다. 이러한 통제력을 보인 아이들이 훗날 더 큰 학업 성취나 업무 성취를 보이더라는 것이 다니엘 골만의 감성지능의 요지다.

충동통제력이 높다는 것의 의미

우리나라 사람들의 충동통제력은 다른 나라 사람들에 비해 유난히 높은 편이다. 레이비치와 샤테의 회복탄력성 검사 도구를 통해 미국인과 비교했을 때, 회복탄력성의 여러 요소들 중에서 한국인이 더 높은 수준을 보인 유일한 것이 바로 충동통제력이었다. 다른 요소들은 현저하게 낮았다. 우리는 바로 이 점에 주목하여야 한다.

한국인들의 충동통제력이 높게 나타나는 것 자체는 일단 높이 평가할 만 하다. 그러나 이러한 충동통제력이 건강한 것이 되려면 그것은 반드시 긍정성이나 자율성과 균형을 이루어야만 한다. 내가 하고 싶어서, 내가 좋아하는 일이니까, 내가 선택한 일이니까, 내가 생각하기에 의미 있는 일이니까 다른 충동을 통제해가면서 그 일에 집중하는 것은 건강한 충동통제력이다. 그러나 이러한 긍정성이나 자율성이 동반되지 않는 충동통제력은 단순한 인내심의 발휘이며 이는 점차 우리를 약하게 할 수 있다.

우리나라 사람들이 충동통제력이 높아 보이는 것은 어려서부터 강요받은 참을성에 대한 교육의 결과라 할 수 있다. 우리의 교육환경은 지나치게 경쟁중심적이다. 내신 성적 또는 학급의 석차라는 상대적 우위에 최고의 의미를 부여한다. 이러한 환경에서 성장한 한국인들은 해야 할 모든 일을 일단 '참아내야 할 고통'으로 간주하는 습관에 젖게 된다. 이러한 교육환경 덕분에 비록 외형적으로 충동통제력은 높아 보이고, 따라서 가장 많은 시간을 공부하고 일하는 국민이 되어버렸지만, 이처럼 강요된 충동통제력은 전체적인 창의성과 효율성을 갉아먹는다.

우리나라의 왜곡된 교육환경과 교육철학은 역시 왜곡된 결과로 나타난다. 국가간 학력 비교 조사인 PISA국제학업성취도평가 결과를 보면 우리나라 중3(15세) 학생들의 수학, 과학, 읽기 등의 학업 성취도는 계속 최상위권의 수준을 보이고 있다. 2009년만 하더라도 65개국 학력 비교를 보면 우리나라는 읽기, 수학, 과학 세 영역 모두 최상위권(4위 이내)에 들었다. OECD 국가만 놓고 보면 읽기, 수학은 1위, 과학은 2위를 차지할 정도로 우리 학생들은 높은 학업성취도를 보이고 있다.

그러나 놀랍게도 흥미도, 내재적 학습 동기, 학업효능감(학업에 대한 자신감), 다른 학생들과 팀을 이뤄 학습하는 협동학습에 대한 선호도, 평생학습에 필요한 자기주도적 학습 능력 등에서는 최하위 수준이었다. 반면 미국과 독일, 프랑스, 핀란드 등 유럽 선진국들은 이 점수가 높게 나왔다. 특히 우리나라 학생들보다 학업성취도가 훨씬 낮은 미국 학생들마저도 학업에 대한 흥미도나 동기, 학업효능감 등에 있어서는 훨씬 높은 것으로 나타났다.

2004년 수학의 경우 한국의 학업성취도는 3위로 최고 수준이었지만 흥미도는 31위, 동기부여는 38위로 최하위 수준이었다. 이렇게 학업성취도와 학업흥미도의 수준이 극과 극으로 나타나는 나라는 한국뿐이다. 또 다른 57개국 학력 비교에서 2006년 과학의 경우 우리나라 학생들의 학업성취도는 5위 정도 수준이었지만, 학업흥미도는 57개국 중 55위로 거의 꼴지였다. 2009년 읽기의 경우도 학업성취도는 최상위권이었으나 학업흥미도는 28위에 그쳤다. 더욱이 자기학습관리 능력(자기조절능력)에서는 최하위권인 58위를 기록했다. 우리나라 학생들은 타인이 강제로 시켜야만 성취도가 높으며, 자기 스스로 흥미를 느끼며 자발적으로 학습하는 능력은 최하위인 것이다.

보통 학업성취도와 학습동기, 흥미도, 효능감은 정적인 상관관계를 보인다. 공부 잘하는 학생이 공부에 흥미를 느끼고 자신감도 느끼는 것이 당연한 것이다. 그러나 우리나라 학생들은 공부는 다른 나라 아이들에 비해서 훨씬 더 잘하지만, 공부에 대한 흥미도, 동기, 자신감 등은 최하위 수준이다. 이러한 현상은 한국만이 보이는 독특한 현상이다. 다른 나라 학생들의 경우 학업성취도와 학업흥미도, 효능감은 관련성이 높다. 우리나라만 거꾸로 가고 있다.

바로 이러한 이유 때문에 한국 학생들은 능력과 우수한 자질을 지녔으면서도 자율적인 학습이 강조되는 대학에 입학하면 경쟁력이 형편없이 떨어지고 나아가 성인이 되어서도 업무성취도나 생산성에 있어서 상당히 뒤지는 현상을 보이는 것이다.

한국 시각장애인 최초로 미국에서 박사학위를 받고 백악관 국가장애위원회 정책차관보를 지낸 강영우 박사는 2010년 한 특강을 통해 한국의 높은 교육열에 '결정적인 약점'이 있다고 지적했다. 한 예로 매년 하버드 대학에 한국 학생들이 우수한 성적으로 입학한다. 한국 학생 비율은 하버드 신입생 1,600명 중에 6%나 된다. SAT 성적이나 내신 성적도 매우 우수한 편이다. 그러나 하버드 대학에서 낙제하는 학생 중에서 한국 학생 비율은 10명 중 9명이나 될 정도로 높다는 것이다.

교육전문가들은 청소년기인 만 15세 때는 학업성취도가 조금 낮더라도 학생들의 정의적 태도—효능감, 흥미도, 내적동기 등—가 높게 나오는 게 오히려 더 중요하다고 지적하고 있다. 스스로 재미있어서 즐기면서 일하고 공부하는 사람들을 당해낼 수 없다. OECD 교육국의 PISA 관리 책임자인 베르나르 위니에는 이렇게 말한다. "한국 학생들이 세계에서 가장 우수한 학생들인 것은 분명하지요. 하지만 행복한 아이들은 아니에요."

나약하고 불행한 아이들, 무엇 때문일까

우리나라 학생들은 무엇이 문제이길래 이러한 현상을 보이는 것일까? 사실 이는 어린 학생들의 문제가 아니다. 지나친 외적보상—당근과 채찍, 처벌과 보상—에 의해서만 동기부여를 이끌어내려는 잘못된 교육철학 때문이다. 성적만을 강조하는 학부모와 학교가 아이들을 망가뜨리고 있다. 한국의 입시위주 학교 교육과 조바심치는 학부모들은 아이들에게 찰고무공 같은 회복탄력성을 심어주기는커녕 바닥에 떨어지면 산산조각이 나는 유리공 같은 나약한 존재로 만들고 있다.

얼마 전 인터넷의 블로그에서 본 이야기다. 여자 중학생이 아파트에서 투신자살을 했다. 중학교 1학년이라는 어린 나이였다. 워낙 재주가 많아 그림도 잘 그리고 글도 잘 쓰는데다 공부도 전교에서 다섯 손가락 안에 드는 수재였다고 한다. 성격도 쾌활해서 모든 친구들과 선생님들이 좋아하는 학생이었다. 그런데 갑자기 투신자살을 해서 주변 사람들은 엄청난 충격을 받았다. 결국 성적에 대한 중압감이 자살의 원인으로 밝혀졌다. 초등학교 때 1, 2등을 하던 그 학생의 성적은 중학교 입학 후 약간 떨어졌고, 이 때문에 부모에게 꾸지람을 들어 늘 성적에 대한 압박감에 시달렸다고 한다.

시험을 앞두고 가출하거나 우울증에 빠지는 청소년들이 얼마나 될까. 누가 우리 아이들을 이런 사지로 내모는 것인가. 사회학자들의 지적처럼 이렇게 어린아이들의 자살은 '사회적 타살'이다. 우리나라 자살률은 세계 최고 수준이다. 특히 20~30대 젊은층의 자살률은 최근 수년 간 크게 증가해서 자살이 2, 30대의 사망원인 1위를 차지했다. 이렇게 자살을 권하는 사회인 한국에서 태어난 우리 청소년들에게는 집단적인 불행감과 미래에 대한 두려움이 팽배해 있다.

우리나라 어린이와 청소년들이 느끼는 행복 수준은 OECD국가 중 최하위 수준이다. 우리나라 청소년과 아이들은 지금 병적인 수준의 불행감을 느끼고 있으며, 집단적인 우울증에 빠져 있다고 해도 과언이 아니다. 이들에게는 무슨 일이 닥쳐도 다 잘 헤쳐나갈 수 있다는 자신감과 회복탄력성이 꼭 필요하다. 청소년들의 삶이 활기차고 즐거울 수 있으려면 그들의 회복탄력성을 키워줘야 한다. 아이들의 인생을 역경으로부터 지켜줄 회복탄력성이라는 보험에 들 필요가 있는 것이다.

무엇이 아이들을 이토록 불행하고 나약하게 만들고 있을까? 바로 입시 위주의 교육이다. 한국 교육 시스템을 관통하는 단 하나의 이데올로기는 고진감래다. '고통 없이는 아무것도 얻을 수 없다No Pain, No Gain'는 이데올로기는 학부모나 교사나 학생이 아무런 의심도 없이 받아들이는 신앙과도 같은 신념이다. 엄마는 아이들에게 어려서부터 "놀지 말고 공부하라"고 이야기한다. 학생이나 학부모나 모두 노는 것과 공부하는 것을 대립시킨다. 그럼으로써 노는 것은 즐거운 것이지만, 공부하는 것은 괴로운 것이라는 위험한 '상식'을 아이들에게 주입시킨다. 결국 공부에 대한 부정적인 느낌만 가득 심어준다. 공부는 재미없고 괴롭지만 훗날의 즐거움을 위해서 '참아내야 하는 고통'이 되어버린다. 공부를 고통의 덩어리로 만들어놓고 그러한 고통을 누가 누가 잘 견디나 하는 고문하기 게임을 집단적으로 하고 있는 것이 한국의 교육이다.

인터넷에 올라온 한 초등학교 5학년 학생의 글이 있어 소개한다. '학교라는 교도소에서 교실이란 감옥에 갇혀 교복이란 죄수복을 입고 실내화란 죄수 신발을 신고 공부란 벌을 받고 졸업이란 석방을 기다린다.' 이 글에는 '학교=감옥, 공부=벌, 졸업=석방'이라는 등식이 명확하게 설정되어 있다. 왜 학생들이 졸업식 때 밀가루를 뒤집어 쓰고 교복을 찢다 못해 알몸 뒤풀이라는 과도한 방식으로 해방감을 표현하는지 이해가 가지 않는가? 학생들에게는 공부가 고통이고 학교 생활 자체가 억압이기 때문이다.

누가 이런 학교라는 감옥을 만들어냈는가? 물론 우리 어른들이다. 그리고 이렇게 학교라는 감옥에서 자란 아이들은 다시 대학과 직장이라는 좀 더 그럴듯한 감옥으로 옮겨간다. 말하자면 인생 자체가 감옥인 셈이다. 우리나라 학생들은 초등학생 시절부터 출세지상주의와 경쟁지상주의 사이에서 시달린다. 초등학교 때 잘해야 중학교 때 성적이 좋고 중학교 때 성적이 잘 나와야 고등학교 때도 공부를 잘해서 좋은 대학에 가서 출세할 수 있다는 식이다. 공교육이든 사교육이든 우리나라 교육 시스템 전체가 좋은 대학 보내기라는 지상 목적을 위해 존재한다. 이러한 경쟁 위주의 교육환경에서는 공부가 고통 그 자체일 수밖에 없다.

입시 경쟁에 시달리는 아이들은 특히 충동억제에 대한 철저한 교육을 어릴 적부터 받는다. 탈 벤 샤하르가 말하는 출세 지상주의자Rat Racer만이 양성되고 있는 것이다.[17]

이제는 이런 잘못된 관념을 바꿔야 한다. 공부 자체의 즐거움을 가르쳐야 한다. 공부하는 것이 다른 어떤 놀이보다 재미있다는 것을 가르쳐야 한다. 세계 역사를 보면 사람들이 먹고사는 문제가 다 해결된 다음에는 늘 지적 유희를 즐겼다. 글을 읽고 글을 쓰고 여러 가지 창작 활동에 몰입했다. 그리스 귀족들을 보라. 결국 가장 재미있는 것은 지적 유희, 즉 공부다. 창의적으로 설득력 있는 자기만의 주장과 이론을 만들어내는 너무나 즐거운 놀이, 이것이 곧 학문이다. 학문과 공부의 즐거움을 가르쳐야 한다. 공자도 논어의 첫 머리에서 "배우고 익히면 또한 희열을 느끼지 않겠는가"라고 이야기했다. 공부의 목적이 권력이나 지혜에 있는 것이 아니라 바로 짜릿할 정도의 기쁨, 곧 희열에 있음을 뜻하는 것이다.

자율성이 행복을 가져온다

아이들이 스스로 공부에 즐겁게 몰입할 수 있으려면 자율성을 키워줘야 한다. 자율성에 기반한 충동통제력이야말로 아이들이 건강한 정신으로 한평생을 살아갈 수 있게 하는 회복탄력성의 근간이 된다. 이것이 자기결정성에 대해 수십 년간 연구해온 디씨와 라이언의 결론이다.[18]

디씨와 라이언 교수는 자기결정성이론을 통해 아이들에게 자율성을 키워주는 것이 아이의 행복과 학업 성취에 결정적 영향을 준다고 주장한다. 디씨와 라이언의 자기결정성 이론에 따르면 자율성이야말로 인간의 능력 발휘와 행복을 위한 필요조건이다. 같은 일이라도 자기가 선택했다는 느낌이 들어야 인간은 흥미를 느끼며 강요된 것, 꼭 해야 하는 것이라는 압박을 느끼는 순간 그것에 대한 흥미를 급속히 잃어버리기 시작한다. 자기가 좋아서 취미로 하던 일이 돈벌이가 되면 갑자기 재미없어지는 것과 마찬가지 이치다.

나는 이러한 자기결정성이론에 입각해서 우리나라 초·중등학생을 대상으로 자기결정성이 아이들의 학업성취도와 학교생활만족도는 높이고 게임중독 성향은 낮춘다는 것을 발견한 바 있다.[19] 그런데 여기서 주목해야 할 점은, 게임을 엄격하게 금지하면 할수록 오히려 아이들이 게임중독에 빠질 가능성이 훨씬 더 높아진다는 것이다. 특히 초등학교 고학년의 경우, 게임중독에 빠지게 하는 가장 큰 요인은 게임을 못하게 막고 야단치는 억압적인 부모임이 밝혀졌다. 부모의 강압적인 금지가 게임을 더욱 매혹적인 것으로 만들며, 몰래 게임하는 것을 더욱더 짜릿하게 만들어 결국 게임 중독에 빠지게 한다. 공부는 하기 싫은 것인데, 엄마가 하라고 강요하는 것이 되고, 그 반대로 게임은 하고 싶은 것인데 엄마가 하지 말라고 강요하는 것이 되기 때문에 공부라는 고통을 피하고 엄마에게 반항하는 수단으로서 게임에 더 적극적으로 의존하게 된다.

아이들에게는 자신이 인생의 주인공이라는 느낌을 확실히 가질 수 있도록 자율성을 키워줘야 한다. 아이들에게 공부를 강요해서는 안 된다. 아빠에게 야단맞지 않기 위해서 혹은 엄마를 기쁘게 해드리기 위해 공부하는 아이들은 불행한 아이들이다. 자기가 하는 일(공부), 자기가 사는 삶(학교 다니기)에서 의미와 즐거움을 발견할 수 없기 때문이다. 아이들 스스로 계획을 세우고 스스로 삶의 즐거움을 찾도록 도와줘야 한다. 스스로 삶의 주체가 되어 사는 법을 먼저 터득하도록 가르쳐야 한다. 한걸음 한걸음 즐기면서, 음미하면서, 행복해 하면서 자기가 선택한 발걸음을 한 발 한 발 내딛는 법부터 가르쳐야 한다. 그리고 공부와 학문의 즐거움을 깨닫게 해줘야 한다. 세상의 아름다움과 신비, 깊은 의미를 느끼게 해줘야 한다.

공부의 즐거움을 터득해야 아이들은 한 인간으로서 행복하게 성장할 수 있다. '놀지 말고 공부해라'는 아이를 망가뜨리는 잘못된 가르침이다. '고통 없이는 아무것도 얻을 수 없다'는 생각은 틀린 것이다. 오히려 고통 없이 현재를, 지금 이 순간을, 오늘 하루를 즐겁고 행복하게 살아야 더 많은 성취를 얻을 수 있다(Less Pain, More Gain). 행복한 아이들이 몸도 마음도 건강하고 공부도 잘한다. 불행하고 우울한 아이들은 학업성취도가 날이 갈수록 떨어질 수밖에 없다. 현재를 미래를 위한 투자로만 생각하면 영원히 불행해진다.

고진감래 이데올로기

그러나 우리 현실은 어떠한가? 고등학교 교실에 걸려 있는 급훈을 예로 들어 살펴보자. 천편일률적으로 '성취하려면 고통을 감내해야 한다'는 고정관념을 담고 있음을 발견하게 될 것이다. '고진감래' 혹은 '인내는 쓰고 그 열매는 달다' 등의 경구는 그래도 점잖은 편에 속한다. '공부할래 맞아 죽을래?' 그야말로 공부 안 하면 채찍을 가하겠다는 식이다. 처벌을 회피하기 위해서—부정적 요인에 대한 회피동기—공부를 강요하는, 가장 나쁜 방식의 동기부여를 하고 있는 것이다. 공부는 매를 피하기 위한 수단이 되고 만다. 이런 급훈 아래서는 공부 자체의 즐거움이나 기쁨은 상상도 할 수 없는 것이 되고 만다.

또 다른 급훈에는 이렇게 적혀 있다. '대학 가서 미팅할래, 공장 가서 미싱할래?' 물론 재미삼아, 농담삼아 한 말이라고 하면 그만이다. 그러나 이러한 농담에는 아주 위험한 사고방식이 숨어 있다. 공부하는 목적이 특정한 외적보상—여기서는 대학 가서 하는 즐거운 미팅—을 얻기 위한 것이라는 사실을 은연 중에 강조하고 있는 것이다. 역시 이런 급훈 앞에서는 공부 자체의 즐거움—내적 보상—은 상상조차 할 수 없는 것이 된다. 공부는 대학에 가서 미팅이라는 즐거운 보상을 얻기 위한 일종의 대가에 불과한 것으로 전락하고 만다. 미래의 즐거움을 위해서 현재의 고통을 참아내자는 것이다.

결국 불쌍한 우리 학생들은 청소년기 내내 대학생이 된 이후의 행복을 위해 고통을 참고 견딘다. 드디어 그들이 대학생이 되었을 때 약간의 행복감과 안도감을 느낀다. 그러나 이러한 행복감은 고통의 부재에서 오는 소극적 의미의 행복감이다. 마치 물고문을 당하던 사람이 잠시 물 밖으로 고개를 내미는 것과 마찬가지다. 그것은 적극적 의미의 행복이 아니다.

대학에 진학한 아이들은 다시 보다 나은 직장에 들어가기 위한 치열한 경쟁에 돌입한다. 소위 '스펙'을 쌓기 위해 각종 자격시험과 외국어시험 공부에 몰두하고 학점 관리에 스트레스를 받는다. 고시공부든 입사준비든 그들은 취직 후의 행복을 위해서 자신의 청춘과 대학생활을 고통 속으로 던져 넣는다. 행복한 삶은 또 한 번 연기된다.

취직이 되면 경쟁은 다시 시작된다. 이번엔 승진이다. 남보다 조금이라도 더 앞서 나가기 위해 외국어 실력은 물론 각종 스펙을 쌓고 인사고과에서 조금이라도 더 좋은 점수를 받기 위해 삶의 즐거움은 또 한 번 유예된다. 미래에 있을 행복한 그날을 위해 출세지상주의자들은 고통으로 가득 찬 현재를 살아간다. 그러면서 늙어간다. 그들의 삶은 고진감래의 이데올로기가 지배하지만, 정작 단 열매는 오지 않고 쓰디쓴 인생만 계속된다.

대다수의 사람들이 이러한 삶을 살아간다. 특히 어려서부터 경쟁적 교육환경에서 세계관을 배운 우리나라 사람들은 인생 자체를 육상 경기처럼 생각한다. 그러나 우리 인생에는 100미터 달리기처럼 정해진 결승선이 있는 것이 아니다. 굳이 달리기에 비유하자면 온갖 방향으로 다 달려갈 수 있는 것이 인생이다. 하나의 목적을 향해 모든 사람들이 달려가고, 그 목적에 누가 빨리 도달했느냐를 기준으로 승자와 패자를 가르는 것이 인생이 아니다. 달리지 않고 가만히 앉아서 경기장 옆에 핀 꽃을 감상하는 사람도 있을 수 있고, 뒤로 돌아 천천히 걸어가는 사람도 있을 수 있다. 그렇게 다양한 방식으로 사는 사람들이 많을수록 그 사회는 건강한 사회다.

우리나라는 학교나 직장이나 모두 지나칠 정도로 보여지는 보상에 치중한 동기부여 시스템을 갖고 있다. 공부를 잘하면 상을 받고 못 하면 벌을 받는다는 개념은 너무나도 견고하다. 공부가 재미있어서 한다는 것은 상상조차 할 수 없는 일이 된다. 직장에서도 마찬가지다. 당근과 채찍이라는 외적 보상만이 넘쳐난다. 일은 자기가 좋아서 하는 것이 아니라 먹고살기 위해서 어쩔 수 없이 하는 고통의 덩어리로 여겨진다. 성적이나 월급이라는 외적 보상을 위해서 참아내야 하는 고통이 학업이고 업무다. 이러한 삶에서는 고통이 일시적으로 사라진 상태를 행복한 상태라 착각한다. 일이나 공부를 하지 않는 것이 곧 휴식이고 행복이라고 생각하게 되는 것이다.

바로 이러한 이유 때문에 그렇게도 많은 시한부 생명 선고자들이 행복한 삶을 살게 되었다고 말하는 것이다. 미래를 위해 참고 사는 사람들은 지금 현재의 삶은 내가 진짜 원하는 삶이 아니라고 생각한다. 어쩔 수 없이 참고 견디며 살고 있는 것뿐이라 생각하게 마련이다. 그러나 어느 날 갑자기 불치의 병으로 시한부 생명을 선고받는 순간, 이들은 달라진다. 이제 더이상 미래를 위해 유보하는 식의 삶을 살지 않게 되는 것이다. 지금 내가 가장 하고 싶은 일, 진정으로 의미 있다고 생각하는 일들을 지금 당장 시작하게 된다. 즉 진정으로 자기가 '원하는' 삶을 지금 현재에 살기 시작하게 된다. 그 순간 그들은 무한한 행복을 느끼기 시작한다.

그들은 불치의 병 덕분에 오히려 제대로 살게 되었다고 말한다. 자신들도 미처 몰랐던 자신이 진정 원하는 삶을 살게 되어 오히려 감사하다고 말한다. 만약 시한부 생명 선고를 받지 않았더라면, 늘 살아온 방식대로 살다가 죽어갔을 테니까. 인생의 이 참된 행복과 즐거움을 결코 느껴보지 못했을 테니까.

나는 대학 1학년 교양수업부터 3~4학년의 고학년 수업, 대학원 수업, 야간 대학원의 언론 관련 직장인(주로 30~40대), 그리고 최고위 과정 수강생들(주로 40~60대)까지 그야말로 10대 후반부터 60대까지 다양한 연령층을 상대로 매 학기 강의를 하고 있다. 모든 연령층에서 바로 이러한 '미래를 위해 현재를 희생하기'의 이데올로기를 발견할 수 있다. 20대 대학생이든, 30~40대 직장인이든, 50~60대 고위자 과정생이든 나이를 불문하고 지금 현재 하루하루를 넓고 깊게 즐기면서 사는 사람을 발견하기란 거의 불가능하다. 남녀노소 할 것 없이 미래를 위해 현재를 희생하며 무한경쟁에 내몰리고 있다.

최근에 나온 국가 간의 비교 결과를 보자. 글로벌 컨설팅기업 타워스왓슨이 2010년 4월 19일에 내놓은 '2010 글로벌 인적자원 보고서Global Workforce Study'에 따르면 자신의 업무에 별로 몰입하지 않거나, 마지못해 회사에 다니는 우리나라의 직장인 비율이 전체의 절반에 가까운 48%에 달해 조사대상 국가 평균치인 38%를 훨씬 상회했다. 뿐만 아니라 자신이 근무하는 기업의 성공을 위해 어느 정도의 추가적인 시간, 지력brainpower, 에너지를 투입하는가를 의미하는 '회사에 대한 자발적 충성도' 역시 우리나라 직장인은 평균치인 21%에 크게 못 미치는 6%에 그쳤다. 최하위 수준이다.

　이 조사 결과가 의미하는 바는 분명하다. 우리나라 직장인 역시 학생들과 마찬가지로 자신이 하는 일에 흥미가 없다는 뜻이다. 일이 즐거움의 대상이 아니라 고통의 대상이고 따라서 마지못해 하고 있다는 뜻이다. 이 조사는 타워스왓슨이 지난 2009년 11월부터 2010년 1월까지 한국의 응답자 1,000여 명을 포함해 미국, 영국, 중국, 일본 등 전 세계 22개국 2만여 명을 대상으로 실시됐다. 전문가들은 이 같은 결과에 대해 국내 기업의 리더십의 위기로 풀이했지만 사실은 외적 보상만을 강조하는 우리나라의 전반적인 문화가 그대로 투영된 결과다. 다른 나라 학생들과는 달리 공부를 고통스러운 것으로 여기고 공부에 흥미를 느끼지 못하던 습관이 몸에 밴 학생들이 자라서 직장인이 되었을 때, 역시 마찬가지로 자신이 하는 일에 흥미를 못 느끼고 마지못해 하고 있는 것이다.

맛있고 몸에도 좋은 음식

하버드 대학 역사상 가장 인기를 끈 긍정심리학 강의로 유명한 탈 벤샤하르는 미래의 달콤한 보상을 위해서 현재의 고통을 참아내야 한다는 식의 삶의 태도를 '채식주의자의 맛없는 음식'이라고 빗대어 이야기했다.[20] 지금 당장 맛은 없지만 훗날 몸에 좋기 때문에 꾹 참고 먹는 음식이라는 것이다. 인생을 출세라는 하나의 목적을 위해 달려가는 일종의 달리기 시합으로 보는 출세지상주의자는 말하자면 늘 맛없는 채식만 먹고 사는 불행한 사람이다.

이와 반대되는 것은 정크푸드형의 음식이다. 기름기 많고 달콤해서 지금 당장은 입이 즐겁지만 몸에는 해로워서 훗날을 생각해보면 결코 좋다고 할 수 없는 음식이다. 쾌락주의자들은 미래에 대한 어떠한 노력이나 대비도 없이 그저 현재의 쾌락만을 추구하기 때문에 정크푸드를 먹고 사는 사람들이라 할 수 있다. 고진감래의 철학을 신봉하는 사람들에게는 채식과 정크푸드 두 종류밖에 보이지 않는다. 지금 맛이 없어야 몸에 좋은 것이고, 맛있는 것은 몸에도 나쁘다는 식의 사고 방식이다.

지금 입맛에도 딱 맞고 훗날 몸에도 좋은 그런 음식은 없을까? 있다. 그것이 탈 벤 샤하르가 말하는 이상적인 최고의 음식이다. 바로 이러한 음식을 먹듯 인생을 사는 사람이 진정 행복한 사람이다. 즉 지금 당장 행복하면서도 현재의 행복이 훗날의 더 큰 행복과 성취를 보장해주는 삶 말이다. 이런 이상적인 음식은 지금 당장 우리를 행복하게 해줄 만큼 맛이 있으면서―정크푸드보다 훨씬 더 맛있다―도 우리 몸에도 좋은 것―채식보다도 훨씬 더 몸에 좋다―이다.

지금 행복하면서도 미래의 성취와 성공을 위해 더 많은 것을 준비할 수 있는 사람이 바로 그들이다. 성공하고 나면 행복할 것이라고 믿는 사람이 아니라, 행복하기 때문에 성공할 수밖에 없는 사람들이다.

탈 벤 샤하르에 따르면 일하는 것을 고통으로, 참아야 할 괴로움으로 여기는 사람들은 오히려 커다란 성취를 이뤄내지 못한다. 인류 역사를 통틀어서 위대한 업적을 남긴 사람들은 모두 자신이 하는 일에서 커다란 즐거움과 사명감과 의미를 찾은 사람들이다. 보다 많은 연봉이나 보다 높은 직위에 오르기 위해서 자신이 하는 일을 '참으면서' 하는 사람이 위대한 업적을 남긴 예는 없다.

산에 오르는데, 정상에 오르는 것만이 목적인 사람은 정상에 오르기까지 한걸음 한걸음이 모두 고통으로 다가온다. 모든 발걸음이—사실 이러한 발걸음 하나가, 한순간 한순간, 하루하루 모인 것이 바로 우리의 인생인데도—참아야 할 괴로움으로 여겨진다. 즉 인생 자체가 하나의 커다란 괴로움이 되고 만다.

그러나 나의 삶은 어디 먼 미래에 있는 것이 아니다. 하루하루, 한순간 한순간의 적분이 곧 나의 삶이다. 정상에 오르는 것을 '목표'로 두기는 하되, 내딛는 발걸음 하나하나를 즐기면, 즉 과정을 즐기면 힘들지 않고 정상을 향해 갈 수 있다. 이것이 칙센트미하이가 말하는 몰입 혹은 최적의 경험이다.[21] 그렇기 때문에 행복은 '성공의 결과'라기보다는 '성공에 이르는 길'이라 할 수 있다. 성공한 사람이 행복하다기보다는 행복한 사람이 성공하는 것이다. 회복탄력성이 높은 사람이 행복해진다기보다는 행복해져야 회복탄력성이 높아진다는 뜻이다.

일어나는 일들의
원인을 정확히 파악하라

• 원인분석력 •

스토리텔링의 ABC

원인분석력은 내게 닥친 문제를 긍정적으로 바라보면서도 그 문제를 제대로 해결할 수 있도록 원인을 정확히 진단해내는 능력을 말한다. 부정적인 사건을 지나치게 비관적으로 받아들이다가 늘 스스로 좌절하고 마는 사람이나, 반대로 지나치게 낙천적으로만 바라보다가 제대로 대처하지 못하는 사람들은 모두 원인분석력이 부족한 것이다. 원인분석력은 자신에게 닥친 사건들에 대해 긍정적이면서도 객관적이고 정확한 스토리텔링을 할 수 있는 능력이다(자기조절능력과 감정통제력은 주로 감정의 문제이며 이는 뇌의 변연계와 관련된다. 반면 원인분석력은 주로 이성의 문제이며 이는 대뇌피질, 특히 전두엽과 관련이 깊다).

우리가 분노나 좌절 등의 부정적 감정을 느낄 때, 우리는 흔히 어떤 사건이나 사람이 나의 부정적 감정을 유발했다고 믿는다. 그러나 이는 착각이다. 주위 사람들이 뭐라든, 내 인생에 있어서 어떠한 일이 생기든, 누군가와 어떠한 갈등을 빚든, 그러한 일들 자체에는 그 어떤 본래적 의미도 담겨져 있지 않다. 그러한 일이 '기분 나쁜 일, 슬픈 일, 화 나는 일, 짜증나는 일'이 되려면 반드시 나의 해석이 필요하다. 다시 말해서 나의 분노나 짜증은 외부적 사건이나 사람들이 자동적으로 만들어내는 것이 아니다. 그것은 곧 내 자신이 만들어내는 것이다. 나의 분노나 좌절의 근원은 내 머릿속에 있음을 분명히 깨달아야 한다.

다음과 같은 장면을 상상해보자. 지금 나는 잔잔한 호수 위에 조각배 한 척을 띄어놓고 조용히 낚시를 즐기고 있다. 따뜻한 봄바람이 살랑살랑 불어오고, 날씨는 화창하고, 주위는 평화롭고, 모든 것이 완벽하다. 그런데 갑자기 다른 배가 내 조각배를 뒤에서 쿵 하고 박았다. 배가 몹시 흔들리고, 평화로움과 행복감은 갑자기 불쾌감과 분노로 바뀌게 된다. 왠지 무시당한 느낌도 들며, 조용히 혼자 즐길 수 있는 권리를 침해 당해 억울하기도 하다.

이러한 상황이라면 나는 화를 내는 것이 당연하다. 이제 나의 정당한 분노를 부주의한 배 주인에게 퍼붓기 위해 인상을 잔뜩 찌푸리며 고개를 획 돌려 뒤를 째려본다. 그런데 아뿔사. 그 배에는 아무도 없는 것이 아닌가. 그저 빈 배가 물결에 떠내려오다가 내 배에 와서 부딪힌 것이다. 순간 분노는 연기처럼 사라지고 만다. 왜 그런가? 그 배가 내 배를 들이받았다는 사실 자체에는 아무런 변화가 없는데.

이 일화는 분노나 좌절이 외부의 사건에서 자동적으로 비롯되는 것이 아니라는 것을 분명히 보여준다. 그 사건에 대한 나의 순간적인 해석이 분노의 원인인 것이다. 어떤 배가 와서 부딪힌 순간, 내 머릿속에는 다음과 같은 '스토리텔링'이 이루어졌던 것이다.

"어떤 사람이 부주의하게 혹은 고의로 내 배를 들이받았다. 그 사람은 나만의 시간을 즐길 권리를 침해한 것이다. 말하자면 나를 무시한 것이다. 나의 자존심을 건드린 것이다. 감히 나를 건드리다니! 그 사람은 분명 잘못을 했고 따라서 대가를 치뤄야 한다."

그러나 뒤를 돌아다보니 빈 배였다. 아무도 없었던 것이다. 잘못이 있다면 산들산들 불어오는 봄바람에나 있는 것이다. 스스로 어색한 미소를 짓는 순간 분노는 사라지고 만다. 나의 스토리텔링이 완전히 잘못되었기 때문이다. 즉 분노는 내 머릿속에서 내가 만들어낸 스토리텔링의 결과이지, '다른 배가 내 배에 부딪혔다'는 사실에 의해 자동적으로 야기된 것이 아니다.

긍정심리학의 창시자라 불리우는 마틴 셀리그만은 이를 사건accident—믿음belief—결과consequences의 'ABC 연결고리'라고 부른다. 흔히 우리는 어떠한 사건(A)이 곧바로 우리의 감정이나 행동이라는 특정한 결과(C)를 가져온다고 생각한다. 하지만 그 사이에는 반드시 우리의 믿음(B)이라는 연결고리가 있다는 것이다. 다시 말해서, 우리 삶에서 벌어지는 다양한 사건들은 그 자체로서는 아무런 결과도 가져오지 않는다. 그것이 특정한 결과를 가져오려면 우리의 신념체계에 의해 해석되고 매개되어야 한다. 셀리그만이 말하는 이 신념체계가 곧 스토리텔링의 방식이다.[22]

셀리그만의 논의를 우리의 예에 적용해보자. 배가 와서 부딪혔다는 사건이 나의 분노라는 결과를 발생시키기 위해서는 "그 배에는 당연히 사람이 타고 있었을 것이고 분명 그 사람은 부주의했거나 나를 무시했을 것이다"라는 믿음이 연결고리 역할을 하고 있는 것이다. 셀리그만은 다양한 사건들에 대한 반응의 방식을 반성적으로 살펴보면서 특히 스스로가 지니고 있는 신념체계 혹은 스토리텔링의 방식에 대해 주의를 집중해야 한다고 강조한다.

불행한 사건이나 역경에 대해 어떠한 해석을 하고 어떠한 의미로 스토리텔링을 부여하는가에 따라 우리는 불행해지기도 하고 행복해지기도 한다. 분노는 사람을 약하게 한다. 화를 내는 것은 나약함의 표현이다. 분노와 짜증은 회복탄력성의 가장 큰 적이다. 강한 사람은 화내지 않는다. 화내는 사람은 스스로의 좌절감, 무기력함을 인정하는 것이다. 분노가 우리의 인생에 닥친 여러 가지 역경을 해결해주는 경우는 없다. '화난 척'이 때로 도움이 될 수는 있을지언정, 진정 '화를 내는 것'은 항상 문제를 더욱 어렵게 만든다. 분노는 모든 것을 파괴시키며, 그 무엇보다도 화내는 사람 자신의 몸과 마음을 파괴시킨다. 화를 낼 때 심장의 박동은 가장 불규칙해진다. 화를 잘 내는 사람이 심장병에 잘 걸리는 것은 통계적으로도 확실히 드러났다.

사람의 심장박동수는 끊임없이 변화한다. 의사들은 이를 심박변이도heart rate variability라고 부른다. 심박변이도가 낮은 사람은 수 초 내에도 몇 번씩 불규칙하게 심장박동수가 빨라졌다 느려졌다를 반복한다. 하지만 심박변이도가 높은 사람은 10초 정도의 주기로 심장박동수가 천천히 빨라졌다 느려졌다를 규칙적으로 반복한다. 이러한 심박변이도는 심장 건강과 직결되어 있다. 각종 심장질환에 걸릴 우려가 높은 사람은 심박변이도가 낮은 사람이다. 그런데 심박변이도는 감정과 직결되어 있음이 오래전에 밝혀졌다. 화를 내거나 스트레스를 받으면 건강한 사람이라 할지라도 심박변이도가 즉시 낮아진다.

우리 삶에서 벌어지는 다양한 사건들에 대해 어떠한 방식으로 스토리텔링하느냐는 곧 그 사람이 지닌 신념체계에 의해서 결정된다. 이 신념체계는 우리가 어떠한 스토리텔링을 하느냐를 결정짓는 기본적인 마음의 습관이다. 건강하고 행복한 삶을 살기 위해서는 그리고 강한 회복탄력성을 유지하기 위해서는, 긍정적인 스토리텔링을 하는 습관을 들여야 한다. 그러기 위해서는 뒤에서 다룰 긍정성을 향상시켜 긍정적인 정보처리 루트를 활성화시켜야 한다. 자신에게 닥친 여러 가지 사건에 대해 자동적으로 긍정적인 방식으로 스토리텔링하는 습관을 들여야 하는 것이다. 이제 잠시 스토리텔링이란 무엇인지에 대해 좀 더 자세히 살펴보도록 하자.

인간은 이야기를 살아가는 동물

기억은 기본적으로 단기기억과 장기기억 두 종류로 나뉜다. 단기기억은 전화를 걸 때 잠시 동안 기억했다가 곧 잊어버리는 식의 기억이다. 즉 뇌에 잠시 저장되었다가 장기기억으로 넘어가지 않고 사라져버리는 기억이다. 단기기억에 저장된 정보 중 일부에 체계적인 의미를 부여해서 장기기억으로 넘긴다. 이 과정에는 해마체라는 부위가 중요한 역할을 담당하는 것으로 알려져 있다. 장기기억에 저장된 과거의 정보나 체험의 단편들은 의식적으로 인출될 수 있다. 장기기억은 다시 두 가지 범주로 나뉘는데, 사실기억과 에피소드 기억이다.

사실기억은 단어의 의미라든가 사람의 이름, 도구의 명칭 등 사실과 관런된 기억이다. 한편, 에피소드 기억은 한 인간의 삶의 궤적을 담고 있는 다양한 체험과 에피소드에 관한 기억이다. 에피소드 기억과 사실기억의 결정적 차이점은, 에피소드 기억이 관계의 틀로서 시간과 장소에 의존하는 데 반해 사실기억은 그렇지 않다는 점이다.[23] 우리가 흔히 학습을 통해 얻게 되는 '지식'이라 불리우는 것이 바로 이 사실기억이고, 살아가면서 겪게 되는 다양한 경험을 기억하는 것이 바로 에피소드 기억이다. 이 에피소드 기억이야말로 그 사람이 누구인가를 결정짓는 정체성을 이루는 기억이며 이는 스토리텔링으로 이루어진다. 사람이 살면서 겪게 되는 개개의 수많은 사실기억들을 일정한 개념 덩어리로 뭉뚱그려서 의미를 부여하는 것이 바로 스토리텔링이다. 이것이 곧 이야기하기인 동시에 이야기 만들기이고, 기억하기고, 경험하기고, 따라서 삶 자체다.

스토리에는 두 가지 종류가 있다. 하나는 무엇에 관한 이야기story-about고 다른 하나는 사는 이야기 혹은 살아진 이야기story-lived다. 무엇에 관한 이야기는 어떤 사건이나 사실에 대한 설명이나 묘사를 의미한다. 삶의 경험에 대한 이야기는 사는 이야기다. 우리는 곧 우리의 이야기를 사는 셈이라는 뜻이고, 우리의 경험이나 삶 혹은 의도가 모두 다 본질적으로 이야기라는 뜻이다.

아리스토텔레스는 인간을 '이야기하는 동물'이라고 정의했다. 그 말은 동물과 인간을 구별하는 가장 큰 기준이 '이야기하는 능력'이라는 뜻이다. 인간은 삶 자체를 이야기를 통해 이해하며 경험한다. 좀 더 정확히 말하자면, 삶 자체가 이야기다. 삶이 이야기라는 것은 '기억+경험+실체'들이 모두 일종의 이야기라는 의미다.

이야기에는 항상 주인공이 있고, 시작과 중간과 끝이 있다. 모든 종류의 커뮤니케이션은 스토리텔링인데, 작은 차원일 수도 있고, 큰 차원의 스토리텔링일 수도 있다. 내가 경험하는 이야기의 주인공은 물론 나와 내가 만난 사람들이다. 시작과 중간과 끝이 있다. 그 안에 기승전결이 다 들어가 있다. 이 한 문장에 담긴 스토리는 내 삶의 일부를 끊어서 만든 일종의 짧은 단편 영화인 셈이다.

예를 들어보자. 당신이 점심 시간 후에 "나는 오늘 점심때 친구들과 만나서 냉면을 먹고 헤어졌다"라는 이야기를 했다고 하자. 이 이야기가 담고 있는 당신의 실제 경험은 다음과 같은 것이리라. 회사에서 일하고 있다. 시계를 본다. 점심시간이 다 되어간다는 걸 안다. 전화기를 꺼낸다. 전화를 건다. 친구들과 점심 약속 확인을 한다. 회사 근처 냉면 집에서 만나기로 한다. 그러고는 의자를 밀치고 일어나서, 옷을 걸쳐 입고, 컴퓨터 끄고, 좌로 돌아서 55 걸음 걸어가 승강기 앞에 서고, 버튼을 누르고, 마주친 주위 사람과 눈인사를 하고, 문이 열리자 엘리베이터에 들어 선다. 돌아선다. 내린다. 다시 530 걸음 걸어서 냉면집에 들어간다. 앉는다. 친구들과 인사한다. "여기 냉면 네 그릇이요"라고 외치며 주문한다. 24번 씹고 삼키고, 46번의 젓가락질을 하고, 물 두 잔 마시고 등등. 이루 헤아릴 수 없이 자잘한 행동들을 연속적으로 수행한다.

그 구체적인 행동을 자세히 한번 들여다보자. 어디에도 '친구들과 냉면을 먹었다'라고 부를 만한 특정한 행동은 없다. 계속되는 자잘한 경험들의 연속이라고 할 수 있다. 자잘한 행동들은 내 삶 속에서 끊임없이 연속적으로 계속되는데, 이중 어느 부분을 자의적으로 끊어내고 편집해서 "친구와 냉면 먹었다"고 의미부여하는 것이 곧 스토리텔링이다.

며칠만 지나도 당신은 이러한 세세한 행동들은 하나도 기억하지 못한다. 냉면집까지 몇 걸음 걸었는지, 냉면은 몇 번이나 씹었는지. 세세한 사건들은 당신의 삶 속에서 영원히 사라져 없어져버리고 만다. '이야기'의 일부가 되지 못했기 때문이다. 수천, 수만 가지 행동과 경험 중에서 일부를 선택해서 의미를 부여함으로써 당신은 당신의 경험을 재조직하고 기억에 저장한다. 모든 경험이란 따라서 곧 기억이고 스토리텔링이다. 즉, 우리의 모든 경험과 기억은 내가 하는 이야기의 형태로 존재한다. 다시 말해서 내가 세상을 경험하는 것은 경험하는 대상이 객관적으로 존재하고 그 경험에 대해 부가적으로 이야기한다기보다, 내가 선택하고 의미를 부여해서 만들어내는 것이다. 그러한 스토리텔링에 의해서 나는 나의 경험에 의미를 부여하고 완성한다. 이처럼 경험이 스토리로 정착되면서 머릿속에 기억으로 남고, 그것이 곧 삶의 일부를 이루게 된다. 곧 삶은 내가 만드는 이야기다. 나의 정체성은 나의 기억에 있는 것이다. 내가 누구냐 하는 것은 내가 나의 경험에 어떠한 스토리텔링을 하느냐에 의해서 결정된다.

그런데 스토리텔링은 사후적으로만 일어나지는 않는다. 우리는 행동을 먼저 하고 나서 회고적으로만 스토리텔링하는 것이 아니라, 흔히 사전적인 계획과 의도의 단계에서 이미 스토리텔링을 시작한다. 그리고 그러한 스토리텔링이 이루어지도록 여러 가지 행동을 해나간다. 즉, 각본을 머릿속으로 먼저 쓰고 나서 그에 따라 행동하는 것이다. 냉면을 먹고 나서 "냉면 먹었다"라고 얘기한다기보다는 "오늘 점심 때엔 친구들과 만나서 냉면 먹어야지"라고 사전에 계획을 세우게 되는데 이러한 계획이나 의도 자체가 이미 하나의 스토리텔링이다. 즉, 우리는 우리가 만들어놓은 이야기에 따라 여러 가지 세세한 행위들을 해나간다. 우리는 우리의 이야기를 사는 것이다.

이야기를 제대로 살아가는 법

그렇다면 보다 높은 수준의 원인분석력을 갖기 위해서는 과연 어떠한 스토리텔링을 해야 하는 것일까? 우리는 스토리텔링의 다음과 같은 세가지 차원에 주목해야 한다. 첫째, 개인성(나에게만 일어난 일이냐 아니면 나를 포함하여 누구에게나 다 일어날 수 있는 일이냐), 둘째, 영속성(항상 그런 것인가 아니면 이번에만 어쩌다 그런 것인가), 셋째, 보편성(모든 것, 모든 면이 다 그런 것이냐 아니면 그것만 그런 것인가). 회복탄력성이 낮은 사람은 흔히 자신에게 닥치는 크고 작은 불행한 사건에 대해 지나치게 개인적이고, 영속적이고, 보편적인 것으로 해석하는 경향이 있다.

예컨대 당신이 어떤 사업에 실패했다고 치자. 이러한 역경에 부딪혔을 때, 회복탄력성이 부족한 사람은 이렇게 반응한다. 성공한 사람도 많은데, 왜 '나'는 실패했을까? 이번에 실패한 것을 보면 나는 앞으로도 또 이런 사업에 실패하는 것이 아닐까. 나는 왜 '항상' 실패만 하는 것일까? 이 사업뿐만 아니라 내가 하는 모든 일은 왜 다 안 풀리는 걸까. 왜 내 인생의 '모든 면'은 실패투성이일까?

그러나 긍정적이고 행복하며 회복탄력성이 높은 사람들은 이와는 반대로 반응한다. 이번의 실패는 아쉽지만, 실패는 누구나 할 수 있는 것이다. 나만 실패한 것은 아니며 나 외에도 실패한 사람들은 수두룩하다. 이번 사업에 실패한 것은 운이 좋지 않았을 뿐이고 내가 통제할 수 없는 상황이 발생해서 어쩔 수 없었다. 이러한 실패는 아마도 이번뿐일 것이다. 나는 비록 이 사업에는 실패했지만 다른 일들은 다 잘하고 있다. 사업이 실패했다고 해서 내 인생의 모든 면이 다 실패한 것은 아니다.

회복탄력성이 높은 사람과 낮은 사람의 스토리텔링의 차이는 나쁜 일에 대해서만 나타나는 것은 아니다. 좋은 일에 대해서도 스토링텔링의 방식이 반대로 나타나는 경향이 있다. 예컨대 경쟁률이 치열한 일류 대기업 입사시험에 합격했다고 가정하자. 회복탄력성이 낮은 부정적인 사람은 입사시험에 합격한 것이 내가 잘해서가 아니라 운이 좋아서 합격한 것이라고 생각한다. 그리고 이 입사시험만 어쩌다 합격한 것이고, 이 시험에 합격했다고 해서 내 인생이 전반적으로 성공적인 것은 아니라고 생각한다.

반면에 회복탄력성이 높은 긍정적인 사람은 입사시험에 합격한 것은 내가 잘해서 가능한 것이며, 나의 합격은 언제나 그렇듯이 내 성공적인 인생의 한 부분이며, 회사에 합격한 것처럼 인생의 다른 모든 면에서도 나는 다 성공적일 것이라고 믿는다.

다시 말해서 회복탄력성이 낮은 사람은 나쁜 일에 대해서는 내가, 언제나, 모든 면이 다 그렇다는 식으로 크게 생각하고, 좋은 일에 대해서는 남도, 어쩌다, 이번 일만 그렇다는 식으로 그 의미를 축소해서 받아들인다. 회복탄력성이 높은 사람은 이와는 정반대로 한다. 나쁜 일에 대해서는 그 의미를 축소하고 좋은 일에 대해서는 더 크게 일반화해서 받아들인다.

당신은 어떠한가? 사업 실패나 취업 성공 같은 거창한 일이 아니어도 좋다. 일상생활 속에서 일어나는 크고 작은 역경에 대해 당신은 어떻게 반응하는가? 어떠한 스토리텔링을 만들어내는가? 예컨대 아침에 출근하려고 보니 집 앞에 주차했던 차를 누가 긁고 그냥 가버렸다. 회복탄력성이 낮은 사람이라면 즉시 이런 식으로 스토리텔링을 한다. 왜 내 차에만 이런 일이 생겼을까? 여기에 차를 세워놓은 내가 잘못이지. 왜 나에게는 늘 이런 일이 생기는가? 나는 원래 재수 없는 사람인가?

만약 당신의 스토리텔링 방식이 위와 같다면 빨리 개선하도록 노력해야 한다. 주차장에 세워놓은 차에는 항상 이런 일이 생기기 마련이며, 주차한 내가 아니라 긁고 지나간 운전자가 잘못한 것이다, 이런 재수 없는 일은 오늘 어쩌다 생긴 것이며, 비록 재수없는 일이 생겼지만, 액땜한 것이니 오늘 다른 일은 다 잘 될 거다라는 식의 스토리텔링을 하는 버릇을 들여야 한다.

원인분석력의 기본이 되는 것은 긍정적인 스토리텔링의 능력이다. 인생에서 최근에 일어난 부정적인 사건에 대해 당신이 어떻게 생각하고 반응하는가를 이 세 가지 차원에서 면밀히 돌이켜보라. 그리고 부정적인 사건에 대해 비개인적이고, 일시적이고, 특수한 것으로 받아들이는 습관을 들이도록 해야 한다. 물론 좋은 일에 대해서는 개인적이고, 영속적이고, 보편적인 것으로 받아들이는 것이 좋다. 이렇게 세상 일을 긍정적인 방식으로 받아들이는 습관을 들이면 당신의 회복탄력성은 놀랍게 향상될 것이다.

당신의 스토리텔링 방식은?

여기 예시된 것을 참고로 해서 당신의 평소 스토리텔링 방식을 스스로 체크해보자. 만약 좋은 일에 대해서나 나쁜 일에 대해서 왼쪽 방식대로 분석하는 경향이 있다면 당신의 회복탄력성은 높아지기 힘들다. 되도록 오른쪽의 스토리텔링 방식대로 원인분석을 하는 습관을 들이도록 해야 한다.

나쁜 일이 생겼을 때

상황 1. 열심히 한 프로젝트가 결국 실패했다.

왜 나만 실패 했을까(개인성)? VS. 나만 실패하는 것은 아니다. 실패는 누구나 할 수 있다(비개인성).

왜 나는 항상 실패할까(영속성)? VS. 이번엔 어쩌다 운이 나빠 실패한 것일 뿐이다(일시성).

왜 내가 하는 일들은 다 이 모양일까(보편성)? VS. 난 이 프로젝트에만 실패했을 뿐 다른 일들은 다 잘하고 있다(특수성).

상황 2. 주차한 차를 누군가 긁고 가버렸다.

왜 나에게만 이런 재수 없는 일이 생길까. 여기 세워둔 내가 잘못이지(개인성) VS. 차를 긁고 그냥 가다니 양심도 없는 나쁜 사람이구만. 이런 일은 누구나 다 당하는 법(비개인성).

왜 내게는 늘 이런 재수없는 일이 일어날까(영속성) VS. 오늘은 어쩌다 운이

나쁜 날이구나(일시성).

왜 나는 매사가 이렇게 운이 없을까(보편성) VS. 주차와 관련해서는 내가 운

이 나쁘구나(특수성).

좋은 일이 생겼을 때

상황 1. 꼭 취직하고 싶은 회사로부터 합격통보를 받았다.

나 같은 사람을 뽑다니, 대충 아무나 뽑았나 보군(비개인성) VS. 나를 뽑다

니, 역시 내가 노력한 보람이 있어(개인성).

합격 운이 좋아 이번에만 어쩌다 붙은 거겠지(일시성) VS. 내가 하고자 하는

일은 언제나 다 잘 되었어(영속성).

회사 합격은 어떻게 되었지만 내 인생에 다른 모든 면은 엉망이야(특수성)

VS. 회사 합격되는 것을 비롯해서 내 인생의 모든 면은 다 제대로 되고 있

어(보편성).

상황 2. 시험에서 예상보다 훨씬 더 좋은 성적을 거뒀다.

내게 이렇게 좋은 성적을 주다니 채점을 후하게 했군. 누구나 다 성적을 잘

받았겠군(비개인성) VS. 역시 나는 노력하면 되는구나(개인성).

어쩌다 이번 시험 운은 좋았구나(일시성) VS. 역시 나는 시험 운은 늘 좋은

편이야(영속성).

이 시험 하나는 어쩌다 잘 봤지만 다른 시험은 아마 망칠거야(특수성) VS.

역시 나는 다른 시험도 다 잘 보게 될거야(보편성).

회복탄력성의 두 번째 요소

대인관계능력

인간관계는 삶의 모든 것이라 해도 과언이 아니다.
삶 자체가 만남과 헤어짐의 연속이기 때문이다.
좋은 인간관계를 맺는 사람은 그만큼 건강하고 행복한 삶을 살아가는 사람이다.
사람을 잘 사귀고 원만한 인간관계를 유지하는 사람일수록 위기에 강하다.

함께할 수 있어 더 행복한 삶, 대인관계능력

• 소통능력 + 공감능력 + 자아확장력 •

마음의 후원자가 필요할 때

회복탄력성이 높은 사람들은 대체로 뛰어난 사회성을 지닌 경우가 많다. 역경과 위기가 닥쳤을 때, 회복탄력성이 높은 사람들은 주위 사람들로부터 많은 도움을 받게 되는데 이를 그냥 '운이 좋아서'라고 볼 수만은 없다. 이들은 평소에도 대인관계를 잘 유지해왔기 때문에 어려울 때 자신을 도와줄 사람을 여럿 확보하고 있었다고 보는 것이 더 옳다.

대인관계능력은 하워드 가드너가 말하는 대인지능interpersonal intelligence 혹은 다니엘 골만이 말하는 사교적 지능social intelligence과 관련된다. 그 핵심은 다른 사람의 마음과 감정 상태를 재빨리 파악하고, 깊이 이해하고, 공감함으로써 원만한 인간관계를 맺고 유지하는 데 있다. 이러한 능력을 지닌 사람은 주변 사람들의 마음을 잘 헤아려서 편안하게, 행복하게 해준다. 또한 대인지능이 높은 사람은 강한 리더십을 발휘한다. 왜냐하면 사람들은 본능적으로 자신을 행복하게 해주는 사람을 따르기 때문이다. 리더십을 잘 발휘할 수 있느냐의 문제는 결국 주변 사람들에게 얼마나 행복을 잘 나눠줄 수 있느냐의 문제다.

심리학자 아론과 아론[1]의 자기확장이론self-expansion theory에 따르면 긍정적 정서는 자신과 상대방을 일치시키는 마음을 강화시켜서 인간관계 형성에 도움을 준다고 한다. 다시 말해 긍정적 정서는 좋은 인간관계를 맺고 유지할 수 있게 하는 원동력이다.

인간관계는 삶의 모든 것이라 해도 과언이 아니다. 삶 자체가 만남과 헤어짐의 연속이기에 좋은 인간관계를 맺는 사람은 그만큼 건강하고 강한 삶을 살아가게 된다. 높은 수준의 대인관계 능력은 곧 회복탄력성의 탄탄한 기초가 된다. 사람을 잘 사귀고 좋은 인간관계를 유지하는 사람일수록 위기에 강하다. 친구가 많은 사람은 더 건강하고, 병원에 덜 가며, 심장병에 걸릴 확률도 적고, 면역체계도 튼튼하다는 사실은 이미 많은 연구 결과들이 입증하고 있다.

사람은 혼자서는 강할 수가 없다. 외로운 사람은 쉽게 나약해진다. 주변 사람들과 따뜻한 정을 나누고 훈훈한 정서적 지원을 받는 사람일수록 내면이 강인하다. 어려움을 이겨내고 역경을 극복하는 사람들 주변에는 한결같이 사랑과 신뢰를 보내주는 든든한 지원자가 있다. 어떤 사람에게 역경이 닥쳤을 때 주변 사람들이 하나 둘 등을 돌린다면, 그 사람은 다시 일어설 힘을 얻기 힘들다. 역경과 고난에도 불구하고 그 사람의 곁을 지켜주는 든든한 마음의 후원자가 있을 때, 그 사람은 강한 회복탄력성을 갖게 된다.

앞에서 살펴본 것처럼, 에미 워너의 카우아이 섬 연구의 결론 역시 회복탄력성을 지닌 아이들의 가장 큰 공통점은 무슨 일이 있어도 자신의 편이 되어주는 어른이 적어도 한 명 이상 있었다는 점이다. 사랑을 받고 자란 아이들은 살아가면서 다른 사람과 하나가 되어 사랑을 주고받을 수 있는 능력을 지니게 되고, 그러한 능력이야말로 회복탄력성의 원동력이 되는 셈이다.

에리히 프롬이 《사랑의 기술》에서 누누히 강조하듯이 '사랑할 수 있는 능력'은 우리가 꼭 배우고 키워야 할 능력이며, 마틴 셀리그만이 그의 저서 《진정한 행복Authentic Happiness》에서 강조하듯이 '사랑받을 수 있는 능력'도 행복과 긍정적 정서를 위해 꼭 필요한 능력이다.[2] 이처럼 사랑하고 사랑받을 수 있는 능력이 곧 대인관계능력의 핵심이며, 이러한 능력을 키워야 사회적 연결성social connectedness을 내면화하게 되어 강한 회복탄력성을 지니게 된다. 그렇다면 대인관계능력은 어떻게 키워나갈 수 있는가? 대인관계능력을 구성하는 요소인 소통능력과 공감능력, 그리고 자아확장력을 향상시킴으로써 가능하다. 이를 순서대로 살펴보도록 하자.

상대의 호감을 끌어내는
대화 기술

• 소통능력 •

소통은 기술이다

내가 맺고 있는 인간관계는 내게 닥친 불행한 일을 극복하게 해주는 가장 큰 자산이라 할 수 있다. 그런데 사람과 사람 사이에 맺는 모든 관계의 기본은 대화, 즉 소통에 의해서 형성되고 유지된다. 그렇기 때문에 소통능력이란 바로 인간관계를 진지하게 맺고 오래도록 유지하는 능력이라 할 수 있다.

하지만 인간관계는 때로 양날의 칼과 같다. 원만한 인간관계는 행복의 근원이자 긍정적 감정의 원천이고 강한 회복탄력성의 기반이 되지만, 갈등의 인간관계는 불행 그 자체이며 부정적 감정의 원천이고 회복탄력성을 갉아먹어 한 인간을 파멸에 몰아넣기도 한다. 극단적인 경우 불행한 인간관계는 자살, 우울증, 범죄의 원인이 되기도 한다.

소통능력의 중요성은 여기에서 그치지 않는다. 모든 사회적 가치는 인간관계 속에서 나온다. 명예, 권력, 돈 모두가 인간관계에서 비롯되며 소통능력에 의해서 얻어진다. 혼자 무인도에 있다면 주먹만 한 다이아몬드가 있어도 소용이 없다. 깊은 산속에서 "심봤다" 하며 산삼을 캐더라도 시장에 나와서 팔아야 돈이 된다. 물론 그 산삼을 제값 받고 팔기 위해서는 산삼에 대해 신뢰감 있게 설명해서 살 사람을 설득해야만 한다. 소통능력 없이는 불가능한 일이다.

사업하는 사람이든 정치하는 사람이든 소통능력이 좋아야 자신이 원하는 것을 획득할 수 있다. 사회적으로 큰 성공을 거둔 사람이나 명예와 권력을 얻는 사람들은 모두 타인을 설득하는 데 뛰어난 능력을 지닌 사람들이다. 자기 경영, 인간관계 관리, 코칭과 멘토링, 리더십 향상 등에 관한 자기 계발서들의 핵심적 내용 역시 소통능력에 관한 것이다. 소통능력의 중요성에 대해서 사회적으로는 커다란 수요가 있지만 아직 정규 교육에서는 가르치고 있지 않다. 지금 이 책을 읽고 있는 독자들도 소통능력 향상에 대해 체계적인 교육이나 훈련을 받아본 적이 없을 것이다.

소통은 일종의 기술art이다. 온갖 종류의 운동이나 미술 활동, 악기 다루기 등 모든 기술의 습득에는 일정한 규칙에 따른 체계적인 교육과 연습이 필요하다. 소통능력 역시 조금만 체계적으로 훈련하고 연습하면 금방 그 효과를 실감할 수 있다. 하지만 그동안 교육의 기회가 적어 어렵게 느껴질 수도 있다. 특히 우리나라 정규교육 과정에 소통능력 배양은 거의 포함되어 있지 않다. 이는 다른 선진국과 우리나라 교육 과정의 커다란 차이다.

그렇다면 과연 어떠한 사람이 소통능력이 뛰어난 사람인가? 소통능력이라고 하면 흔히 말을 청산유수로 번지르르하게 잘하는 사람을 생각하게 된다. 또는 농담과 재치로 남을 잘 웃기는 사람을 떠올리기도 한다. 그러나 이러한 것은 주로 언어지능에 관계된 것으로 소통능력의 극히 일부에 불과하며 본질적인 요소도 아니다.

소통능력은 인간관계와 설득의 능력이다. 그러한 능력이 뛰어난 사람의 가장 큰 특징은 인간관계가 원만하고 주위 사람들에게 좋은 인상을 주고 또 좋은 평판을 얻는다. 소통능력이 뛰어난 사람은 인간성 좋고, 왠지 같이 있고 싶고, 호감이 가고, 같이 일하고 싶은 그런 사람이다. 비록 말은 어눌하게 해도 호감을 주는 사람이라면 소통능력이 뛰어난 사람이다. 소통능력에는 감정이입과 상대방에 대한 배려의 능력, 감정지능, 사교적 지능이 다 포함되기 때문이다. 말은 청산유수로 잘하지만, 왠지 친해지고 싶지 않은 사람은 소통능력이 오히려 낮은 사람이다.

소통의 두 가지 차원

소통능력을 향상시키기 위해서는 소통의 두 가지 차원을 이해하는 것이 필요하다. 모든 종류의 소통에는 두 가지 차원이 있는데, 하나는 내용(메시지)의 차원이고 다른 하나는 관계 형성과 유지의 차원이다. 모든 소통에는 메시지 전달의 기능이 있고 또 동시에 그 소통을 하는 사람들의 관계에 영향을 미치는 기능이 있다. 그레고리 베이츤은 이를 '보고적 말하기report talk'와 '관계적 말하기rapport talk'라 구분하기도 했다.

소통의 두 차원은 긴 연설이든, 한마디의 짧은 인사말이든, 사무적인 회의에서 나온 공식적인 발언이든, 친구 사이에서 웃고 떠들면서 하는 잡담이든 모든 발화發話에서 발견되는 공통된 현상이다. 이러한 발화에는 모두 일정한 내용이 담겨 있으며 또 동시에 그러한 내용과는 상당히 독립적으로— 때로는 밀접한 관련이 있기도 하고 혹은 별 관련이 없기도 하다— 존재하는 관계에 대한 언급이라는 기능이 있다.

예컨대 친구 사이에서 "우리 내일 영화 보러 갈래?"라고 물었다면 내용의 차원에서는 영화를 보겠냐는 의사 타진이자 나는 너와 영화를 같이 보러 갈 정도로 친한 사이라는 관계에 대한 언급이기도 하다. 만약 그 친구와 알게 된 지 얼마 되지 않았고 아직 한 번도 영화를 같이 본 적이 없다면, "영화 보러 갈래?"라는 질문은 영화 보겠냐는 의사 타진 이외에도 '영화를 같이 보러 가는 사이가 되고 싶다'는 관계 형성에 대한 의사 표현의 기능도 담당하고 있다.

만약 교수가 조교에게 "이 논문 좀 복사해 와라"라고 말한다면, 이 소통은 내용의 차원에서는 '복사 해달라'는 메시지의 전달이다. 동시에 이 말은 관계적인 측면에서 보자면, '나는 선생이고, 너는 조교다. 내가 윗사람이고, 너는 아랫사람이다'라는 관계에 대한 언급이 함축되어 있는 것이다.

소통의 이 두 가지 측면을 잘 이해하고 조화시키는 능력이 소통능력의 핵심이다. 인간관계에 있어서 대부분의 갈등은 소통의 이 두 가지 차원이 서로 조화를 이루지 못할 때 일어난다. 인간관계의 갈등이 일어날 때 흔히 하는 이야기가 "네가 어떻게 나한테 그럴 수 있어?" "우리 사이에 어떻게 그런 얘기를 할 수가 있어?"라는 말이다. 이는 바로 메시지 차원, 즉 말한 내용 자체가 문제라기보다는 그런 얘기를 통한 인간관계의 문제인 것이다.

얼마 전 늦은 나이에 결혼한 후배가 있다. 신혼인 그는 거의 매일 일찌감 치 퇴근하여 부인이 차려주는 밥을 먹는 것을 커다란 즐거움으로 삼고 있었다. 어느 날 그는 일에 지쳐 힘들고 배가 많이 고팠다. 집에 들어서는데, 부인이 식탁을 차리고 있기에 부인을 보자마자 "배고파, 밥 줘"라고 얘기했다. 그런데 아내는 바로 화를 내며 식탁 위에 그릇을 내동댕이치듯 내려 놓았다. 남편은 부인이 낮에 무언가 언짢은 일이 있었나 보다라고 생각하며, 하루종일 힘들게 고생하고 들어온 자신에게 분풀이하는 것으로 오해 했다. 그들의 최초의 부부싸움은 이렇게 시작되었다.

후배는 부인에게 그저 밥 달라는 메시지를 전달한 것뿐이다. 그러나 여자들은 소통의 관계적 차원에 특히 민감하다. 밥 해놓고 기다리는데 첫 마디가 "여보 사랑해, 별 일 없었어?" 등의 관계에 대한 언급이 아니라 "배고파 밥 줘"라니. 그 말을 듣는 순간 "내가 밥순이냐? 여기가 식당이냐?"라는 반감이 생겨난다. "배고파 밥 줘"라는 동일한 메시지에 대해 남편은 내용 측면만을 생각하고, 아내는 관계적인 측면을 주로 생각한 결과다.

인간관계 갈등의 대부분이 바로 이 두 가지 차원의 충돌에서 발생한다. 부부 간의 소통뿐만 아니라 부하와 상사 혹은 친구 사이에도 언제든 이러한 문제가 생길 수 있다. 똑같은 말이라도 어떤 순간에 어떠한 방식으로 어떻게 얘기하냐에 따라 관계에 대한 뉘앙스가 확 달라진다. 특히 남성은 메시지의 관계적 측면에 대해 여성에 비해 상당히 둔감한 것으로 알려져 있다. 메시지의 내용에만 집중하다 보면, 관계에 소홀하게 되고, 그로 인해 인간관계의 갈등이 발생하기도 한다. 갈등을 최소화하기 위해서는 내가 하는 말의 내용이나 메시지뿐만 아니라, 그것이 상대방과의 인간관계에서 어떤 함의를 지니고 있는지를 항상 염두에 두어야 한다.

부부 사이뿐 아니라 서로 모르던 사람이 관계를 형성하게 되는 '처음 말 걸기'의 경우에도 소통의 두 가지 차원을 이해하는 것은 매우 중요하다. 마음에 드는 이성에게 처음 말을 거는 '작업' 커뮤니케이션의 상황을 생각해보자. 이럴 때 흔히 사용되는 '작업 멘트'는 아마도 이런 것이리라—커뮤니케이션 학자는 이를 'scripted behaviors'라고 부른다. 즉 이미 씌어진 말, 이미 존재하는 흔한 말이란 뜻이다.

"저어, 시간 있으면 차나 한잔 하실래요?"

이러한 상투적인 작업 멘트를 날려본 사람이라면 경험했겠지만, 이런 식으로 대화를 시작하는 것은 성공 확률이 아주 낮다. 이런 멘트는 처음 관계를 형성하는 단계에서는 대단히 비효과적인 커뮤니케이션이다. 그 이유는? 바로 메시지 차원—같이 이야기 좀 하자—과 관계에 대한 언급—우리는 서로 모르는 사이다—이 서로 상충하고 있기 때문이다. 다시 말해 우리는 서로 모르는 사람이라는 관계에 대한 언급을 하면서 동시에 그럼에도 불구하고 차를 마시자는 제안을 하고 있는 것이다. 관계에 대한 언급과 메시지 사이에 일관성이 없기 때문에 이러한 제안을 받은 상대방은 설령 그럴 마음이 조금은 있다 하더라도 선뜻 "그래요, 같이 차 한잔 합시다"라고 동의하기가 왠지 어색할 수밖에 없다.

그렇다면 효과적인 작업 멘트는 과연 어떤 것일까? 먼저 관계에 대한 언급을 어떻게 할 것인가를 따져야 한다. 차 한잔 하고 싶은 상대가 잠재적인 비즈니스 상대라면 신뢰를 주고 사회적 연결망을 확인하는 것이 필요할 것이다. 즉 우리는 서로 믿을 만한 사이라는 것을 밝히는 시도가 필요하다.

하지만 상대방과 친해지려는 것이 목적이라면— 작업 커뮤니케이션의 목적은 대부분 친밀한 관계 형성을 목표로 한다 — 친한 사이에서 할 만한 이야기로 시작하는 것이 좋다. 즉, 서로 모르는 사이라는 사실을 전면에 내세우지 말고, 친구끼리 흔히 하는 대화처럼 "오늘 점심에 뭐 드셨어요?"라고 시작하는 것이 좋다. "자장면 먹었는데요?" "그래요? 난 짬뽕 먹었는데"라고 이야기가 진행된다면 성공이다. 친구 사이에서 흔히 하는 이야기를 서로 나누게 되는 순간, 우리의 뇌는 내가 지금 말하고 있는 상대방에게 친밀감을 자동적으로 느끼게 된다. 더 좋은 방법은 이미 서로 경험을 공유한 어떤 것에 대해 이야기를 시작하는 것이다. 처음 본 사람이라 하더라도 대중매체의 시대에 사는 우리는 서로 공유하는 것이 무척 많다. 뉴스, 영화, 드라마, 음악, 스포츠 등등.

원래 소통, 즉 커뮤니케이션communication이란 말의 어원은 라틴어 'communicare'다. 이 말은 '공유한다' 또는 '함께 나눈다'는 뜻이다. 명사형은 'communis'고 함께 나눔 혹은 함께 나누는 사람들이란 뜻이다. 여기서 경험을 함께 나누는 사람들의 모임이라는 뜻인 공동체community 혹은 코뮌commune 이라는 말이 나왔으며, 재산을 함께 나눈다는 뜻의 공산주의communism나 여러 사람이 공유하는 생각이라는 뜻의 상식common sense도 모두 다 같은 어원에서 유래한 말이다. 기독교에서 예수님의 몸을 상징하는 빵과 피를 상징하는 포도주를 나눠 먹는 성찬식communion 역시 같은 어원에서 유래했다.

이처럼 커뮤니케이션의 원래 의미는 메시지를 상대방에게 전달하기보다는 어떠한 경험을 함께 한다는 뜻이다. 공통의 경험을 함께 나누는 것이 곧 소통이다. 공유된 경험은 내가 지금 경험하는 것을 상대방도 마찬가지로 경험하리라는 '공감'의 원천이다. 대표적인 예가 음식을 함께 나눠 먹는 일이다. 즉 내가 지금 느끼는 이 음식의 맛을 상대방도 마찬가지로 느끼리라는 믿음이 소통의 원형이다.

대중매체가 등장하기 전에는 처음 만나는 사람들 사이에서 날씨에 관한 이야기—오늘 날씨 참 좋죠? 이제 많이 쌀쌀해졌네요 등—가 대화 시작의 흔한 메뉴였다. 처음 만나는 상대방과 지금 내가 공유하고 있는 경험 중에서 날씨만큼 확실한 것은 없었기 때문이다. 하지만 요즘엔 대중매체의 내용이 날씨보다 더 훌륭한 메뉴 역할을 한다. "어제 그 드라마 보셨어요? 주인공이 어떻게 되었죠?" 혹은 "그 기사 보셨나요?" 혹은 "어제 야구 중계 보셨어요?" 등은 처음 만나는 사이에서도 쉽게 공통의 경험을 끌어낼 수 있는 이야깃거리가 된다. 전통적으로는 귀부인이 마음에 드는 남자 앞에서 손수건을 떨어뜨리곤 했는데 이는 '떨어진 손수건'이라는 공유된 경험을 억지로라도 만들어내려는 노력의 일환이었다. 물론 남자는 그것을 주워주고 여자는 감사의 표시를 하면서 서로 대화의 물꼬를 트게 된다.

예컨대 전철에서 처음 본 사람에게 "어디까지 가시죠?"라고 묻거나 갑자기 "당신은 내 이상형입니다"라고 말하는 것은 성공적인 소통이 되기 힘들다. '공유된 경험'이 없기 때문이다. "얼굴이 참 예쁘시네요"라는 말에 굳이 공유된 경험을 찾아내려면 거울이라도 꺼내들고 거울에 비친 자기 얼굴을 상대방과 함께 바라보면서 이야기해야 하니 말이다. 그보다는 전철이 한강다리 위를 지나갈 때, 같이 서 있는 사람에게 "이렇게 한강을 보니 서울도 참 아름다운 도시죠?"라며 지금 함께 경험하고 있는 것에 대해 말을 건네는 편이 자연스러운 대화의 방법이다.

소통불안 극복하기

소통은 곧 자기 자신을 남에게 드러내는 자기제시self-presentation다. 자기제시는 일정한 인상impression을 타인에게 남기기 마련이다. 따라서 소통능력을 향상시킨다는 것은 자기제시를 통해 자기가 원하는 인상을 타인에게 심어줄 수 있는 능력을 향상시킨다는 뜻이다. 커뮤니케이션 학자들은 이와 관련하여 인상관리, 호감추구affinity-seeking, 순응획득compliance-gaining 등에 관한 이론과 전략을 발전시켜왔다. 이것은 모두 자기제시의 효과를 어떻게 극대화할 수 있느냐는 문제에 대한 다양한 해답이라 할 수 있다.

소통능력을 방해하는 가장 큰 적은 바로 소통불안communication apprehension이다. 누구든 남들 앞에 나서면 왠지 어색해지고, 부끄러워지고, 불안해지고, 긴장되고, 마음이 불편해진다. 그러다보니 입이 얼어서 하고 싶은 말을 제대로 못하거나 머릿속이 하얗게 되어 하려던 말을 잊게 되는 경우도 있다. 혹은 불안감을 감추느라 과장된 몸짓을 하거나 어색한 행동을 하여 상대방으로 하여금 더 불편함을 느끼게 하는 경우도 있다. 다른 사람들 앞에서 말하려는 순간, 나의 평소 모습을 잃게 하는 긴장감이 넓은 의미의 소통불안이다. 이것은 일반적인 스피치나 대화 혹은 회의, 토론 등 거의 모든 소통 상황에서 최대의 적이다.

그렇다면 소통불안은 어떻게 없앨 수 있는가? 원인이 무엇인지 알아야 근본적인 해결책이 나온다. 소통불안이라는 개념은 실제로 커뮤니케이션 학자들이 가장 많이 연구해온 개념이다. 리어리Leary와 코발스키Kowalski의 리뷰[3]에 의하면 무려 850여 편의 논문이 소통불안의 원인과 해소 방안 등에 대해 다루고 있다. 제임스 맥크로스키James C. McCroskey에 따르면 커뮤니케이션학 분야에서 단일 주제로 가장 많은 연구 논문이 발표된 것이 바로 소통불안에 관한 연구다. 그만큼 많은 사람들이 소통불안으로 고통받고 있다는 뜻이기도 하다. 리어리와 코발스키는 지금까지 발표된 수백 편의 연구 논문의 결과를 정리한 끝에 결국 소통불안은 두 가지 원인에 의해서 발생한다는 결론에 도달했다.

첫째 원인은 과다한 자기제시의 동기self-presentation motivation이다. 즉 상대방에게 잘 보이려는 욕심이 클수록 소통불안은 증가한다. 꼭 합격하고 싶은 회사의 면접 시험에서는 면접관에게 잘 보이고 싶은 마음에 불안감이 커진다. 중요한 프레젠테이션을 하려는 순간이나, 마음에 드는 이성 앞에 서면 불안감이 커지는 것도 상대방에게 잘 보이고 싶은 욕심이 앞서기 때문이다.

두 번째 원인은 부족한 자기제시의 기대감self-presentation expectancies이다. 즉 내가 상대방에게 잘 보일 수 있다는 자신감이 적을수록 소통불안은 증가한다. 꼭 합격하고 싶은 좋은 회사의 면접 시험에는 나 말고도 우수한 지원자가 많을 테니 내가 잘 보이기 힘들 것이라는 자신감의 저하가 불안감을 가중시킨다. 중요한 프레젠테이션이나 멋진 이성 앞에서도 자신감이 낮아지면서 불안감은 증폭된다.

소통불안을 감소시키려면 이러한 원인을 없애거나 줄이면 된다. 즉 타인에게 잘 보이려는 욕심이 높을수록, 그리고 잘 보일 수 있다는 자신감이 적을수록 소통에 대한 불안감은 커진다. 따라서 소통불안을 줄이기 위해서는 잘 보이려는 욕심을 낮추고, 잘 보일 수 있다는 자신감을 키우면 된다. 중요한 면접이나 프레젠테이션을 앞두고 불안감이 증가된다면 우선 욕심을 버리고 마음을 비워야 한다. 자신의 모습을 있는 그대로 보여줘도 충분하다는 자신감을 지녀야 한다. 과장해서 더 잘 보이려는 욕심이 커지는 순간, 소통불안은 가중되고 오히려 자신의 실제 모습보다 훨씬 더 못한 모습을 보이게 될 가능성이 크다.

특별히 잘 보이고 싶은 욕심도 없고 자신감이 없는 것도 아닌데 소통에 불안감을 느끼는 사람이라면 타인의 시선에 지나치게 민감한 것임에 틀림이 없다. 사실 타인의 시선이란 시선 그 자체의 문제가 아니라 내 머릿속에서 만들어진 것이다.

인간은 누구나 자기가 이 세상의 중심이고 모든 스포트라이트는 자신을 향해 있다는 착각 속에서 살아간다. 그 결과, 주변 사람들이 실제로 나에 대해 갖고 있는 관심을 수백 배 수천 배 더 과장해서 느끼기 마련이다. 그런 자기 중심적 오류는 우리에게 긍정적인 힘으로 작용할 때도 있지만, 소통불안과 관련해서는 부정적인 요소로 작용한다.

당신이 다른 사람 앞에서 이야기할 때, 듣는 사람들이 '나를 속으로 흉보거나, 비웃거나, 손가락질 하지 않을까' 하는 염려는 접어두어도 좋다. 그러한 가능성은 당신의 머릿속에서 만들어진 것에 불과하니까. 스스로에게 질문을 던져보라. 당신은 얼마나 자주 다른 사람이 말하는 것을 보고 속으로 흉보거나 비웃거나 하는가? 기억조차 잘 안 날 것이다. 다른 사람도 마찬가지다. 모두들 각자의 인생을 사느라 바쁘고, 자기가 관심을 지닌 것에 골몰하느라 당신을 흉볼 마음의 여유조차 갖기 힘들다. 그러니 안심하고 다른 사람 앞에서 당당하게 자기를 표현해도 좋다. 타인의 시선에 과민하게 반응하는 것은 소통능력 향상에 도움이 되지 않는다.

소통을 통해 우리가 얻고자 하는 것은 결국 타인에게 좋은 인상을 심어주는 것이다. 사람들은 누구나 타인으로부터 사랑과 존경을 얻으려고 한다. 알랭 드 보통이 그의 저서 《불안》에서 얘기했듯이, 우리는 끊임없이 주변 사람들로부터 사랑과 존경을 원한다.[4] 나를 아는 모든 사람들이 나를 좋아하고 나를 부러워하고 나를 높이 평가해주기를 바라는 것이다. 그러한 욕망 때문에 우리는 출세와 부를 꿈꾸며 열심히 일한다. 사랑과 존경을 동시에 얻을 수 있다면, 친구든, 부부든, 연인이든, 부모 자식 간이든, 상사 부하 관계든, 비즈니스 관계든 성공적인 인간관계라 할 수 있다.

그런데 사랑과 존중, 이 두 가지를 다 얻는 게 결코 쉬운 일은 아니다. 사랑—애정, 호감도, 친밀감 같은 것—은 흔히 존중—유능하다는 인정, 경외심, 존경심—과는 서로 배타적인 경우가 많기 때문이다. 만약에 친구에게 자신의 강점을 강조해서 말하면 유능하다는 인정은 받을 수 있을지 모르지만, 호감은 감소할 가능성이 있다. 상대방은 아마도 속으로 '그래 너 잘났어'라는 생각을 하고 있을 테니까. 그러니 타인으로부터 호감을 얻으려면 유능성은 되도록 감추는 것이 좋다고들 생각하게 된다. 겸손이 미덕이란 말은 그래서 생긴 것이다.

하지만 겸손 또한 만병통치약이 아니다. 겸손의 미덕만을 믿었다가는 자칫 무능한 사람으로 취급받을 수도 있다. 자신의 유능함을 전혀 알리지 않는다면, 호감을 얻을 수는 있을지언정 존경심을 얻기란 불가능하다. '겸손의 미덕을 통해 더 큰 존경을 받게 된다'는 것은 사실 알고보면 유능함을 직접적으로든 간접적으로든 상당히 드러내어 상대방이 그 유능함에 대해 충분히 알고 있을 때에만 가능한 이야기다. 유능함에 대한 정보 전달이 전혀 없는 상태에서는 어떠한 겸손도 그 자체만으로 존경심을 얻어내지 못한다.

그렇다고 드러내놓고 능력을 과시하면 비록 그것이 사실이라 할지라도, '뭔가 자신이 없으니까 저렇게 잘난 척하려 드는구나' 하는 느낌을 줄 수가 있다. 이런 현상을 학자들은 '자기과시의 역설'이라 부른다. 즉 자신의 유능함을 너무 직접적으로 상대방에게 드러내면 아무리 그것이 사실이라 할지라도 오히려 신뢰를 갉아먹고 유능함에 대한 의심을 불러 일으키게 된다는 뜻이다. 결국 사랑과 존중을 모두 얻기 위해서는 적절한 균형점을 찾아야만 한다.

나를 표현하는 두 가지 길

커뮤니케이션 학자들과 심리학자들은 남에게 잘 보이려는 다양한 인상관리 전략과 호감추구 전략에 대해 수많은 연구를 해왔는데, 결국 중요한 것은 두 가지다. 하나는 자기를 어느 정도 높이고 잘난 체하는 '자기높임self-enhancement'이고 다른 하나는 자기를 낮추고 겸손을 떠는 '자기낮춤self-effacement'이다. 자기높임은 자칫하면 거만한 잘난 척이 되어 존경도 사랑도

다 잃게 된다. 하지만 자기높임 없이는 우리의 유능함과 강점을 드러낼 길이 없다. 자기낮춤은 겸손이나 겸양으로 나타나 다른 사람의 호감을 얻기에는 유리하지만, 역시 지나치면 자신감이 없어 보이거나 비굴하게 보일 우려가 있다. 적당한 수준의 자기높임과 자기낮춤의 조합이 중요한데, 이 적당한 비율은 다양한 인간관계의 구체적인 맥락 속에서 결정된다. 그리고 이 다양한 관계적 맥락에 따른 자기높임과 자기낮춤의 적절한 비율을 찾아내는 능력이 소통능력의 핵심적 요소다.

자기과시와 겸양의 효과는 인간관계의 종류와 소통의 상황에 따라 다르게 나타난다. 서로 잘 모르는 사이에서는 자신의 유능함을 적절히 표현하는 것이 호감과 존중심을 얻는 데 도움이 된다. 반면, 친한 친구 사이일수록 잘난 척은 금물이다. 친할수록 겸손함이 사랑과 존중심을 얻는 데 도움이 된다. 그런데 많은 사람들은 이와 반대로 한다. 모르는 사람 앞에서 겸손을 떨고 친한 친구 앞에서 잘난 체를 하는 식이다.

의사나 변호사 같은 전문 직종에 종사하는 사람들이 잠재적인 고객들과 처음 만났을 때는 자기낮춤보다는 자기높임이 사랑과 존경을 모두 얻을 수 있는 유용한 자기제시 전략이다.[5] 상대방과 내가 어떠한 관계이고 상대방이 원하는 나의 바람직한 이미지가 무엇인지를 빨리 간파해내는 것이 효과적인 자기제시의 핵심이다.

대학 교수의 사례

예를 하나 들어보자. 대학 교수들은 매 학기 첫 수업시간에 수업계획서를 나눠주면서 수업에 대한 소개를 한다. 그와 동시에 자기 자신에 대해서도 소개를 하기 마련이다. 이때, 교수는 학생들 앞에서 자신의 유능함을 얼마나 드러내는 것이 좋을까? 또 얼마나 겸손해야 인격도 갖춘 훌륭한 교수라는 인상을 줄 수 있을까?

정도의 차이는 있겠지만 대부분의 교수가 학생들에게 좋은 인상을 심어주고자 노력한다. 학생들로부터 존경과 사랑을 받는 것은 교수들의 꿈이다. 강의 평가 시행이 확대되고 그 결과가 공개되기 시작하면서부터는 더욱 그러하다. 그러나 어떤 식으로 자신을 드러내는 것이 좋은지 대부분의 교수들은 알지 못한다.

어떤 교수는 학생들 앞에서 자신을 소개할 때 겸손하게 스스로를 낮춘다. 그래야 학생들이 존경하고 좋아할 거라고 생각하기 때문이다. 그러나 또 다른 교수들은 자신의 업적을 은근히 과시하면서 유능하다는 것을 드러내고자 노력한다. 역시 그래야만 학생들의 존경과 애정을 얻을 수 있다고 생각하기 때문이다. 과연 어느 교수의 판단이 옳은 것일까? 꼭 교수가 아니더라도 누구나 자신을 남에게 소개할 일이 있을 때 비슷한 고민을 하게 된다. 예컨대 소개팅에서 마음에 드는 상대를 만나서 잘 보이고 싶을 때, 어느 정도 자신의 강점을 드러내고 또 겸손을 보여야 적당할까? 새로운 클라이언트를 만났을 때는?

나는 수업 첫 시간에 교수들이 학생들 앞에서 자기 자신을 높이는 것과 겸손하게 낮추는 것, 이 두 가지 방식의 자기제시를 했을 때 학생들이 어떻게 받아들이는가에 대해 연구했다. 그 결과 무조건 겸손하게 자신을 낮추기만 하는 교수는 존경도 사랑도 받지 못하는 것으로 나타났다. 오히려 학생들은 좀 과하다 싶을 정도로 잘난 척하는 교수를 유능하다고 평가했을 뿐만 아니라 더 높은 호감도마저 보였다. 학생들은 교수에게 무언가 배우기 위해 교실에 있는 것이다. 그만큼 자신의 유능함과 지식에 대해 자연스럽게 드러내는 것이 존중심과 호감을 모두 얻을 수 있는 방법인 것이다.

우리는 유교 문화권이기 때문에 겸손의 문화가 더 널리 퍼져 있어서 유능성을 드러내는 것이 미국 등 서구와는 다르게 받아들여질지도 모른다. 그래서 나는 교수의 자기제시에 관한 학생들의 반응에 대한 연구를 미국 캘리포니아의 한 대학(University of California, Davis)과 하와이의 한 대학(University of Hawaii)에서도 실시하여 문화간의 차이를 비교해보았다. 학생들은 교수들이 수업 첫시간에 하는 다음과 같은 자기 소개에 대해 평가했다. 당신이라면 과연 어떤 타입의 교수에게 더 호감이 가고 더 높이 평가하겠는가?

자기높임형

"안녕하세요? 여러분과 한 학기 동안 함께 공부하게 되어서 반갑습니다. 먼저 제 소개를 드리죠. 저는 제 전공 분야에서 가장 연구 활동이 활발한 교수로 알려져 있지요. 저는 그동안의 제 경험에 비추어보았을 때, 여러분에게 최고 수준의 강의를 해드릴 것이라 확신합니다. 지금 이 과목과 비슷한 제목의 다른 강좌들이 많이 개설되어 있고 여러 교수님들이 강의하고 계시지만, 여러분이 제 강의를 듣게 된 것은 분명 행운입니다. 한 학기 내내 여러분은 최선을 다해 이 수업에 임해주시기 바랍니다.

그리고 이 수업에서는 제가 쓴 책을 교재로 사용합니다. 이 책은 이 분야의 베스트셀러이며 지난 해에 '올해의 최우수 도서상'을 수상하기도 하였습니다. 이 분야에서 가장 뛰어난 학자로 인정받고 있는 저에게는 그리 놀랄 일도 아니었습니다. 그 책을 집필하는 데 한 달 정도밖에 걸리지 않았지요. 그 책이 출간된 이후 여기 저기서 최고 수준의 강의료를 주겠다는 특강 요청이 쇄도하기도 하였습니다. 어쨌든 한 학기 동안 즐거운 시간이 되기를 바랍니다."

자기낮춤형

"안녕하세요? 여러분과 한 학기 동안 함께 공부하게 되어서 반갑습니다. 먼저 제 소개를 드리죠. 네, 저는 물론 지금 교수로서 여러분 앞에 서 있지만, 솔직히 말하자면 제가 이렇게 여러분을 가르치게 된 것은 그저 여러분보다 조금 일찍 태어났기 때문입니다. 사실 학과에서 제게 이 과목을 맡아 강의해달라고 요청했을 때, 저는 놀랐습니다. 사실 이 분야는 제 전공도 아니거든요. 하지만 대학원을 마치고 박사학위를 딴 사람이라면 누구나 가르칠 수 있는 과목이기는 합니다. 이 수업을 통해 여러분이 유익한 것을 조금이라도 배울 수 있기를 바랍니다. 한 학기 동안 최선을 다해 이 수업에 임해주시기 바랍니다.

그리고 이 수업에서는 제가 쓴 책을 교재로 사용합니다. 이 책이 지난 해에 '올해의 최우수 도서상'을 수상했을 때 저는 깜짝 놀랐습니다. 처음 소식을 들었을 때, '심사 과정에서 무언가 잘못된 것이 틀림없어'라고 생각했습니다. 대충 기존의 원고를 짜깁기하다시피해서 서둘러 출간한 책이였기에 그러했지요. 저는 지금까지도 그 도서상 심사위원들이 실수했다고 생각합니다. 어쨌든 한 학기 동안 즐거운 시간이 되기를 바랍니다."

위의 두 가지 자기제시 유형에 대한 학생들의 평가는 한국 학생들이나 미국 학생들이나 커다란 차이는 없는 것으로 나타났다(그래프 참조). 즉 학생들은 겸손형에 대해서는 모두 다 유능함이 적다고 판단했다. 다시 말해서 '실력이 있음에도 불구하고 겸손을 떠는 것이다'라고 판단하지 않고 진짜 실력이 없는 교수로 판단했다는 것이다. 이는 캘리포니아나 하와이나 서울의 학생들 모두에게서 공통적으로 나타났다.

한편 겸손형은 호감도 획득에는 상대적으로 유리했다. 미국 학생들은 겸손한 교수에 대해 상대적으로 가장 높은 수준의 호감도를 보였다. 그러나 한국 학생들은 그렇지 않았다. 교수가 겸손하다고 해서 호감도가 상승하지는 않았다. 즉 겸손을 떠는 교수를 한국 학생들이 미국 학생들보다 오히려 더 싫어하는 것으로 나타났다. 이것은 결국 한국 학생들은 교수들이 더욱더 존중할 수 있는 존재이길 바란다는 것으로 해석할 수도 있다.

결국 문제는 균형이다. 우리는 흔히 친구나 연인관계에서 애정과 친밀감을 얻기 위해 많은 노력을 한다. 자신을 낮추는 것쯤은 불사한다. 반면 서로

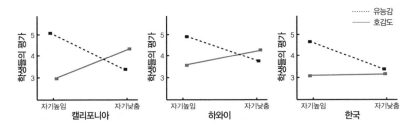

실선은 교수에 대한 호감도를, 검은 점선은 유능감을 각각 나타낸다. 자기높임에서는 캘리포니아, 하와이, 한국 세 집단 모두에서 유능감이 높게 나타났다. 반면 자기낮춤에서는 캘리포니아와 하와이 집단에서 호감도가 유능감보다 높게 나타났고 한국에서는 거의 차이가 없었다.

에 대한 존중감을 높이려는 노력은 덜 한다. 그런데 우정과 사랑이 깨지는 가장 큰 이유는 애정이나 친밀함이 갑자기 줄어서가 아니다. 오히려 서로에 대한 존중심이 사라졌기 때문이다. 결국 사랑과 존중, 이 두 가지가 균형을 이뤄야 한다. 높은 수준의 대인관계능력을 보이는 사람들은 호감과 존중심을 동시에 불러일으키는 사람들이다. 왠지 호감을 주면서 존중심도 불러일으키는 능력이 바로 소통능력의 핵심이다.

한편, 하버드 대학의 날리니 앰바디 교수는 대학생들을 상대로 처음보는 교수의 호감도와 능력에 대해 평가하게 했다.[6] 강의하는 교수의 모습이 담긴 비디오 테이프를 10초간 보여준 뒤 학생들로 하여금 그 교수가 얼마나 잘 가르치는지, 또 얼마나 호감이 가는지를 평가하게 했다. 비디오 테이프는 강의 내용을 들을 수 없도록 소리는 삭제한 상태였다. 즉 학생들은 처음 보는 교수가 강의하는 모습을 10초 동안 보고 평가했다. 이런 식으로 13명 교수들의 강의 '능력'이 평가되었다. 그런데 놀랍게도 이들의 평가는 한 학기 동안 실제로 강의를 들었던 학생 수백 명의 평가와 거의 차이가 없었다. 더욱 놀라운 것은 10초짜리 비디오 영상을 5초, 혹은 2초까지 줄인 것을 보고 평가한 경우에도 10초짜리 비디오를 본 경우와 거의 차의가 없었다는 사실이다.

앰바디 교수는 비디오 영상을 통해 평가자들이 본 구체적인 비언어적 행위들이 무엇인가를 조사해보았다. 그 결과 손을 만지작거리는 것, 손으로 물건을 만지작거리는 것, 눈살을 찌푸리는 것, 몸을 앞으로 기울이는 것, 자꾸 바닥을 바라보는 것 등이 부정적 평가의 결정적 요인이었다. 반면에 고개를 끄덕이는 것, 활짝 웃는 것, 미소 짓는 것 등은 긍정적이고, 확신에

차 있고, 활기차고, 열정적이라는 느낌을 주었으며 이는 교수에 대한 긍정적인 평가―호감도와 유능감―를 이끌어냈다.

이처럼 호감을 주면서도 존중심도 불러일으키는 소통능력에는 말하는 내용뿐만 아니라 말하는 방식―표정이나 제스처 등 비언어적 행위들―도 결정적인 역할을 한다. 이러한 긍정적인 비언어적 행위―미소, 자신감 있고 열정적인 태도, 긍정적 표정 등―는 긍정적인 정서가 습관화 되어야만 자연스럽게 나올 수 있다. 긍정적 정서의 습관화는 체계적인 훈련과 노력을 통해 가능한데, 이에 대해서는 뒤에서 좀 더 자세하게 살펴보기로 하자.

공감의 원리를 이해하고
경청을 훈련하라

• 공감능력 •

두뇌의 거울신경계

공감능력은 다른 사람의 심리나 감정 상태를 잘 읽어낼 수 있는 능력을 말한다. 표정이나 목소리 톤, 몸짓이나 자세 등을 통해서 그 사람이 어떠한 생각이나 느낌을 갖고 있는지 알아채는 능력은 인간관계를 잘 유지하고 타인을 설득하기 위한 기본적 자질이다. 공감능력은 적극적인 듣기나 표정 따라하기 등의 훈련을 통해서 증진시킬 수 있다.

커뮤니케이션 학자들은 공감empathy에 대해 '다른 사람의 감정이나 생각을 감지하고 그것을 상대방의 입장에서 대신 경험하는 인지적 과정'이라 정의내리고 있다.[7] 우선 상대방의 감정이나 생각을 감지해낸다는 것은 상대방이 지금 무엇을 느끼고 있는지를 이해하는 것이다. 이러한 놀라운 공감능력은 어디에서 오는 것일까? 뇌과학자들은 공감능력의 핵심은 뇌의 거울신경mirror neuron에 있다고 본다.

키저스와 그의 동료들[8]은 MRI 기계 속에 누워 있는 피험자에게 관을 통해 썩은 계란과 상한 버터 냄새를 맡게 했다. 이러한 고약한 냄새는 뇌의 인슐라insula의 앞부분을 활성화시켰는데, 이 부위는 일반적으로 역겨움이나 불쾌한 감정을 경험할 때 활성화되는 부위로 알려져 있다. 그런데 피험자들의 뇌는 비디오 영상을 통해 어떤 배우가 잔을 들고 냄새를 맡은 후 마치 역겨운 냄새를 맡은 것처럼 인상을 찌푸리는 장면을 보여줬을 때에도 같은 부위가 활성화되었다. 즉 자기가 직접 역겨운 냄새를 맡았을 때나, 다른 사람이 역겨운 냄새 맡는 것을 보았을 때, 뇌의 특정 부위는 거의 비슷하게 활성화되었다.

또 다른 연구에서 키저스와 그의 동료들[9]은 피험자에게 반바지를 입히고 MRI 기계 속에 들어가게 했다. 그러고는 솔이나 막대기로 피험자의 다리를 건드리는 실험을 했다. 자신의 다리를 솔로 문지를 때 피험자들은 스멀스멀한 간지럼을 느꼈다. 그때 반응하는 뇌의 활성화 부위는 피험자가 비디오 화면을 통해 다른 사람의 다리를 같은 솔이나 막대기로 건드리는 장면을 봤을 때와 거의 일치한다는 것이 밝혀졌다. 즉 촉감을 관장하는 뇌 부위 역시 내 다리를 누가 만질 때와 남의 다리를 만지는 것을 내가 봤을 때 거의 비슷하게 활성화되었다. 더욱 놀라운 것은 솔이나 막대기가 비디오에 등장하는 사람의 다리를 직접 건드리지 않고 단지 다리 근처에서 왔다 갔다 하는 장면을 본 피험자의 뇌에서는 이 부위가 활성화되지 않았으며, 솔이나 막대기가 직접 그 사람의 다리에 닿는 장면을 볼 때에만 활성화되는 것이 관찰된 점이다.

이러한 연구 결과는 우리가 다른 사람의 경험을 바라보는 것만으로도 그 사람과 비슷하게 경험하게 된다는 것을 의미한다. 신경과학에서는 이러한 뇌의 시스템을 거울신경계라 부른다. 다른 사람의 경험을 뇌가 마치 거울처럼 반사한다는 의미다. 이처럼 나의 경험과 다른 사람의 경험을 인간의 뇌는 상당히 비슷하게 받아들인다. 인간의 뇌는 본래 사회적이기 때문이다. 이러한 사회적 뇌가 공감의 근원이며, 우리가 서로 소통하고 이해할 수 있는 기반이 된다.

그러나 자신의 경험과 타인의 경험을 완전히 똑같이 받아들이는 것은 아니다. 만약 그렇다면, 영화에서 배우들이 칼에 찔리거나 총에 맞아 죽어가는 모습을 볼 때 너무도 고통스러워 영화를 볼 수 없을 것이다. 통증으로 괴로워하는 환자를 바라보는 의사 역시 환자를 치료하는 것이 불가능할 것이다.

타인의 고통과 관련해서 우리의 뇌는 감각적 고통은 같이 느끼지 않는 반면에, 고통에 수반되는 감정적 측면은 같이 느낄 수 있음이 밝혀졌다. 특히 사랑하는 사람의 고통은 그 고통을 겪는 사람의 마음만큼이나 나의 마음도 아프게 한다는 것이다.

권위 있는 학술지《사이언스Science》에 실린 한 연구에서 싱어와 그의 동료들은 16쌍의 연인을 상대로 실험을 했다.[10] 여성의 뇌를 fMRI로 촬영하는 동안 파트너(남성)는 fMRI 기계 바로 옆에 앉아서 실험에 참여했다. 기계 속에 누워 있는 여자와 그 옆에 앉아 있는 남자는 모두 다 오른손을 보드 위에 올려 놓고 무고통과 고통 자극을 번갈아 받았다. 여성은 남성의 손을 바라볼 수 있어 자신의 연인이 고통받는 것을 볼 수 있었다.

여자의 뇌는 자신의 손에 직접 고통이 가해질 때나 연인이 고통을 받는 것을 볼 때 활성화되는 뇌 부위 중에서 특히 감정과 연관되는 곳인 전방대상피질이나 인슐라가 거의 동일하게 활성되었다. 그러나 고통을 직접 느끼는 감각─운동 피질 부위 등─은 자신이 직접 고통 자극을 받을 때에만 활성화되었다. 즉 인간의 뇌는 타인이 고통받는 것을 볼 때, 감정적으로는 거의 같이 '공감'하지만, 직접적인 고통으로는 느끼지 않는 것이다.

한편, 이 연구는 여성의 뇌만을 관찰하였다. 만약 반대로 남성이 기계에 누워서 애인이 고통받는 것을 보게 한다면 어떻게 되었을까? 아마 이렇게 뚜렷한 결과는 안 나왔을지도 모른다. 남성은 여성에 비해 공감능력이 현저하게 떨어지기 때문이다. 그래서 이 실험에서도 여성의 공감능력만을 관찰하였던 것이다.

연구자들은 후에 남성의 공감에 대해서도 연구를 진행했는데, 남성들의 뇌는 자신에게 고통을 가한 사람이 고통을 당하는 것을 보는 것에 대해 여성들의 뇌보다 훨씬 더 쾌감을 느끼는 것이 발견되었다. 즉 남자는 복수에 대해 더 짜릿한 쾌감을 느끼는 것이다.[11] 이 연구 역시 권위를 자랑하는 학술지《네이처Nature》에 실렸다. 참고로, 스스로 고통을 겪고 있는 순간에는 다른 사람의 고통에 덜 공감한다는 연구도 있다.[12] '내 코가 석자'라는 우리말 속담을 증명해준 연구라 할 수 있는데, 고통을 당해본 경험이 있는 사람이 물론 다른 사람의 고통에 대해 공감할 수 있겠지만, 지금 당장 본인이 고통스러운 순간에는 타인의 고통에 대해 거울뉴런이 활발하게 작동하지 않는다는 뜻이다.

마음이론, 역지사지의 능력

———

거울신경계만이 공감을 가능하게 해주는 것은 아니다. 공감을 위해서 꼭 필요한 능력은 상대방의 입장을 헤아릴 수 있는 역지사지易地思之의 능력이다. 입장을 바꿔서 상대방의 입장에서 사물을 바라볼 수 있는 능력은 소통과 인간관계를 위한 가장 기본적인 능력이다.

이제 당신의 역지사지 능력을 잠시 확인해보자. 두 여자 어린이 샐리와 앤이 한 방에 있다. 샐리는 유모차에 인형을 넣어 놓고 방을 나선다. 방 안에 혼자 남아 있는 앤은 유모차에서 인형을 꺼내 옆에 놓인 나무 상자 속에 넣어 둔다. 그러고는 방을 나간다. 이런 사실을 모르는 샐리가 다시 방으로 들어선다. 샐리는 인형을 찾기 위해 어디를 가장 먼저 뒤질까?(그림 참조)

답은 물론 유모차다. 그러나 이렇게 쉬운 것 같아 보이는 문제를 맞히기 위해서 요구되는 것이 바로 인간만이 지니고 있는 놀라운 능력이다. 즉 타인의 입장에서 생각할 줄 아는 능력이다. 위의 이야기를 듣는 '나'는 나무 상자 속에 인형이 있다는 것을 이미 알고 있다. 그러나 샐리는 인형이 여전히 유모차 속에 있을 거라 생각하기에 유모차를 먼저 찾아본다는 답은 샐리의 입장에서 사물을 바라볼 수 있어야만 가능하다.

보통 만 4세 미만의 어린이들은 위의 문제에 대해 '샐리는 나무 상자를 뒤져볼 것'이라고 대답한다. 인형이 나무 상자 안에 있는 것이 자기가 아는 사실이기에 그렇게 말하는 것이다. 즉 어린아이에게는 자기의 관점과 샐리의 관점을 구별할 능력이 없다. 다른 사람의 입장에서 세상 일을 바라볼 능력이 없는 것이다. 어린아이뿐만 아니라 어른 중에서도 자폐증에 걸린 사람 중

80%가량이 샐리—앤 테스트에 제대로 답하지 못한다.

학자들은 이처럼 다른 사람의 마음과 입장을 헤아릴 수 있는 능력을 '마음이론TOM : theory of mind'이라 부른다. '마음이론'은 어떤 학술적인 이론을 지칭하는 것이 아니라 타인의 마음을 헤아리는 능력을 의미한다. 마음이론이 부족한 것은 만 4세 미만의 어린아이뿐만이 아니다. 어른 중에도 타인의 입장이나 감정을 헤아릴 줄 모르고 지나치게 자기 중심적으로 세상과 사물을 바라보는 사람이 있다. 어쩌면 마음이론에 결함이 있는 것인지도 모른다.

재미있는 사실은 아이가 만 4세가 되면서 마음이론을 갖추기 시작할 때, 즉 다른 사람의 입장을 헤아릴 수 있는 능력이 생길 때, 바로 그때 우리는

마음이론을 시험해보기 위한
샐리—앤 테스트

분명한 자아의식을 갖기 시작한다는 점이다. 너와 나는 사실 동전의 양면이다. 너와 구분되는 나, 나와 구분되는 너. 너의 입장을 헤아리는 순간 우리는 주체로서의 자아self를 확립하기 시작하는 것이다. 네가 있음에 내가 있고, 내가 있음에 네가 있게 된다는 말은 유행가 가사에만 나오는 얘기가 아니다. 이는 사실 마틴 부버를 비롯한 많은 철학자들의 공통된 주장이다.[13] 뿐만 아니라 이러한 주장은 뇌과학에 의해 입증되고 있다.

최근의 뇌영상 연구는 사람들이 자기 자신에 대해 관심을 기울일 때 특히 쐐기전소엽precuneus, 측두정엽TPJ: temporoparietal junction, 내측전전두엽MPFC: medial prefrontal cortex 등이 활성화된다는 것을 발견했다. 그런데 이러한 부위는 우리가 타인에 대해 생각할 때도 활성화된다.[14] 특히 MPFC는 우리가 우리 자신이나 타인의 마음 상태에 주의를 기울일 때마다 늘 활성화된다. 예컨대, MRI 기계 속에 누워 있는 피험자에게 마이크를 통해 "이제부터 카메라를 통해 저희 연구자들이 당신의 반응과 행동을 살펴보겠습니다"라고 말해주면 피험자 뇌의 MPFC 부위는 즉각적으로 활성화된다. 타인의 시선을 의식하는 순간 MPFC가 작동하기 시작하는 것이다.

뇌과학자 크리스토퍼 프리스에 따르면, MPFC 부위의 활동은 세상을 내 머릿속에 재현해내는 것과 관련 있다. 마음속으로 무엇인가 생각할 때 자신의 생각과 감정과 믿음뿐만 아니라 다른 사람의 마음 상태에 대해서도 늘 동시에 생각하기 마련이다.[15] 그리고 우리의 행동을 결정짓는 것은 세상의 모습 그 자체가 아니라 그 모습에 대한 우리의 믿음이다.

이렇게 볼 때 마음이론과 공감능력의 발휘는 MPFC와 밀접한 관련이 있다고 볼 수 있다. 한 가지 재미있는 것은 우리가 긴장을 풀고 편히 쉬고 있을 때에도 뇌에서 여전히 가장 활발하게 움직이고 있는 부위 또한 MPFC라는 점이다. 아무 생각 없이 눈을 감고 가만히 누워 있을 때인 기본 상태default state에서 MPFC의 활성화는 다른 어떤 부분보다도 높다. 이는 인간이 사회적 동물이라는 것을 다시 한번 말해준다.

공감능력을 높이기 위해서는 MPFC 부위를 활성화시키는 노력을 해야 한다. 그런데 MPFC는 내가 자신에 대해서 생각할 때, 혹은 아무런 생각 없이 차분히 있을 때에 활성화되므로, 공감능력이 낮은 사람들은 때때로 차분히 앉아서 자기 자신을 돌이켜보는 반성 혹은 명상의 시간을 갖는 것이 도움이 된다. 감정이나 내 생각의 흐름을 스스로 돌이켜보는 것만으로도 뇌는 공감능력과 역지사지의 능력을 발휘할 준비를 갖추게 된다. 자기이해지능과 대인관계지능은 이처럼 밀접하게 연관되어 있다.

공감능력의 남녀 차이

공감능력은 개인마다 많은 차이가 있지만, 특히 남자와 여자의 차이가 두드러진다. 남자의 뇌는 엄마 뱃속에 있을 때부터 대인커뮤니케이션을 담당하는 뇌 부위가 많이 깎여나간 상태에서 출생을 하기 때문에 상대방의 표정이나 감정을 이해하는 능력이 여자에 비해 상당히 떨어진다. 대신 남자는 공격 성향이 훨씬 높은 상태에서 태어나게 된다. 인간의 뇌는 그렇게 진화되어 왔다.[16] 남녀의 공감능력의 차이는 남녀간의 커뮤니케이션에 있어서 갈등을 일으키는 근본 원인이 되기도 한다.

여자는 상대방의 표정에 담긴 감정과 의도를 잘 읽어내는 능력을 갖고 있기 때문에 남자도 당연히 어느 정도는 알아채리라 생각한다. 하지만 남자는 상대의 표정이나 목소리 변화에 매우 둔감하다.

이러한 남자의 공감능력 부족을 이해하지 못하는 여자는 감정 표시를 해도 남자가 전혀 모르는 것은 자기에게 무심하거나 혹은 알면서도 무시하는 것이라고 확신하게 된다. 결국 더 큰 분노와 좌절에 사로잡히고 만다. 그러다가 어느 순간 여자가 분노를 폭발시키면 남자는 "어, 이 여자가 갑자기 왜 이러지?" 하면서 자신이 아닌 다른 이유 때문에 생긴 분노를 자기에게 쏟아낸다고 생각하게 되고, 결국 갈등은 걷잡을 수 없이 커진다.

이러한 갈등을 예방하려면 여자는 불만이나 감정의 변화를 되도록 구체적인 언어적 메시지로 전달해줘야 한다. 또한 남자는 상대방 표정읽기에 있어 여자보다 훨씬 둔감하다는 것을 스스로 깨닫고 혹시 여자가 갑자기 화를 내면 "아, 내가 상대방의 감정 변화를 미처 몰랐나보구나" 하고 반성을 해야 한다. 서로 공감을 위한 노력을 해야 하는 법이다.

남녀의 커뮤니케이션 갈등은 부부나 연인 사이에서만 일어나는 것은 아니다. 직장에서 남녀가 팀을 이뤄 일을 하거나 회의를 할 때에도 빈번하게 일어난다. 여자는 표정과 목소리에 담긴 감정의 변화에 민감하므로, 이를 이용해서 자연스럽게 커뮤니케이션 시도를 한다. 반대로 남자는 이에 둔감하므로 그저 말의 내용에만 집중해 커뮤니케이션하는 경향이 있다. 사정이 이러하니 남녀 직원들이 모여서 회의를 하고나면 "왠지 커뮤니케이션이 잘 되지 않는다"는 느낌을 받게 된다. 이것을 극복하는 유일한 길은 공감능력의 차이에 대해 남자나 여자 모두 깊이 인식하고 그것을 극복하기 위해 노력하는 것뿐이다.

얼굴 표정의 비밀

남자든 여자든 공감능력이 부족한 사람들의 공통점이 있다. 바로 표정이 없다는 것이다. 얼굴 표정은 감정의 변화와 직결되어 있다. 얼굴 표정을 만들어내는 근육은 뇌신경과 직접 연결되어 있기 때문이다. 그런데 감정 상태가 늘 돌처럼 딱딱하게 굳어 있는 사람은 스스로의 감정도 잘 파악하지 못하고 따라서 상대방의 감정도 파악하지 못한다. 내 감정에 대한 인식의 능력과 타인의 감정을 읽어내는 능력은 결국 같은 뇌 부위가 맡고 있는 기능이다. 타인의 감정 상태를 공감하기 위해서는 먼저 자신의 감정 흐름을 인지하고 통제하는 능력을 길러야 한다.

대부분의 한국인 성인들은 웃는 근육이 많이 경직되어 있다. 사람의 얼굴 표정은 감정과 밀접한 관계가 있다. 긍정적 정서가 유발되면 사람들은 웃는다. 그런데 우리가 긍정적 정서를 의식적으로 깨닫기 전에 우리의 얼굴은 먼저 웃는다. 다시 말해서 내가 의식적으로 나의 감정을 느끼는 것은—아, 지금 내가 기분이 좋구나 하고 느끼는 것은—그러한 감정에 따른 나의 얼굴 표정을 변화시킨 이후다. 즉 긍정적 정서 유발 → 웃는 표정 → 긍정적 정서에 대한 인식의 순서다. 얼굴 표정이나 심장박동, 근육의 긴장, 땀의 분출 등 내 몸의 변화를 통해서 감정의 변화를 느끼게 된다. 다시 말해서 감정 유발 → 신체 변화 → 감정 인식의 순서를 겪게 된다.[17] 부정적 감정도 마찬가지다. 분노라는 감정이 유발되어 심장박동과 표정 근육 등에 변화가 먼저 생기게 되고, 이러한 신체적 변화를 뇌가 감지하여 화났다는 사실을 깨닫게 되는 것이다. 그렇기에 즐거워서 웃는다기보다는 웃기 때문에 즐거운 것이며, 화가 나서 인상 쓴다기보다는 인상 쓰고 화내기 때문에 분노를 느끼게 되는 것이다.

감정의 유발과 감정의 인지 사이에 이처럼 신체의 변화가 개입되어 있기 때문에 신체 조절을 통해 감정을 조절할 수도 있다. 대표적인 것이 호흡 조절이다. 긴장하게 되면 호흡이 얕고 빨라져서 어깨 근육이나 얼굴 근육이 경직되어 우리의 뇌는 긴장하였다는 것을 느끼게 된다. 하지만 이때 근육의 긴장을 풀고 천천히 호흡하거나 복식 호흡을 하게 되면 긴장의 정도가 상당히 완화된다.

긍정적 정서도 마찬가지다. 긍정적 정서를 뇌에 유발시키는 가장 간단한 방법은 그냥 웃는 것이다. 웃는 표정을 짓게 되면 뇌는 즐겁고 기분 좋다고 느끼게 되며, 쉽게 긍정적 정서에 돌입할 수 있는 상태가 된다. 웃음과 관련된 근육이 수축되기만 해도, 뇌는 우리가 웃는다고 판단하고는 긍정적 정서와 관련된 도파민을 분비하게 된다.

지금 볼펜을 하나 꺼내어 치아로 가볍게 물고 입술이 볼펜에 닿지 않게 해보라. 이렇게 하면 웃을 때 사용되는 근육이 수축된 상태가 되어 뇌는 지금 당신이 웃고 있다고 판단한다. 약한 정도이긴 하지만 볼펜을 이로 무는 것만으로도 간단히 긍정적 정서를 유발시킬 수 있다.[18] 반면에 입술을 내밀어서 입술만으로 볼펜을 물게 하면 웃음 근육이 억제되고 보통 부정적 감정을 느낄 때와 비슷한 '입이 삐죽 나온' 표정이 된다. 이러한 상태에선 뇌가 부정적 표정을 짓고 있다고 판단해 부정적 감정을 느끼게 된다.

한편, 이렇게 볼펜을 치아로 물고 있는 사람들과 입술로 물고 있는 사람들에게 똑같은 코미디 프로그램을 보여주거나 만화책을 읽게 하면, 치아로 볼펜을 문 사람들은 입술로 문 사람들보다 훨씬 더 재미있다고 느끼게된다. 우리의 뇌가 코미디 프로그램이나 만화책이 재미있어서 웃었다고착각하기 때문이다.

나는 이러한 현상을 이용하여 실험을 진행했다. 막대를 치아나 입술로물고 있는 상태에서 사진을 보게 하면서 사진 속 사람들의 감정 상태에 대해 추측해보라고 하면 어떨까? 예상대로 막대를 치아로 물고 있던 피험자들은 사진 속 사람들의 감정에 대해 훨씬 더 긍정적으로 평가했다. 즉, 긍정적 정서가 유발된 사람들은 타인의 감정 상태 역시 긍정적일 것으로 예측하는 경향이 높았다. 이러한 결과는 스스로 행복한 사람은 다른 사람의표정에서도 더 많은 행복을 읽고 느끼게 된다는 사실을 암시한다.[19]

또 다른 실험에서는 막대를 치아로 문 사람들과 입술로 문 사람들에게같은 추상화 그림을 여럿 보여주었다. 그러면서 무작위로 그림의 절반은미대 신입생이 그린 작품이라고 알려주었고 또 절반은 해외 유명 작가들의 그림이라고 알려주면서 그림에 대한 선호도를 물었다. 그 결과 막대를입술로 문 사람들은 해외 유명작가의 작품이라고 알려준 그림을 훨씬 더선호했다. 즉 부정적 정서가 유발된 집단에서는 해외 유명작가라는 외부적 권위에 대한 의존도와 순응도가 훨씬 더 높았다.

반면에 치아로 막대를 물어 긍정적 정서가 유발된 집단에서는 해외 유명작가 작품이라고 제시된 그림이나 미대 신입생의 작품이라고 제시된 그림이나 선호도에 있어서 별 차이가 없었다. 사실 이 그림들은 모두 다 아마추어 작가들이 그린 동일한 수준의 작품이었다. 즉 긍정적 정서가 유발되

입술로 펜을 물어 웃음 근육을 억제한 상태(왼쪽)와 치아로 물어 웃음 근육을
활성화한 상태(오른쪽).

면 외부적 권위에 의존하기보다는 스스로의 주관에 따라 판단하는 경향이
뚜렷하게 나타나는 것이다.[20]

한편, 해외 유명작가라고 제시되었든 미대 신입생 작품이라고 제시되었
든 간에 긍정적 정서가 유발된 조건에서는 전체적으로 그림에 대한 선호
도가 훨씬 더 높았다(그래프 참조). 이 연구 결과는 긍정적 정서는 대상에 대
해 훨씬 더 긍정적인 판단을 내리게 한다는 사실을 입증한다. 다시 말해서
긍정적 정서가 유발된 사람은 그 대상이 사람이든 사물이든 간에 더 긍정

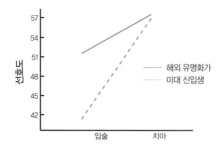

실선이 해외 유명작가 작품이라고 하면서 그림을 보여준 경우고 점선이 미대 신입생이 그린
그림이라고 하면서 보여준 경우이다. 입술로 펜을 물어 웃음 근육이 억제된 경우에는 두 경
우의 차이가 많이 났지만 웃음 근육이 활성화되어 긍정적 정서가 유발된 경우에는 두 경우
에 대한 선호도 차이가 거의 없었다.
출처: 민지혜, 신우열, 김주환(2010).

적으로 평가하고 더 높은 수준의 호감을 표시하게 된다. 한마디로 세상을 더 긍정적으로 보게 되는 것이다.

이러한 연구 결과는 내가 긍정적 감정을 느끼면 상대방도 행복해 보이고 세상도 더 희망적으로 보이게 마련이라는 사실을 분명히 보여준다. 타인을 바라본다는 것은 결국 타인에게 비친 내 모습을 바라본다는 뜻이다. 이것이 긍정적 감정이 원만한 대인관계를 가져오는 이유다. 행복한 인간관계가 행복을 가져온다기보다는 행복함이 행복한 관계를 가져온다. 대인관계의 성공적인 유지를 위해서는 먼저 긍정적 정서를 길러야 하는 이유다.

일상생활에서 원만한 대인관계를 원한다면 우선 마음의 문을 열고 상대방의 말을 잘 들어야 한다. 우선 상대방의 말을 들을 때에는 말하는 사람의 표정을 그대로 따라하는 습관을 들이도록 한다. 위에서 살펴본 것처럼 인간의 얼굴 근육은 감정에 관여하는 뇌와 직접 연결되어 있다.

얼굴은 사람의 감정 상태를 나타내는 거울이다. 말하는 사람의 표정을 따라하면서 들으면 말하는 사람의 감정 상태를 훨씬 더 잘 느낄 수 있게 된다. 이를 공감적 경청이라 한다. 물론 공감적 경청의 훈련은 공감적 능력이 태어날 때부터 부족한 남자에게 더욱더 필요하다.[21]

성공적인 소통의 핵심은 말을 잘하는 데 있는 것이 아니라 잘 듣는 데 있다. 공감적 경청은 보다 높은 수준의 공감능력과 소통능력을 얻기 위한 가장 효율적인 방법이다. 표정 따라하기가 어렵다면 긍정적이고 환한 표정이라도 짓도록 해야 한다. 억지로라도 웃어야 한다. 밝은 표정을 짓는 것만으로도 공감능력이 상당 부분 향상될 수 있기 때문이다.

깊고 넓은
인간관계를 유지하라

• 자아확장력 •

긍정적 정서와 자아확장력

자아확장력이란 자기 자신이 다른 사람과 연결되어 있다고 느끼는 정도
다. 자아확장력이 높은 사람은 자아 개념 속에 타인과의 관계에 대한 전제
가 깊이 내재되어 있다. 즉 자기 자신에 대해 생각할 때 이미 타인과의 관
계 속에서 자기 자신을 이해하는 것이다. 동서고금을 막론하고 자아확장
력은 인간의 도덕적 기본 속성으로 파악되어왔으며, 자아확장력의 향상은
인간 교육의 기본 목표였다.

　최근 긍정심리학의 연구 결과들을 보면, 자아확장력의 근본은 긍정적
정서다. 긍정적 정서만이 사람들을 하나로 묶어준다. 심리학자 바바라 프
레드릭슨에 따르면 긍정적 정서는 타인과 내가 하나되는 느낌을 강하게
해주는 원동력이다.[22] 기쁨, 즐거움 등의 긍정적 정서가 충만한 사람들은
주변 사람들과 자신을 일치시키는—커다란 하나의 덩어리로 느끼는—느

낌을 강하게 갖게 된다는 것이다.

많은 연구들이 긍정적 정서의 수준이 높은 사람들이 사교적 활동이 활발하며, 낯선 사람들과도 넓고 깊은 인간관계를 수월하게 맺는다는 사실을 발견했다. 긍정적 정서를 지닌 사람들은 단지 사람들을 쉽게 사귀는 것뿐만 아니라 보다 의미있고 성공적인 인간관계를 발전시켜 나가는 경향이 있다는 것도 밝혀졌다. 연구에 따르면 긍정적 정서를 유발시키면 사람들은 낯선 사람과 대화를 나누고 자신의 개인적인 정보를 털어놓게 될 확률이 훨씬 더 높은 것으로 나타났다.

그렇다면 왜 긍정적 정서는 사람들을 더 쉽게, 그리고 더 깊게 친해지게 하는 것일까? 많은 사회심리학자들은 인간의 친밀한 관계에 대해 여러 가지 이론을 발전시켜왔다. 대표적인 것이 교환 혹은 공유이론인데, 친한 사이란 결국 다양한 자원과 혜택을 공유하는 관계라는 것이다. 이 이론에 따르면 살아가면서 좋은 것이 생기면 서로 나누는 관계가 곧 친밀한 관계의 본질이다. 한편, 서로의 관점을 공유하는 관계가 곧 친밀한 관계라는 이론도 있다. 자신과 상대방의 관점과 인식을 공유하여 세상을 상대방의 관점에서 바라볼 수 있게 되는 상태가 곧 친밀한 관계다. 이 이론에 따르면 나보다는 너의 관점에 서서 세상만사를 받아들이고 판단하게 되는 것이 곧 진짜 친한 사이라 할 수 있다. 그러나 이런 이론들만으로는 친밀한 관계의 다양한 측면을 다 설명할 수 없다는 비판이 계속 제기되어왔다.

아론과 아론[23]은 '자아확장이론'을 제안하면서 친밀한 관계란 '상대방을 나의 자아개념에 포함시키는 것'이라는 대담한 제안을 하고 이를 이론화했다. '나'라고 생각하는 자아의 개념 속에 상대방을 포함시키는 것, 혹은

'나'라는 범주를 넓히고 확장시켜서 상대방이 그 안에 포함될 수 있게 하는 것이 진정으로 친밀한 관계라는 것이다. 그렇기에 아론과 아론은 사랑을 '자아의 확장expansion of self'이라고 정의내린다. 이 이론에 따르면 진정한 인간관계는 상대방을 '나'라는 개념 안에 포함시킴으로써 가능해진다. 이는 또한 인간관계를 제대로 맺으려면 나의 자아개념을 확장시킬 수 있는 능력이 필요하다는 뜻이기도 하다.

우리는 세상을 살아가면서 스스로를 일종의 '배경ground'으로 파악하며, 바라보고 경험하는 것들은 그러한 '배경'을 바탕으로 삼아 드러나는 일종의 '형상figure'으로 파악한다. 다시 말해서 우리는 세상을 항상 나를 중심으로—나를 기본적 전제로 깔고—바라본다.

로드는 다음과 같은 실험을 했다.[24] 우선 피험자들에게 60개의 구체적인 사물과 관련된 단어들을 제시한다. 예컨대 당나귀, 자동차, 비행기, 텔레비전 등의 명사가 제시되었다. 이 단어들은 10초 동안 스크린에 나타났다. 그리고 그 10초 동안 피험자들은 이 단어와 어떤 특정한 인물—유명인 혹은 자기 자신—사이에 어떠한 일이 벌어졌는지에 대해 최대한 상세하게 상상하도록 했다. 즉, "제시되는 단어와 레이건 대통령(당시 미국대통령)이 함께 있다면 어떤 일이 벌어졌을지 최대한 생생한 이미지로 상상하시오"라는 지시를 내렸다. 예컨대 제시된 단어가 당나귀였다면, 레이건 대통령이 당나귀를 타고 다닌다든지, 아니면 당나귀와 밀고 당기는 씨름을 한다든지, 혹은 당나귀에게 여물을 먹인다든지 하는 장면을 생각나는 대로 골라서 10초 동안 상상하게 했다. 특정한 인물로는 잘 알려진 연예인이나 대통령과 같은 '타인'이 제시되었고, 자기 자신이 무작위로 번갈아가며 제시되었다. 그러고는 상상했던 장면을 20초 동안 종이 위에 글로 적게 했다. 실험이 모두 끝난 뒤 이번에는 제시되었던 60개의 단어 중에서 기억나는 단어를 모두 다 적게 했다.

　놀랍게도 사람들은 자기 자신과 함께 제시되었던 단어들보다는 타인과 함께 제시되었던 단어들을 훨씬 더 많이 기억해냈다. 즉 사람들은 당나귀를 자기 자신과 함께 상상했을 경우보다도 레이건 대통령과 함께 상상했을 때, 훨씬 더 잘 기억해냈던 것이다. 로드의 주장[25]대로, 이 실험 결과는 사람들이 자신의 입장에서 세상을 바라볼 때와 타인의 입장에서 바라볼 때 전혀 다른 인지적 프로세스를 한다는 것을 보여준다. 내가 직접 상대한다고 상상한 당나귀와 다른 사람이 상대한다고 상상한 당나귀는 내 뇌에서 서로 다른 존재로 파악되는 것이다.

　아론과 그의 동료들은 로드의 실험을 개량해서 다양한 단어를 제시하면서 세 가지 조건을 주었다. 즉 특정한 사물과 관련이 있는 사람으로 자기 자신, 자신의 엄마, 그리고 쉐어(Cher. 피험자들의 엄마와 비슷한 연령대인 유명 여자 연예인)를 상상하게 했던 것이다. 결과는 예상한 대로였다. 피험자들이 단어를 가장 많이 기억해낸 조건은 연예인 쉐어였다. 그리고 엄마가 제시된 조건에서는 자기 자신이 제시되었을 때와 비슷한 정도로 기억해낸 단어의 숫자가 줄어들었다. 엄마와 어떤 사물을 함께 상상했을 때나, 자기 자신과 어떤 사물을 함께 상상했을 경우에는 그 결과가 거의 비슷하게 나왔으며 통계적으로도 유의미한 차이가 없었다. 다시 말해서 뇌는 무의식적으로 엄마와 나를 거의 동일시한다는 것이 밝혀졌다 ― 재밌는 것은 아빠와는 좀 다르게 나왔다는 점이다. 아빠는 나보다는 오히려 타인에 더 가까웠다.

이러한 실험 결과는 자아확장력이 높은 사람은 세상사를 바라보는 관점이 다르다는 것을 암시한다. 보다 높은 자아확장력을 지닌 사람은 자신의 입장에서 바라보는 관점과 타인의 입장에서 바라보는 관점에 커다란 차이가 없다. 즉 타인에게 벌어지는 일들도 마치 내게 벌어지는 일처럼 인지적으로 받아들이고 처리하게 된다. 이런 사람들은 당연히 타인을 더 배려하게 된다. 이러한 '배려'는 의식적인 노력을 통해서라기보다는 자아확장력이 높은―타인과 나를 동일시하는―뇌의 자연스런 반응인 셈이다.

1장에서 살펴본 에미 워너의 카우아이 섬 연구의 핵심적 결론은 높은 수준의 회복탄력성을 위해서는 아이들에게 무조건적인 사랑을 베풀고 신뢰를 보내준 어른이 적어도 한 명은 필요하다는 사실이다. 어려서부터 무조건적인 사랑을 경험해야 아이들은 타인과 나를 동일시하는 자아확장력을 키울 수 있게 된다. 이러한 자아확장력이야말로 세상을 타인의 관점에서 바라볼 수 있게 하는 원동력이며 공감능력의 원천이다.

사회적 관계의 근본성

___

유아시절 엄마와의 관계가 성장에 얼마나 큰 영향을 주는지는 다양한 연구를 통해 이미 입증되었다. 특히 최근의 뇌과학의 성과는 뇌를 관계의 사회적 실체로 파악한다. 인간의 뇌는 신체의 다른 기관과는 달리 여러 사람과의 상호작용을 통해서 성장하고 완성된다는 뜻이다. 저명한 뇌과학자인 레스택[26]은 사회신경과학social neuroscience이라는 새로운 분야의 탄생을 선

언했다. 레스택에 따르면 뇌는 본질적으로 사회적인 것이다. 이제 인문사
회과학도들도 본격적으로 뇌 연구에 관심을 기울여야 할 때가 온 것이다.

사회적 상호작용이 뇌의 발달에 결정적인 영향을 미친다는 사실은 1960
년대에 시작된 해리 할로우의 연구에 의해서 입증되었다. 할로우는 붉은
털 원숭이로 수많은 실험을 한 학자로 잘 알려져 있다. 덕분에 그는 동물애
호가들의 공격 대상이 되기도 하였다. 그는 아기 원숭이를 어미로부터 떼
어내어 혼자 기르면서 다양한 실험을 통해 애착attachment의 본질과 애착의
결핍이 가져오는 다양한 결과를 연구했다.

태어나자마자 어미와 다른 새끼들로부터 격리돼 혼자 자란 원숭이는 충
분한 영양분을 공급했음에도 불구하고 유독 뇌가 제대로 발달하지 못했
다. 특히 뇌가 스테로이드 호르몬 수용체를 충분히 발전시키지 못해 스트
레스에 제대로 적응하지 못 했다. 다른 모든 신체 기관은 영양분만 충분히
공급되면 정상적으로 성장한다. 그러나 뇌만큼은 제대로 성장하지 못한
다. 태어나자마자 어미로부터 격리된 원숭이의 뇌는 성장기가 다 지나도
제대로 발육하지 못했으며 여전히 쪼그라 붙어 있는 상태임이 밝혀졌다.

가짜 어미 실험

할로우의 실험은 '가짜 어미 실험'으로 잘 알려져 있다. 할로우는 갓 태어
난 붉은털 원숭이 새끼를 어미로부터 떼어내 철사와 헝겊으로 만든 가짜
어미가 있는 우리 안에 집어 넣었다. 할로우가 이 실험을 실시할 당시인
1960년대만 해도—사람을 포함한—포유류의 새끼들이 어미를 좋아하고
붙어 있는 이유는 어미에게서 젖이 나오기 때문이라는 것이 통설이었다.

또한 어린아이를 키울 때 너무 많이 안아주어서 의존성만 높이는 것보다는 되도록 엄마와 떨어뜨려 키우면 독립심을 키워줄 수 있다는 것이 상식처럼 받아들여졌던 시기였다. 그래서 아이에게 젖병 하나 물려주고는 아이 침대에서 혼자 자도록 놔두는 것이 세련되고 교양 있는 육아법으로 알려졌다. 이러한 육아 방침은 당시 급증하던 워킹맘들에게 폭넓게 환영받았다.

그러나 할로우의 실험은 이러한 상식이 얼마나 잘못된 것인지를 분명하게 보여주었다. 어미로부터 격리되어 가짜 어미가 있는 우리에서 지내게 된 어린 원숭이들은 헝겊을 두른 가짜 어미에게 하루 종일 달라붙어 있었으며, 가짜 어미를 핥고 쓰다듬고 했다. 하지만 헝겊을 두른 가짜 어미에게서는 젖이 나오지 않았다. 오히려 젖이 나오는 것은 철사로 만든 어미였다. 어린 원숭이들은 부드러운 촉감을 주는 헝겊 어미에게만 하루 종일 매달려 있었으며 철사 어미는 쳐다보지도 않았다. 배가 고파지면 철사 어미에게 가서 젖만 먹고는 곧장 헝겊을 두른 어미에게로 다시 돌아와서 달라붙었다.[27] 어린 원숭이들은 젖 때문에 어미를 찾는 것이 아니라 포근하고 따뜻한 품이 그리워서 어미를 찾는다는 사실이 분명해졌다. 즉 새끼는 젖 이상으로 어미와의 '애착' 자체를 필요로 한다는 사실이 최초로 밝혀진 것이다.

할로우는 다양한 종류의 가짜 원숭이 어미를 만들어서 실험했다. 표면을 헝겊으로 덮은 가짜 어미 외에도, 나일론이나 비닐, 심지어 샌드페이퍼까지 사용해서 가짜 어미의 피부를 만들었다. 물론 새끼 원숭이들은 포근한 감촉을 주는 헝겊을 가장 선호했으며 비닐이나 샌드페이퍼로 만든 가짜 어미에게는 커다란 애착을 보이지 않았다. 생후 6개월 이전의 새끼는 따뜻하고 움직이는 가짜 엄마를 좋아했다. 꼭 머리나 몸 모양을 갖추지 않았어도 폭신폭신하거나 체온이 느껴지는 정도의 온기가 있는 사물에 달라붙어 있기를 좋아했다.

한편, 가짜 어미조차 없이 혼자 양육되었던 원숭이들은 정서적으로 대단히 불안한 모습을 보였다. 격리된 채 다른 원숭이들과 상호작용을 못 하는 조건에서 자라난 원숭이들은 감정적인 불안뿐만 아니라 학습과 기억 능력에도 현저한 저하를 보였다. 해부해보니 그 원숭이들의 뇌는 쪼그라들어 있었다.[28] 사회적 상호작용 없이 자라난 원숭이들의 뇌는 제대로 발육하지 못했던 것이다.

어미의 사랑을 못 받고 자란 암컷 원숭이가 스스로 어미가 되었을 때에는 자기 새끼를 어떻게 대할까? 할로우는 이러한 질문에 답하고자 했다. 그러나 이러한 실험은 곧 난관에 부딪혔다. 어려서 격리된 채 양육된 암컷 원숭이는 성장한 후에도 수컷과의 교미를 완강히 거부했다. 할로우는 할 수 없이 암컷 원숭이를 묶어 놓은 채 수컷 원숭이로 하여금 '강간'하게 했다. 이러한 실험은 말할 것도 없이 동물애호가들의 심한 분노와 반발을 일으켰다. 할로우의 의도와는 전혀 상관없이 동물도 강간을 할 수 있냐는 문제가 제기되어 철학자들의 논쟁까지 불러일으키기도 했다.

수많은 사회적 비난과 동물보호단체의 살해 위협에도 불구하고 할로우는 실험을 계속했다. 결국 격리된 채 양육된 암컷 원숭이가 임신을 하여 새끼를 낳게 된 것이다. 놀랍게도 이들 원숭이는 어미의 역할을 전혀 수행하지 못했을 뿐만 아니라 새끼를 학대하기까지 했다.[29] 모성애는 유전자에 의해 저절로 생겨나는 것이 아니라는 사실이 명백히 밝혀지는 순간이었다. 엄마에게서 받은 사랑을 자식에게 물려준다는 평범한 사실이 자연의 법칙이었다. 이것은 또한 지극히 인간적인 윤리의 근원이기도 하다. 사랑을 받아야만 사랑을 줄 수 있고 사랑을 받고 자라야만 사랑할 수 있는 능력이 생긴다. 어려서 엄마와의 상호작용 속에서 사랑을 받고 자라야 타인을 배려하고 공감할 수 있는 뇌의 부위가 제대로 발달한다. 인간관계 속에서만 뇌가 제대로 성장할 수 있다. 레스텍이 말하는 '뇌는 사회적 실체다'라는 명제는 은유가 아니라 사실에 근거한 직설적 표현이었다.

뇌의 성장과 인간관계의 밀접한 연관성에 관해서는 다니엘 시겔[30]의 연구 역시 주목할 만하다. 시겔에 따르면 유아기 때 엄마와의 상호작용은 아이의 미성숙한 뇌를 구조적으로 성숙하게 하는 과정에서 결정적인 역할을 담당한다. 뇌의 생물학적 발전과 성장은 부모와의 친밀한 관계에 의해 결정된다. 인간의 뇌는 다른 신체 부위와는 달리 영양만 제대로 공급한다고 해서 성장할 수 있는 것이 아니다. 아기의 뇌는 어떤 방향으로든 변할 수 있는 엄청난 가소성plasticity을 지니며, 생후 1~2년 동안 받는 자극에 의해서 뇌의 시냅스가 형성되고, 이때 뇌의 많은 것이 결정된다. 엄마의 따뜻하고 포근한 품과 애정, 대화를 통해 아기의 뇌는 점차 사회적 능력을 갖게 된다. 지금 이 글을 관심 있게 읽고 있을 정도로 정신적, 신체적인 건강을 유지하고 있는 모든 사람들은 자신의 엄마에게 다시 한번 감사할 일이다.

엄마의 공감능력 차이

아기 엄마들 중에는 아기의 감정과 마음 상태를 직관적으로 정확히 읽어낼 수 있는 능력이 높은 사람이 있는가 하면 반대로 낮은 사람들이 있다.

아기의 감정과 마음 상태를 잘 읽어내는 엄마는 아기의 행위에 대해서 적절히 대응해준다. 즉, 아기가 배가 고파 울 때 음식을 주고 기저귀가 젖어서 울 때는 기저귀를 갈아줄 수 있다. 그러나 그러한 능력이 상대적으로 떨어지는 엄마는 배가 고파 우는 아이에게 기저귀를 갈아주고 만다. 참고로 이러한 능력은 엄마의 지능이나 교육수준과는 무관한 것으로 나타났다. 똑똑한 여자라고 해서 적절히 대응할 능력이 있는 것은 아니며, 무식한 여자라 해서 능력이 모자랄 것이라고 단정지어서도 안 된다. 이는 그저 공감능력의 개인차일 뿐이다.

런던대학의 엘리자베스 마인스Elizabeth Meins 교수는 이러한 두 유형의 엄마에게서 자란 아이들을 비교해보는 연구를 진행했다. 아이들이 만 2세가 되었을 때 비교해보니, 아기의 마음 상태를 잘 읽어내는 능력을 지닌 엄마를 둔 아이들의 언어능력과 놀이기술이 월등하게 뛰어났다.[31]

한편, 이 주제와 관련해서는 흥미 있는 뇌영상 연구도 있다.[32] 사람들이 스스로에 대해 생각할 때와 엄마에 대해 생각할 때 활성화하는 뇌의 부위가 거의 정확히 일치한다는 것이다. 피험자들에게 2개의 단어를 짝지어 제시하면서 한 조건에서는 자기 자신과 어느 것이 더 관련성이 높은지를 고르게 하고 또 다른 조건에서는 자신의 엄마와 더 관련성이 높은 단어를 고르게 하고, 또 다른 조건(통제조건)에서는 특정한 알파벳이 있는 단어를 고르게 했다. 그 결과 사람들은 자신에 대해 생각할 때와 엄마에 대해 생각할 때 뇌의 같은 부위를 사용한다는 것이 밝혀진 것이다. 우리의 뇌 깊은 곳에는 이처럼 엄마와 나를 동일시하는 기제가 자리잡고 있다.

엄마는 나의 일부다. 이 논문의 저자들은 결론 부분에서 윌리엄 제임스가 90년 전에 한 말을 인용하고 있다.

"엄마가 돌아가시면 우리의 일부가 사라진다. 만약 엄마가 무언가를 잘 못했다면 내가 부끄러워진다. 만약 엄마가 모욕을 당한다면 마치 내가 모욕당한 것과 마찬가지로 느낀다."[33]

할로우의 옛 논문과 최근 뇌과학의 논문들을 읽으면서 나는 톨스토이의 소설《사람은 무엇으로 사는가》의 한 구절이 생각났다.

"모든 사람은 자신을 보살피는 마음에 의해 살아가는 것이 아니라 사랑으로써 살아간다. 내가 인간이 되고 나서 무사히 살아갈 수 있었던 것은 내가 내 자신의 일을 여러 가지로 걱정했기 때문이 아니라 다른 사람들이 나를 사랑해주었기 때문이다. 모든 인간이 살아가는 것도 모두가 각자 자신의 일을 걱정하기 때문이라기보다는 그들 사이에 사랑이 있기 때문이다. 이제야말로 나는 깨달았다. 모두가 자신을 걱정함으로써 살아갈 수 있다고 생각하는 것은 다만 인간들이 그렇게 생각하는 것일 뿐, 사실은 사랑에 의해 살아가는 것이다. 사랑 속에 사는 자는 하느님 안에 살고 있다. 하느님은 사랑이시다."

고트만 교수의 이혼방정식과 연속극

'수신제가치국평천하修身齊家治國平天下'는 유교의 기본 이념이다. 먼저 자기 수양을 한 후에 가정에서 화목을 이뤄야 한 나라를 다스리고 나아가 천하를 평정할 수 있다는 뜻이다. '수신'은 곧 자기이해지능을 높여야 된다는 말이다. 앞서 살펴보았던 감정통제력, 충동통제력, 원인분석력을 잘 키워 스스로에 대한 통제성을 확보하는 노력이 곧 내 자신을 갈고 닦는 '수신'에 해당한다.

가정을 화목하게 잘 꾸려나가는 '제가'는 자신과 가장 가까운 인간관계인 가족을 잘 관리해나가야 한다는 뜻이다. 가족의 기본은 부부관계다. 부부는 혈연으로 맺어진 사이는 아니지만 온갖 혈연관계의 출발점이 되는 관계다.

동서고금을 막론하고 인류의 역사는 결혼을 다음 세대의 재생산을 위한 관계 맺기로 여겼다. 수천 년 동안 결혼은 노동력의 재생산이라는 경제적 목적 혹은 투쟁을 방지하기 위한 정치적 목적 등에 봉사해왔다. 결혼이 남녀간의 연애와 밀접하게 결부된 것은 18세기 이후의 일이다.

부부관계가 연인관계의 연장선이라는 것이 상식이 되어버린 현대 사회에서는 '제가'의 의미도 많이 달라졌다. 연애의 기술과 능력이 모든 사람에게 요구되기 시작한 것이다. 영화나 소설 속에서나 가능한 연인관계가 현실에서도 가능하며, 또 누구나 다 그러한 과정을 통해 결혼에 이르러야 한다는 환상이 현실을 지배하고 있다. 그러한 사랑 이데올로기는 오히려 많은 사람들을 불행하게 하고 있다.

시인들은 남녀의 사랑이 행복의 원천이라 노래했지만, 현실은 정반대다. 많은 사람들에게 사랑은 지독한 불행감을 안겨다 준다. 온갖 증오와 분노, 심지어 범죄까지도 애정 문제에서 비롯된다. 통계에 따르면 살인사건의 가장 큰 원인이 바로 애정 문제라고 한다. 노래방에 가서 노래책을 펴고 제목을 살펴보라. 온통 이별, 슬픔, 아픔, 미움, 외로움, 배신의 단어로 가득 차 있지 않은가? 사랑 때문에 행복하거나 즐겁다는 가사는 눈을 씻고 봐도 찾아보기 힘들다. 이쯤되면 행복의 최대 적은 사랑 문제라 할만 하다. 왜 한때 사랑했던 사람들이 서로를 가장 미워하고 원망하게 되는 걸까?

미국 워싱턴 대학의 존 고트먼 교수는 결혼을 앞둔 연인의 대화를 단 3분간 분석해보는 것만으로도 결혼 후 4년 안에 헤어질 가능성 여부에 대해 94%의 정확도로 예측할 수 있다는 연구 결과를 발표했다. 그는 3,000쌍이 넘는 부부의 대화를 비디오로 촬영한 후 대화 내용, 말투, 표정 등에 나타난 감정을 20가지 정도의 세세한 범주로 구분하는 방대한 데이터 베이스를 구축하였다. 이를 바탕으로 이혼 가능성을 예측하는 수학 공식을 만들어낸 것이다.[34]

고트만 교수의 연구 결과에 따르면 이혼에 이르게 되는 가장 결정적인 부정적 감정 표현은 경멸과 냉소다. 대화 중에 이런 것들이 나타난다면 굳이 다른 면을 살펴보지 않아도 결혼생활의 적신호로 파악할 수 있다. 고트만 교수에 따르면 대화 중 "상대를 외면하면서 입 끝을 삐죽이는 경멸은 가장 좋지 않은 징후"라 말한다. 결혼을 앞둔 연인들이라면 스스로 반성해볼 필요가 있다. 혹시 내가 상대방에 대해 간혹 경멸이나 냉소적인 감정을 느끼지 않는지. 만약 그렇다면 그 결혼은 안 하는 것이 좋다.

연인관계나 부부관계에 있어서 나타나는 사랑의 애착 형태에는 세 가지 유형이 있다. 첫째는 안정적secure 사랑인데, 이러한 유형의 사람은 이성과 친해지는 상황을 자연스레 받아들이며, 결혼에 대한 만족도도 가장 크다. 남녀 모두 안정적 사랑의 유형일 때, 이상적인 부부가 된다. 둘째는 회피적avoidant 사랑의 유형으로, 이러한 사람은 이성과 친해지는 것에 대해 막연한 두려움과 거부감을 느끼며, 어느 정도 거리를 두고 냉담한 관계를 유지해야 마음이 편하다. 셋째는 불안한anxious 사랑의 유형이다. 이러한 유형에 속하는 사람은 흔히 상대방에 대한 지나친 관심과 집착이나 강박을 보인다. 또한 이들은 대체로 첫눈에 반해 열정적인 사랑에 빠지는 사람들이기도 하다.

행복한 결혼 생활을 위해서는 남자에게나 여자에게나 안정적 사랑의 유형이 가장 이상적이다. 적어도 안정적 사랑의 유형을 닮아가도록 노력하는 것이 서로의 행복을 위해서 필요하다. 그러나 요즈음 젊은이들은 이러한 성격의 소유자에 대해 별다른 매력을 못 느낀다. 가장 큰 이유는 안정적인 사랑을 하는 유형의 사람들은 연속극이나 영화에서 늘 조연에 불과하기 때문이다. 드라마의 주인공들은 대부분 불안한 사랑이나 회피적 사랑의 소유자들이다. 그래야 갈등이 생기고 이야깃거리가 생기니까. 대중매체는 배우자로서는 빵점에 가까운 극단적인 사랑의 소유자를 굉장히 분위기 있고 멋있는 성격의 주인공으로 둔갑시켜버린다. 이러한 대중매체에 자신도 모르게 세뇌된 젊은이들은 안정적 사랑의 유형을 매력없는 사람으로 평가절하해버린다. 심지어 원래 안정적 사랑의 유형인 사람들까지 회피적이거나 불안한 사랑의 유형이 따라야 할 모범적 유형이라 생각하고 이를 흉내내게 된다.

이상하게도 사람들은 대중매체가 제시하는 사랑의 모형이 언젠가는 이루어질 수 있는 현실적인 것이라고 믿는 경향이 있다. 막장 드라마를 보며 드라마의 설정이나 이야기 전개가 말도 안 된다고 비판하면서도, 막상 그 주인공들이 추구하는 '사랑'만큼은 현실에서도 가능하고, 나도 언젠가 할 수 있는 것이라 착각한다. 한 영화 연구에 따르면, 사람들은 〈007〉 영화에 나오는 모든 것들이 환상적인 픽션이라 생각하지만, 이상하게도 제임스 본드와 본드 걸의 사랑만큼은 현실에서도 가능하고, 자신의 실제 삶 속에서도 일어날 수 있는 일이라 생각한다는 것이다.

사실 부부관계나 연인관계를 어렵게 하는 잘못된 고정관념은 주로 텔레비전 연속극이나 영화 등 대중매체로부터 주입된 것이 많다. 일반인들 모두 낭만적 사랑의 주인공이 될 수 있고 또 되어야 정상이라는 사랑이데올로기를 끊임없이 주입해온 것도 대중소설 → 영화 → 드라마로 이어져 내려오는 대중매체 시스템이다. 대중매체가 제시하는 사랑의 관계와 거기에 전제되어 있는 남녀관계에 관한 여러 가지 편견과 왜곡된 가치관은 비현실적인 것이고 오히려 현실 속에서 내가 맺고 있는 다양한 인간관계에 상당한 해가 될 수 있음을 깨달아야 한다.

자아확장력 향상의 핵심

인도의 인사말 '나마스떼'는 '지금 여기의 당신을 존중하고 사랑한다'는 뜻이다. 나마스떼는 인도 고대어인 산스크리트어 'Namah'와 'Aste'가 합쳐진 말인데, 'Namah'는 '경배드린다' 혹은 '존중한다'는 뜻이고, 'Aste'는 '당신에게' 혹은 '당신을'이란 뜻이다. 즉 '당신 안의 신께 경배를(당신 안의 신에게 문안드립니다)'이란 뜻이다. 자아확장력이 뛰어난 사람은 주변 사람들에게 이 '나마스떼'를 실천하며 사는 사람들이다.

옛 성현들은 모두 인간관계의 중요성을 강조한 인간관계 교육의 전문가들이라 할 수 있다. 사실 인류는 지난 수천 년간 인간관계를 잘 맺고 유지하도록 하는 것을 교육의 가장 중요한 목표로 삼아왔다. 소크라테스의 '네 자신을 알라'라는 가르침은 회복탄력성의 첫 번째 요소로 강조하고 있는 자기조절능력을 높이라는 말에 다름 아니며, 부처의 '자비'나 예수의 '이웃사랑'의 가르침은 대인관계능력을 향상시켜 보다 원숙한 인간관계를 형성하라는 가르침이라 할 수 있다. 특히 공자의 인仁은 인간관계의 가장 이상적인 상태를 일컫는 말이다. 어질다는 것은 항상 인간관계를 전제로 한 말이다. 사람은 혼자서는 어질 수조차 없다. 이러한 가르침의 공통점은 모두 자아확장력에 기반한 인간관계를 인간성의 핵심으로 본다는 것이다.

인간人間이라는 말에 사이 간(間: inter, between)이 포함된다는 점에서 인간의 본성에는 인간관계가 이미 전제되어 있음을 알 수 있다. 좋은 인간이 된다는 것은 좋은 인간관계를 맺는다는 것과 같은 뜻이다. 좋은 사람이 된다는 것은 혼자서 이룰 수 있는 꿈이 아니기 때문이다.

내가 맺고 있는 인간관계 하나하나가 성공적이라면 내 삶 자체가 성공적일 수밖에 없다. 내 삶 자체가 내가 맺고 있는 인간관계의 총합이기 때문이다. 일에서 성공해도 가족이나 주변 사람들과의 관계가 건강하지 않다면 성공적인 삶이라 할 수 없다. 공자의 가르침의 핵심인 인이나 덕이 바람직한 인간관계를 위한 총론이라면 충(忠: 임금과 신하의 인간관계), 효(孝: 부모와 자식의 인간관계), 신(信: 친구 사이의 인간관계) 등은 모두 각각의 인간관계에 대한 각론이다.

예수님은 '너희에게 새 계명을 주노니 서로 사랑하라'라고 했다. 복잡하게 여러 계명을 준 것도 아니고, 다양한 가르침을 내린 것도 아니다. 그저 가장 중요한 것 하나만 강조해서 가르침을 내렸는데 그것이 바로 '서로 사랑하라'다. 그게 가르침의 전부다. 이처럼 성현들의 가르침의 핵심에는 인간관계에 대한 강조가 한결같이 들어 있다.

인간관계는 어디서 배우나

하지만 20세기 이후 현대사회의 교육 시스템에서는 대인관계를 맺고 유지하는 법에 대해 체계적으로 가르치지 않는다. 수천 년 동안 인류는 대인관계를 교육의 핵심으로 파악하고 가르치고 배워왔음에도 불구하고, 오늘날 학교에서는 학생들에게 인간관계에 대한 교육은 실시하지 않는다.

오늘날 전 세계 모든 나라에는 비슷한 과목 간의 서열구조가 있다. 언어와 수리 관련 과목이 항상 높은 위치에 있다. 유럽이든 아프리카든 아시아든 아메리카든 전 세계 어느 나라나 다 마찬가지다. 언어와 수리능력을 강조하는 것은 임금 노동자로서 요구되는 자질이기 때문이다. 공자나 예수나 소크라테스가 가르쳤던 인간관계의 덕목은 사실 리더가 되기 위해 필요한 것들이다. 그러나 현대 학교 교육에서는 리더를 길러내지 않는다. 현대 의무교육의 목적은 임금 노동자를 길러내는 데 있다. 그것이 국가가 주도하는 의무교육의 기본 정신이다.

영국의 유명한 교육학자 켄 로빈슨 경의 말처럼 무용이나 미술이 주요 과목이 되지 말란 법은 없다. 우리는 이제 왜 무용이나 미술이 수학이나 영어만큼 강조되지 않는지, 왜 비슷한 단위 수의 수업을 실시하면 안 되는지를 따져보아야 한다. 일주일에 수학이 다섯 시간이라면 미술이나 무용도

다섯 시간이 되면 왜 안 되는지에 대해 의문을 제기해야 한다. 사실 다중지능이론에 따르면 음악지능이나 신체운동지능, 시각지능 등이 모두 다 독립된 인간 고유의 지능이며 동등하게 가치 있는 본성이기 때문에 모두 다 훈련시키고 개발할 필요가 있다. 이러한 재능들을 모두 다 발휘하면서 살아야 행복해지고 강해진다.

현대 교육 시스템의 더 본질적인 문제는 인간관계에 대해서는 아예 과목도 수업도 없다는 사실이다. 따라서 학생들이 학교를 다 마치고 사회에 진출해서 직장생활을 하게 될 때, 막연한 부족함이나 답답함을 느끼게 된다. 학교에서 당연히 배우고 익혔어야 할 대인관계능력에 대해 배우지 못한 탓이다. 이러한 직장인들이나 성인들이 교육을 통해 배우지 못한 부분을 책을 찾아서 스스로 공부하려는 욕구를 갖게 되는데, 이러한 욕구에 응답하는 것이 소위 '자기계발서'와 처세술 책들이다.

서점에 가보면 참고서와 소설 책 등을 제외하고 많이 팔리는 책이 자기계발서다. 사실 미술이나 음악, 체육, 영어 모두 자기계발에 관련된 것이라 할 수 있다. 그러나 어느 누구도 예체능에 관련된 책을 자기계발서라 부르지 않는다. 오늘날 자기계발서는 대부분 대인관계를 잘 맺고 자기이해지능을 높이는 것과 관련된 내용으로 꽉 차 있다. 학교 교육에 꼭 포함되었어야 하지만 포함되지 않았기에 사람들이 자발적으로 인성교육에 관한 책을 구입하게 되는 것이다. 그러나 안타까운 것은 대부분의 자기계발서는 서점이라는 시장을 통해 팔리는 상품이기 때문에 자극적인 제목과 현란한 소제목으로 가득 차 있다는 사실이다. 더욱이 검증도 되지 않은 내용들이 마치 요리책의 조리법처럼, 간단히 실행하면 금방 얻을 수 있는 진리처럼 제시되고 있다. 그럴듯한 이야기가 다양한 사례—그러나 그 사례들조차 허구인 경우가 많다—에 기반한 일반화를 통해 마치 대단한 원칙인 양 제시된다.

이제 제대로 된 인간관계 교육을 제도권 교육에서도 실시해야 한다. 21세기에는 과거 수천 년 동안 그래왔듯이, 리더를 길러내는 것을 교육의 핵심 목표로 삼아야 한다. 의무교육에 자기조절능력과 대인관계능력에 대한 내용을 포함시켜야 한다. 우리의 다음 세대들을 강한 회복탄력성을 지닌 건강한 인간들로 길러내야 한다. 단지 수학과 영어를 잘하는 '예비 임금노동자'가 아니라 강하고 행복하고 긍정적인 리더십을 지닌 인재로 길러내야 한다.

논어의 교훈

우리의 삶은 인간관계의 총합으로 이루어지고, 인간관계는 소통으로 형성된다. 관계가 있고 나서 소통이 있는 것이 아니라, 소통을 통해 인간관계가 형성되고 유지된다. 그리고 그러한 소통과 인간관계를 가능하게 하는 자기조절능력과 대인관계능력은 긍정적 정서를 필요로 한다. 이에 대해서는 공자의 가르침인 논어의 첫 부분을 중심으로 자세히 살펴보자.

수천 년 동안 동양 유교사상의 핵심적 텍스트 역할을 해온 논어의 첫머리는 다음과 같이 시작한다.

'자왈, 학이시습지 불역열호 子曰, 學而時習之 不亦說乎. 유붕자원방래 불역낙호 有朋自遠方來 不亦樂乎. 인부지이불온 불역군자호 人不知而不慍 不亦君子乎.'

논어에는 공자의 말씀이 직접 인용된 부분과 제자나 다른 사람들의 말이 인용된 부분이 있는데, 공자의 말씀을 직접 인용한 부분은 '자왈'로 시작한다. 이렇게 공자가 직접 제자들에게 말한 내용으로 논어는 시작된다.

'학이시습지 불역열호'는 그 어떤 것을 배우고 적절한 시기에 익혀 활용하는 것은 엄청난 희열을 가져다준다는 뜻이다. 여기서 그 어떤 것(之)은 배울 학學과 익힐 습習에 모두 걸리는 목적어다. 즉, '배우고 나서 배운 그것을 익힌다'라는 뜻이라기보다는, '어떤 것을 배우고 때로 익힌다'라는 것이다. 여기서 배움과 익힘이라는 동사에 목적어가 되는 대명사인 그 어떤 것이란 바로 이 책, 즉 논어 혹은 공자의 가르침 자체다. 맨 앞부분에서, 논어에 담긴 공자의 가르침을 배우고 익히는 것이 대단히 즐거운 일임을 강조하고 있는 것이다. 그리고 그 가르침이란 곧 인간관계에 대한 가르침이다. 다시 말해서 인간관계에 대해 잘 배우고 그것을 적절히 익히고 실천하면 행복해진다는 뜻이다.

여기서 눈여겨보아야 할 단어는 바로 '열說'이다. 지극히 기쁘고 행복하다는 희열의 뜻이다. 공부의 목적과 결과는 부귀영화를 누리거나 권력을 휘두르는 데 있는 것이 아니라 희열을 느낄 정도의 행복함을 의미한다. 공자는 논어의 첫 문장부터 학문의 목적이 행복임을 강조하고 있다.

두 번째 문장은 멀리서 찾아오는 친구가 있으니 또한 즐겁다는 뜻이다. 즉 인간관계에 대한 가르침을 즐겁게 배우고 익히면 먼 곳으로부터 친구가 찾아오는 대단히 즐거운 일도 생긴다는 것이다. 혹은 멀리서 친구가 찾아올 정도로 평소 인간관계를 잘 맺고 살라는 뜻이기도 하다. 여기서 '멀리서 찾아오는 친구'는 반드시 지리적으로 먼 곳에 있는 친구만을 의미하지는 않는다. 이념적으로나 사상적으로 혹은 정치적 사회적 입지에 있어서 먼 곳에 있는 친구도 의미한다. 즉 논어를 잘 배우고 실천하면, 그 결과 정치적으로 반대편에 서 있던 친구나 적대적인 나라에 있던 친구도 나를 찾아오는 일이 생기니 즐겁다는 뜻이다.

학이편의 첫 문장과 두 번째 문장은 이처럼 밀접하게 연관되어 있다. 즉 첫 문장의 결과가 곧 두 번째 문장이 된다. 그리고 친구가 찾아오면 권력을 잡게 되거나 부를 얻게 되리라는 것을 강조하지는 않는다 — 이것이 요즘 쏟아져 나오는 처세술과 논어의 근본적인 차이다. 다만 즐겁다(樂)고 얘기할 뿐이다. 공자는 이처럼 논어의 첫 번째와 두 번째 문장에서 희열과 즐거움을 강조하고 있다.

그리고 세 번째 문장은 이렇다. '인부지이불온 불역군자호.' 다른 사람들이 나를 알아주지 않는다 하더라도 화내거나 부정적 감정에 휩싸이지 않아야 진정한 군자라는 뜻이다. 즉 친구뿐만 아니라 불특정 다수와도 잘 지내는 것이 군자다. 세 번째 문장 역시 원만한 인간관계를 강조하고 있다.

이처럼 논어의 첫머리에서 공자가 강조하고 있는 것은 기쁨(說), 즐거움(樂), 화내지 않음(不慍) 같은 긍정적 정서다. 기쁨과 즐거움과 같은 긍정적 감정이 학문의 진정한 목적임을 처음부터 강조하고 있는 것이다. 학문은 심각함이나 부정적 감정이 아니라 기쁨과 즐거움의 원천이어야 한다. 기뻐하고 즐거워하는 것이 군자의 진정한 모습이며 타인과의 인간관계에서 부정적인 감정을 느끼지 않아야 진정한 군자다. 군자는 곧 리더의 이상형이다. 공자는 이미 수천 년 전에 리더십의 본질이 행복과 긍정적 감정에 기반한 인간관계에 있다는 것을 간파했던 것이다. 이러한 가르침을 제자들에게 내리는 공자의 표정이 어땠을까 상상해본다. 아마도 환한 뒤센의 미소를 짓고 있지 않았을까?

친구관계의 중요성

어떤 사람인지를 알아보려면 그 사람의 친구를 보라는 얘기가 있다. 공자도 친구관계를 논어에서 여러 차례 강조한다. 자아확장력은 그 사람의 친구관계를 보면 파악할 수 있다. 친구관계는 완전히 자발적인 관계다. 친구관계는 다른 인간관계와는 달리 생물학적으로나 법적으로 혹은 특정한 조직에 의해 구속되거나 제한되지 않는다.

친구를 얻는 가장 쉬운 방법은 다른 사람에게 관심을 기울이는 것이다. 관심을 끌려고 애쓰는 2년보다 다른 사람에게 관심을 보이는 2개월 동안 더 많은 친구를 얻을 수 있다. 배려하고 관심을 표명하는 것을 배워야 한다. 여자들은 쉽게 속내를 털어놓고 정신적 지지를 통해 친해지며 그들의 우정을 유지할 수 있지만 남자들은 속내를 털어놓기가 힘들다.

남학생들은 30~40분 버스를 함께 타고 가도 별 얘기를 안 하는 반면, 여학생들은 쉴 새 없이 얘기를 나눈다. 남자들은 소통을 메시지 차원에서만 생각하는 반면 여자들은 단순히 메시지의 교환이 아니라 관계에 대한 확인을 위해 대화를 한다. 여자들은 단지 수다 떨기 위해서 만나는 것이 가능하나 남자들은 거의 불가능하다. 골프를 하든지 바둑을 두든지, 술 마시고 노래방에 간다든지, 이렇게 함께 어떤 활동을 하기 위해 만나는 것이 전부다. 그러나 나이가 들수록 활동을 해도 재미 없고, 활동을 점점 못하게 될수록 친구관계는 닫히게 된다.

남자의 수명이 여자보다 훨씬 더 짧은 이유가 남자들이 친구가 없어 외롭기 때문이라는 연구도 있다. 심지어 남녀 모두 나이 들어갈수록 공감능력이 더 뛰어난 여자 친구와의 우정이 남자 친구와의 우정보다 만족스럽다는 조사 결과도 있다. 나이가 들수록 남자도 여자 친구를 원하고 여자도 여자 친구를 원한다는 뜻이다. 나이든 남자는 아무도 원하지 않는다는 뜻이니, 남자들은 젊었을 때부터 친한 친구를 많이 만들어 둬야 한다.

　나이 들수록 친구는 더욱더 중요하다. 친척이나 아이들과 가까이 지내는 노인들보다 친구와 가까이 지내는 노인들이 더 건강하고 오래 산다는 연구 결과도 있다. 오래 살기 위해서는 보험에 드는 것보다 친구를 만드는 것이, 특히 서로 격려해주고 정신적인 지지를 보내주는 친구를 많이 만드는 것이 필요하다.

　친구관계에 관한 뇌 연구에 따르면 친한 친구를 봤을 때 활성화되는 뇌 부위는 3개쯤된다. 그런데 이 부위들은 알코올 중독자가 술병을 눈으로 봤을 때ㅡ얼마나 반갑겠는가!ㅡ활성화되는 부위와 같다. 그만큼 친한 친구는 우리에게 특별한 존재다.[35] 친한 친구만큼 우리의 뇌를 긍정적인 상태로 즐겁게 흥분시키는 것도 없다.

　친한 친구와 함께 있으면 사람들은 평균 30배 이상 더 많이 웃는다고 한다. 친한 친구들을 만나면 우리는 다시 건강한 어린아이로 돌아간다. 자기조절능력과 대인관계능력이 높은 사람은 친밀한 관계를 잘 만들고 유지시킨다. 친구는 인생의 어려움이 있을 때 감정적 지지를 얻을 수 있는 좋은 버팀목이다. 어려서부터 좋은 친구를 많이 만들어놓는 것은 우리를 더욱 행복하게, 강하게 해준다. 좋은 친구는 우리의 소통능력, 공감능력, 자아확장능력을 높여줄 것이며, 이렇게 높아진 대인관계능력을 통해 우리는 좋

은 친구를 많이 얻게 될 것이다. 이러한 선순환은 회복탄력성을 더욱 높여
줄 것이다.

회복탄력성을
높이기 위해
우리가 해야 할 일

행복의 기본 수준을 높이려면 과학적으로 입증된 방법을 사용해야 한다.
선천적으로 몸이 약한 사람도 꾸준한 운동을 통해 건강한 사람이 될 수 있고,
음치도 훈련을 통해 노래를 잘 부를 수 있게 되는 것처럼,
행복의 기본 수준도 체계적인 훈련과 꾸준한 노력을 통해 얼마든지 향상될 수 있다.

긍정적 뇌로
변화시켜라

대한민국은 행복한가

강한 회복탄력성을 지니기 위해 필요한 것은 결국 두 가지다. 하나는 자기 조절능력이며 다른 하나는 대인관계능력이다. 후천적인 노력을 통해 회복 탄력성을 높이려면 자기조절능력과 대인관계능력을 향상시켜야 한다. 그 리고 이 두 가지를 길러주는 것은 바로 긍정적 정서다. 긍정적 정서를 키운 다는 것은 곧 스스로 행복해짐으로써 자기통제력을 높인다는 뜻이고, 자신 의 행복을 타인에게 나눠줌으로써 대인관계능력을 향상시킨다는 뜻이다.

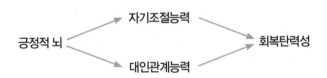

행복은 능력이다. 행복은 긍정적 정서를 통해 자신을 자기가 원하는 방향으로 이끌어 갈 수 있는 능력이며, 또한 타인에게 행복을 나눠줌으로써 원만한 인간관계와 성공적인 삶을 일구어내는 능력이다. 스스로 행복하고 남을 행복하게 해줄 수 있는 긍정적 정서의 소유자가 강한 회복탄력성을 지니기 마련이다. 긍정적 정서를 지닌다는 것은 뇌를 긍정적인 뇌로 바꿔야 한다는 뜻이다.

물이 반쯤 찬 컵이 있을 때, 부정적인 사람은 '물이 반밖에 없네'라고 생각하고, 긍정적인 사람은 '물이 반이나 남아 있네'라고 생각한다는 것은 누구나 다 아는 얘기다. 그런데 문제는 '앞으로는 물이 반이나 남아 있네라고 긍정적으로 생각해야지'라고 결심한다고 해서 곧 긍정적인 사람이 되지는 않는다는 사실이다. 그것은 마치 근육질의 매력적인 몸매를 보고서 나도 앞으로 저렇게 복근도 키우고 멋진 몸매를 가져야겠다고 마음먹는다고 해서 그렇게 될 수 있는 것은 아닌 것과 마찬가지다.

몸짱이 되려면 몸의 지방을 빼고 근육을 키워야 한다. 마찬가지로 긍정적이고 낙관적인 사람이 되려면 뇌의 부정적이고 비관적인 정보처리 루트를 약화시키고 긍정적인 루트가 강화되도록 습관을 들여야 한다. 긍정적인 성격의 소유자가 되기 위해서는 꾸준하고도 체계적인 노력을 통해 긍정성을 단련해야 한다.

학자들은 긍정성의 자기통제능력은 일종의 근육과도 같아서 사람마다 제한된 능력을 갖고 있으며, 주어진 시간 내에 견뎌낼 수 있는 부하량이 정해져 있다고 한다.[1] 따라서 이 자기통제력이라는 '근육'을 키우기 위해서는 적절한 부하가 걸리도록 '훈련'을 하되, 지나치게 무리해서 '정신적 근육피

로나 부상'이 생기지 않도록 주의해야 한다.

뇌과학 연구에 따르면, 부정적 감정과 긍정적 감정이 처리되는 부분은 서로 다르다. 분비되는 신경전달 물질도 다른 것으로 알려져 있다. 그렇기 때문에 똑같은 사건이나 사물에 대해서도 긍정적인 사람과 부정적인 사람은 뇌를 전혀 다른 방식으로 사용한다. 긍정적인 사람은 긍정적 정서가 뇌에 깊이 각인되어 습관이 된 사람이다. 인간의 뇌는 가소성을 지니고 있기 때문에 아무리 나이가 들어도 반복적인 훈련을 하면 변하게 마련이다. 긍정적 정서가 습관화된 사람은 행복의 기본수준도 높다.

그러나 우리나라 사람들의 긍정적 정서는 우려할 만한 수준으로 낮다. 때문에 SBS 〈그것이 알고 싶다〉에서도 나왔듯이 우리나라 사람들의 회복탄력성 수준 역시 매우 낮다. 더욱 문제인 것은 긍정적 정서의 수준이 급속도로 악화되는 추세다.

한 나라의 자살 통계는 그 나라 국민들의 정신건강과 행복의 수준을 단적으로 보여준다. 우리나라에선 수년 전부터 연예인 등 유명인의 자살 소식이 심심치 않게 뉴스 지면을 장식했다. 왜 이렇게 연예인들이 우울증에 시달리고 자살에 이르게 된 것일까? 하지만 이는 연예인들만의 특별한 문제가 아니다. 연예인이기에 자살 소식이 뉴스를 통해 널리 알려진 것일 뿐, 우리 사회 전반에 걸쳐 자살과 우울증은 놀라울 정도로 급격히 증가하고 있다. 인터넷을 통한 집단적 자살도 유행처럼 번지고 있다. 정부에선 허둥지둥 자살방지대책을 내놓느라 부산하지만 별 효과는 없다. 자살하는 이들은 대부분 우울증을 앓았던 것으로 알려졌다. 특히 2000년대 들어선 이후 우리나라 우울증 환자 수와 자살률의 증가 추세는 더 가팔라졌다.

우리나라 인구 10만 명당 자살 사망률은 31명으로 교통사고(15.5명)의 두 배에 달한다. 이는 세계 최고 수준이다. 자살률이 높기로 유명한 일본의 1.5 배이며, 그리스의 10배이고, 전체 OECD 국가들 평균(11.4명)에 비교해도 3 배에 육박한다. 1990년대 중반까지만 하더라도 우리나라 자살률은 10만 명당 10명 미만의 수준을 유지했다. 그러던 것이 지난 10년 동안 무려 3배 나 급증하면서 세계 최고의 자살국가로 등극한 것이다. 이러한 급격한 자 살률의 증가 추세는 세계에서 그 유례를 찾아보기 힘들 정도다. 이는 한국 인의 정신건강이 2000년대 이후 크게 악화되어 가고 있다는 결정적인 증 거다. 우리 국민들의 정신적인 근력이 역경과 어려운 일을 당했을 때 고무 공처럼 튀어오르는 회복탄력성을 지니기는커녕 마치 유리공처럼 산산히 부서질 정도로 나약해지고 병들어 있다는 얘기다.

특히 10대와 20대의 자살률이 세계 최고 수준인 것도 대단히 우려할 만 한 통계다. 우리나라 20대 젊은이의 사망 원인 1위는 질병도 아니고 사고 도 아니고 자살이다. 이처럼 젊은이들의 정신이 병들어가고 있는 나라에 무슨 미래가 있겠는가? 청소년의 자살률 급증은 전적으로 기성세대의 잘 못이다. 잘못된 교육제도와 가치관 주입이 아이들을 사지死地로 몰아넣고 있다. 아이들이 어른들에 의해서 죽음으로 내몰린 것이다.

전문가들은 자살의 가장 큰 원인을 우울증으로 본다. 우울증은 'depression'의 번역어인데, 이는 상당히 오해를 불러일으킬 만한 잘못된 번 역이다. 많은 사람들이 우울한 감정이나 울적한 기분을 우울증의 핵심 증상 으로 착각한다. 차라리 무기력증이라 번역하는 편이 나았을 것이다. 무언가 에 짓눌려서 몸과 마음이 꼼짝도 할 수 없을 만큼 억눌린 상태가 곧 우울증이다. 무기력증을 느끼고, 일에 집중하지 못하며, 자신에 대해 무가치함과 죄책감을 느끼는 것이 우울증의 핵심이다. 특히 청소년들에게서는 무기력 증뿐만 아니라, 쉽게 자극받는 과민 상태도 흔히 나타나는데, 과다한 분노 노출이나 짜증 혹은 반항적 행동으로도 표출된다.

우울증은 신경전달 물질이 부족해서 생기는 뇌의 질환으로, 마음을 즐 겁게 고쳐먹는다고 낫는 병이 아니다. 다시 말해 반드시 치료받아야 할 뇌 의 질환이다. 심한 우울증이나 치매 환자의 뇌 사진을 찍어보면, 정상인에 비해 뇌실이 확대되어 있고 실제적인 뇌의 부분은 쪼그라들어 있는 것을 볼 수 있다.

우울증뿐만이 아니다. 우리나라는 치매와 불안장애 역시 세계에서 가장 빠른 속도로 증가하고 있다. 자살, 우울증, 치매, 불안장애 등의 급속한 증 가는 우리 사회 전체가 엄청난 불행감에 시달리고 있음을 단적으로 보여 준다.

비관주의와 우울증에 시달리는 뇌에 긍정성을 훈련시켜서 향상시키는 것만이 유일한 희망이다. 긍정성 향상의 문제는 여유나 사치의 문제가 아 니다. 많은 사람에게 죽느냐 사느냐의 절박한 문제다. 치명적일 수도 있는 부정적 감정을 극복하게 하고, 우울증으로 발전할지도 모르는 정신에 생 기를 불어넣어주는 것은 우리 청소년과 국민들을 위해 꼭 필요한 일이다.

행복의 기본 수준을
높여야 한다

행복의 자동온도조절장치

대니엘 길버트 교수는 지금은 하버드 대학의 잘나가는 심리학과 교수이지만, 그도 한때 방황하는 청소년이었다. 고등학교를 중퇴한 그는 한마디로 '노는 아이'였다. 19세에 이미 결혼했으며, 아이도 있었고 일을 해야만 했다. 그는 공상과학소설 작가가 되기 위해서 밤마다 열심히 소설을 썼다. 하지만 작문 수업을 들어본 적이 없었기에 철자법조차 서툴렀다. 어느 날 그는 동네에 있는 커뮤니티 칼리지에서 작문 수업이라도 들을 생각으로 무작정 찾아갔다. 하지만 작문 수업은 이미 정원이 마감되었다. 할 수 없이 수강 가능한 과목을 물었더니 '심리학'이라는 답이 돌아왔다.

심리학이 무엇을 하는 학문인지조차 몰랐던 그는 "오케이. 그건 아마도 심리적으로 정신이 나간 미친 사람들에 관한 것인가 보군. 내 소설에서 언젠가는 미친 사람을 다루게 될지도 모르니 이런 수업을 들어두는 것도 나쁘지 않겠군"하고 수강신청을 했다.

이것이 시작이었다. 그는 심리학이 미친 사람들에 관한 것이 아니라 우리 모두에 관한 것이라는 사실을 곧 깨달았다. 그가 심리학에 빠져들기 시작한 이유는 평소 늘 궁금하게 생각했던 문제들—마음과 마음의 본질, 인간 경험의 본질, 인간 정체성의 문제 등—에 대해 다루고 있었기 때문이었다. 그는 심리학에 더욱 빠져들었고, 철학적인 문제의 답을 과학적인 실험을 통해 얻으려고 노력하게 되었다. 어쨌든 첫 수업 이후 그는 몇 개의 심리학 수업을 더 듣게 되었고, 심지어 대학에 진학하게 되었으며, 대학원을 졸업하고, 학위를 따고, 마침내 미국에서 가장 유명한 심리학자 중 한 사람이 되었다.

길버트 교수는 특정한 사건이 미래의 행복감이나 불행감에 미칠 영향을 사람들이 지나치게 과대평가 한다는 것을 밝혀냈다. 예컨대 미국 대학의 젊은 교수들은 정년보장tenure 심사를 받기 전에는 정년보장 심사가 자신의 삶을 근본적으로 바꾸어 놓을 것이라고 확신한다는 것이다. 그러나 막상 정년보장 심사가 지나가고 수개월만 지나면 심사에 통과했던 사람이나 통과하지 못 했던 사람이나 자신의 원래 행복 수준으로 되돌아 간다는 것을 길버트 교수는 발견해냈다.

나는 1997년 미국 펜실베니아 대학에서 박사 학위를 마치고, 보스턴 대학교에 조교수로 임용되었다. 미국 대부분의 유명 대학 신참 교수들처럼 6년 뒤에 정년보장 심사를 받아야 하는 교수직이었다. 미국 대학 교수의 정년보장 심사는 까다롭기로 악명이 높다. 많은 논문을 써내야 하고 강의평가도 우수해야 살아남을 수 있다. 그 과정이 힘들긴 하지만, 일단 정년보장만 획득하면 그 뒤론 안정적인 연구 활동이 보장된다. 통과하지 못하면 바로 보따리를 싸야 한다. 때문에 정년보장 심사를 앞둔 조교수들의 스트레스는 어마어마하다. 살아남아 평생 여유있게 하고 싶은 공부하면서 살아갈 것인가 아니면 정처없이 다른 직장을 찾아 떠돌아야 하는 패배자가 될 것이냐의 갈림길에 서 있기 때문이다. 대학원 박사 과정과 조교수 과정 10여 년의 노력이 판가름나는 순간이기도 하다. 조교수들은 테뉴어만 통과하면 평생 행복할 것 같은 착각에 사로잡힌다. 나도 그랬으니까.

길버트 교수는 이것이 완전한 착각임을 증명했다.[2] 그는 노스웨스턴 대학에서 정년보장 심사를 앞둔 수십 명의 교수들의 행복 수준을 측정했다. 이들은 하나같이 정년보장만 받게 되면 엄청나게 행복해질 것이라 예상했고 그 행복감은 아마도 오랜 기간 지속되리라고 기대했다. 반면 정년보장 심사에 실패한다면 엄청난 불행감을 느낄 것이며 그 불행감 역시 오랫동안 계속되리라 예상했다.

길버트 교수는 정년보장 심사 결과 직후에 이들을 찾아가 다시 행복 수준을 측정했다. 물론 정년보장을 얻게 된 교수들의 행복 수준은 매우 높아졌고, 실패한 교수들은 상당한 불행감과 실의에 빠진 것으로 나타났다. 그러나 수개월 뒤 이들의 행복 수준을 다시 측정한 결과는 어땠을까? 놀랍게도 정년보장을 통과한 교수들의 행복 수준은 정년보장 심사 이전에 본인이 지녔던 기본적인 행복 수준으로 다시 되돌아가 있었다. 교수의 인생을 좌지우지하는 정년보장 통과가 가져다주는 행복감은 강의와 연구라는 바쁜 일상 속에서 눈 녹듯이 사라져버리고 말았다. 정년보장 심사에 통과하지 못한 교수들도 늦어도 5년 뒤에는 모두 원래의 행복 수준으로 되돌아와 있었다. 일생 일대 최대의 사건이라 생각했던 정년보장 심사가 교수의 행복에 미치는 영향은 고작해야 몇 개월에서 몇 년뿐이었다.

어디 정년보장 심사를 앞둔 교수뿐이겠는가. 살아가면서 우리는 이러한 착각에 종종 사로 잡힌다. 지금 원하는 것만 이루면 상당히 행복해질 것 같은 착각 말이다. 대학 입학만을 바라는 고3 수험생들. 고시원에 틀어박혀 와신상담하는 고시생. 임원 승진을 앞둔 회사원. 장군 승진을 앞둔 군인. 마음에 드는 이성에게 구애하는 젊은 남녀들. 로또 당첨을 간절히 바라는 사람들. 이들은 모두 자신이 원하는 것만 이루어지면 영원히 행복할 거라는 환상에 사로잡히게 된다. 그러나 길버트 교수는 이 모든 것이 환상에 불과하다는 사실을 보여준다. 원하는 것을 얻게 되든 얻지 못하든 간에 우리는 얼마간의 시간이 지나면 다시 원래의 행복 수준으로 되돌아오고 만다.

선거에서 자신이 원하는 후보가 당선되면 대단히 행복할 것이고, 반대편의 후보가 당선되면 아예 한국 땅을 떠나고 싶다고 말하는 사람들이 있다. 이들 모두 선거의 결과가 자신의 행복감에 미치는 영향을 과대평가하고 있는 것이다. 예컨대 지난 미국 대통령 선거에서 조지 부시가 대통령에 당선되면 대단히 행복할 것이라고 부시의 지지자들은 믿었는데, 선거가 끝나고 한 달도 채 지나지 않아 자신의 원래 행복 수준으로 복귀해 있었다. 자신이 원하는 후보가 당선되었다고 해서 더 행복해지지도 않았고 떨어졌다고 해서 더 불행해지지도 않았다.

심리학자들은 복권에 당첨된 사람들에 대한 연구도 진행했다. 노스웨스턴대학의 심리학자 브릭맨과 그의 동료들은 복권에 당첨된 사람들에 대한 행복 수준이 일반인들과 별다른 차이가 없다는 것을 밝혀냈다. 물론 복권에 당첨된 순간에는 기분이 좋았을 것이다. 그러나 그 효과는 불과 몇 개월 뒤면 사라져버리고 만다.

불행한 일도 마찬가지다. 교통사고로 장애인이 된 사람들의 행복 수준도 일반인들과 크게 다르지 않은 것으로 나타났다. 이들 역시 사고 직후에는 커다란 불행감을 느꼈지만 시간이 충분히 지나면 원래의 행복 수준으로 돌아온다는 것이 밝혀졌다.

이러한 일련의 연구들은 인생에 일어나는 어떠한 사건들에 의해 나의 행복이 결정되리라는 생각은 잘못된 것이라는 점을 말해준다. 18세에서 60세에 이르는 성인 남녀 수백 명을 20년 간 지속적으로 연구한 또 다른 연구에 따르면 사람들은 저마다 일정한 기본적 행복 수준을 계속 유지하는 것으로 나타났다. 배우자와 사별했거나 이혼했을 때, 혹은 결혼이나 아이를 갖게 되었을 때 그 불행감이나 행복감의 효과는 모두 일시적인 것에 불과했다. 일시적인 행복감 혹은 불행감에 젖었다가는 다시 본인의 고유한 행복의 기본 수준으로 되돌아갔다.

길버트 교수가 여러 연구를 통해 일관되게 발견한 것은 다음과 같은 사실이다. 인간관계에서의 갈등이든, 스포츠 경기의 승부 결과든, 애인에게 차이든, 어떤 일이든 간에 그것이 우리의 행복감에 미치는 영향력은 당장에는 상당히 실제적이고 강하지만, 얼마간의 시간이 지나면 사람들이 예상하는 것보다는 훨씬 작고 빠르게 지나가는 일이 되어버린다.

잠시 눈을 감고 생각해보자. 지금 당신의 고민이나 걱정거리를 머리에 떠올려보라. 그리고 생각해보라. 당신이 지금 고민하거나 걱정하는 것을 과연 1년 뒤에도 계속 하고 있을까? 십중팔구 지금 무슨 고민을 했는지 1

년 뒤에는 기억조차 가물가물해질 것이다. 아닌 것 같다고? 그렇다면 1년 전에 당신이 무슨 고민을 하며 살고 있었는지 기억나는가?

인생에서 일어나는 일들은 기껏해야 일시적으로 우리를 행복하게 혹은 불행하게 만들 뿐이다. 일정한 시간이 지나면 우리는 곧 다시 자신의 본래 행복 수준으로 되돌아오는 강한 탄력성을 지녔다. 심리학자들은 이를 '행복의 자동온도조절장치'라 부른다.

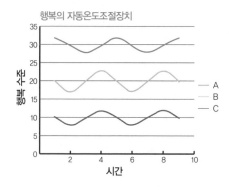

행복의 자동온도조절장치

A는 30도에, B는 20도에 C는 10도에 각각 행복의 기본 수준이 정해져 있다. 좋은 일과 나쁜 일의 발생에 따라 출렁이긴 하지만 장기적으로 보면 각자의 기본 수준을 유지하고 있다. 중요한 것은 이 기본 수준을 높이는 것이다.

원래 밝고 명랑한 사람은 이 기본 수준이 높고, 우울하고 침울한 사람은 기본 수준이 낮은 것이라 할 수 있다. 이 기본 수준을 중심으로 좋은 일이 있으면 일시적으로 더 행복해지고 나쁜 일이 있으면 더 불행해지지만, 결국 일정한 시간이 지나면 다시 자신의 기본 수준으로 되돌아온다. 따라서 더 행복해지기 위해서는 각자 자신의 행복의 기본 수준the baseline of happiness을 끌어올려야 한다. 긍정적 정서의 훈련을 통해 긍정적인 뇌로 변화시킨다는 것은 바로 이 행복의 기본 수준을 끌어올린다는 뜻이다. 행복

의 기본 수준을 끌어올려야만 긍정적 정서의 지속적인 향상이 가능해지고
결국 회복탄력성이 높아진다.

행복의 기본 수준은 향상될 수 있는가?

행복 증진에 관한 책 중에서 가장 많이 팔린 것은 역시 자기계발서에 있다.
전 세계적으로 수천만 권이 팔려나간 리처드 칼슨의 대표적인 베스트셀러
《어찌되었든 당신은 행복해질 수 있다―인생을 제대로 살게 하는 다섯 가
지 원칙You can be happy no matter what : Five principles for keeping life in perspective. 우
리나라에서는《우리는 사소한 것에 목숨을 건다 2》라는 제목으로 출간됨》이라는 책을 예
로 들어보자. 심리학자인 류보미르스키 교수와 그의 동료들이 지적하고
있듯이³, 리처드 칼슨 식의 자기계발서는 다음과 같은 질문에 답하지 못한
다. 여러 가지 제시된 방법 중에서 어떤 것이 가장 효과적인가? 어떤 원칙
이 어떤 부류의 사람들에게 더 잘 적용되는가? 이러한 원칙들의 효과는 플
라시보 효과보다 얼마만큼 나은가? 그리고 리처드 칼슨 식의 처방이 실제
로 사람들을 행복하게 한다 해도, 그 효과는 과연 얼마나 지속될 수 있는
가? 류보미르스키 교수팀의 비판의 요점은 리처드 칼슨 식의 수많은 '~ 하
라' 식의 자기계발서는 얼핏 그럴듯하게 들리는 '처방'들을 그저 나열해놓
기만 했을 뿐, 실제로 그러한 처방이 확실한 효과가 있는지는 검증된 바 없
다는 것이다.

　행복의 기본 수준을 높이려면 과학적으로 입증된 방법을 사용해야 한

다. 그럴듯한 미사여구와 근거도 없이 잠언을 늘어 놓은 자기계발서는 잠시 내려놓고, 수많은 심리학자들과 과학자들이 실증적인 연구 결과를 통해 밝혀놓은 검증된 방법을 사용해야 한다. 다행히도 2000년대 들어서면서부터 긍정심리학을 중심으로 행복의 기본 수준을 높이는 다양한 방법에 대한 실증적인 연구가 활발히 진행되어왔다.

　행복의 기본 수준은 일차적으로는 유전적 요인에 의해서 결정된다. 태어나면서부터 긍정적이고 밝은 성격의 사람이 있는가 하면, 날 때부터 부정적이고 어두운 성격의 소유자도 있다. 그러나 일란성 쌍둥이에 대한 종단연구들은 행복 수준의 50% 정도만 유전적으로 결정된다는 것을 밝혀냈다.[4] 그리고 행복의 기본 수준은 체계적인 노력을 통해 얼마든지 향상될 수 있다는 것 또한 밝혀졌다. 선천적으로 몸이 약한 사람도 꾸준한 운동을 통해 건강한 사람이 될 수 있고, 음치도 꾸준한 훈련을 통해 노래를 잘 부를 수 있게 되는 것처럼, 행복의 기본 수준도 체계적인 훈련과 꾸준한 노력을 통해 얼마든지 향상될 수 있다.

뇌는 스스로를 변화시킨다

뇌 과학자들은 뇌의 변화 가능성을 가소성이라 부른다. 인간의 뇌가 마치 말랑말랑한 찰흙이나 플라스틱처럼 얼마든지 변형 가능하다는 뜻이다. 인간의 뇌는 딱딱한 컴퓨터 같은 기계가 아니다. 뇌의 특정 부위가 담당하는 부위는 대체적으로 정해져 있기는 하지만 상황에 따라 얼마든지 변화할 수 있다. 연세대학교 의과대학 영상의학과의 박해정 교수는 후천적으로 시력을 잃은 맹인의 시각피질은 청각 신호를 처리하도록 재조직되었음을 발견하였다.[5] 원래 보는 것을 담당했던 뇌의 일부가 시각정보 처리의 일이 없어지자 청각 정보를 처리하게끔 스스로를 변화시키는 것이다.

뇌의 가소성에 대해서는 노먼 도이지의 《스스로를 변화시키는 뇌The Brain that Changes Itself: 우리나라에서는 《기적을 부르는 뇌》로 출간됨》라는 책에 많은 사례가 자세히 언급되어 있다. 특히, 도이지에 따르면 "나는 이미 나이가 많이 들어서 머리가 굳어졌는데…"라는 생각은 잘못된 것이다. 우리의 머리는 평생 굳어지지 않는다. 늙어 죽을 때까지 우리의 뇌는 계속 변화한다. 뇌세포는 새로 생겨나지 않는다는 것도 잘못된 속설이다. 뇌세포는 80세가 넘어서도 계속 만들어진다. 뇌에 관한 한 "변화시키기엔 나이가 너무 들었다"는 것은 모두 잘못된 생각이다.

예컨대, 건축가 프랭크 로이드 라이트는 아흔 살에 구겐하임 미술관을 설계했다. 벤자민 프랭클린은 일흔여덟 살에 이중초점 안경을 발명했다. 창의력을 연구한 레만과 딘 키스 사이몬튼에 따르면 대부분의 분야에서 창의력이 절정을 이루는 때는 서른다섯에서 쉰다섯까지의 연령대이고, 60대와 70대의 사람들은 일하는 속도는 느려도 20대 때만큼 생산성이 높다는 것을 발견했다. 첼리스트인 파블로 카잘스의 일화는 유명하다. 그가 아흔한 살이었을 때, 그에게 한 학생이 다가와서 물었다. "선생님은 왜 연습을 계속 하시나요?" 카잘스는 대답했다. "나의 연주 실력이 아직도 계속 늘고 있기 때문이라네."

행복의 기본 수준이 높은 사람을 우리는 낙관적인 사람이라 부른다. 낙관성이 높은 사람들은 주어진 상황은 언젠가 좋아지리라는 믿음을 지닌 사람들이다. 신체적으로도 더 건강하고 우울증에도 덜 걸린다. 성취도도 더 높고 업무 생산성도 높다. 그러나 낙관성은 객관적인 위험성을 과도하게 평가절하하는 비현실적인 낙천주의와는 다르다.

낙관성을 지닌 사람은 무엇인가를 해낼 수 있다는 스스로에 대한 믿음이 있으며, 자신의 한계 밖으로, 일상 너머로 뻗어나가려는 적극적인 자세를 지닌다. 낙관성은 새로운 것에 대한 도전을 두려워하지 않게 하며, 익숙한 현실과 반복적인 일상에 안주하기를 거부하고 새로운 영역으로 스스로를 확대시켜 나가려는 자세를 유지시켜준다.

낙관성이 부족하고 비관적인 사람들의 가장 큰 특징은 타인의 부정적 시선을 지나치게 두려워한다는 점이다. 주변 사람 모두가 나만을 바라보고 나를 흉보고 비웃는 것 같은 착각에 사로잡히게 되면서 비관성은 급속히 증가하게 된다.

인간관계에서 많은 문제를 지닌 사람들은 대체로 이러한 비관성을 갖고 있다. 짜증이 많고, 화를 잘내고, 자신감이 없고, 지나친 우월감과 열등감을 순식간에 오가는 사람들의 특징은 타인의 시선에 대해 지나치게 예민하다는 공통점을 갖고 있다. 긍정적인 사람은 다른 사람들이 나를 바라보고 있다고 느끼면 오히려 더 힘이 나고 신나고 더 큰 능력을 발휘하게 된다. 그러나 부정적인 사람은 다른 사람들이 나를 바라보고 있다고 생각하는 순간 더 긴장되고 짜증나고 두려워지고 비관적인 마음에 휩싸여서 능력을 제대로 발휘하지 못한다.

타인의 시선에 지나치게 민감한 사람들은 1만 원권 지폐 이야기를 생각해야 한다. 지폐의 가치는 밟아도, 구겨져도, 심지어 찢어져도 그대로다. 변하지 않는다. 즉, 다른 사람이 무어라 해도 나는 그저 나일뿐이라는 점을 명심해야 한다. 타인이 나를 비난하고 흉본다고 해서 나의 가치나 존재 자체가 변하는 것은 아니다. 이런 사람들일수록 주관이 뚜렷한 자유로운 영혼으로 거듭나도록 스스로 노력해야 한다. 자유로운 사람이 강한 사람이다. 이는 앞서 언급한 논어 맨 앞부분에 나오는 인부지이불온 불역군자호人不知而不慍 不亦君子乎의 정신이기도 하다.

또한 이는 통제 소재locus of control를 어디에 두느냐의 문제이기도 하다. 심리학에서 말하는 통제 소재란 자신에게 벌어지는 일들이나 자신이 하는 행동의 원인을 자기 내부에서 주로 찾느냐 아니면 외부에서 주로 찾느냐에 관한 사고방식을 말한다.

비관적이고 부정적인 사람은 통제 소재를 외부에서 찾는 경향이 있다. 자기 자신의 행동이 스스로 어쩔 수 없는 외부적 사건에 대한 자동적인 반응이라고 믿는 것이다. 이런 사람들은 흔히 "네가 ― 혹은 그것이, 혹은 그 사람이 ― 날 화내게 했어. 난 어쩔 수 없어"라는 식의 수동적인 스토리텔링을 한다. 이런 사람들은 자기 인생의 주인이 되지 못하고 항상 질질 끌려다니는 수동적인 태도로 삶을 살게 된다.

반면에 낙관적이고 긍정적인 사람은 높은 수준의 자율성과 자기효능감을 지니기 마련이며 따라서 통제 소재를 흔히 자기 안에서 찾는다. 내가 노력하면 지금 벌어지는 일들을 내가 원하는 방향으로 이끌 수 있다는 자신감을 지니고 있다는 뜻이다. 이런 사람들이야말로 자기 자신의 삶을 능동적으로 이끄는 사람이다.

자신의 대표 강점을
발견하라

왜 강점에 집중해야 하는가

앞에서 언급했던 SBS의 〈그것이 알고 싶다〉에서는 방송아카데미 수강생 46명을 대상으로 회복탄력성 지수 검사를 실시했다. 연령대는 모두 20대 중후반이었다. 그중 가장 높게 나온 두 사람과 가장 낮게 나온 두 사람을 상대로 뇌파 실험을 했고 그 결과는 2장에서 언급한 바와 같다. 나는 뇌파 실험 후에 이들을 상대로 심층 인터뷰를 했다. 회복탄력성이 상대적으로 낮은 두 사람은 모두 여성이었는데, 상당히 심한 비관주의를 지니고 있었다. 주변의 사람들이 자신을 무시하고 흉보지 않을까 하는 두려움에 강하게 사로잡혀 있었다. 이들은 타인의 관점에서 자신의 약점을 바라보는 습관을 지니고 있었다. 이들에게 긍정적 정서를 심어주기 위해 가장 필요한 것은 자기 자신을 긍정적으로 바라보는 시선을 심어주는 일이었다.

행복의 기본 수준을 높이고 낙관적이 되려면 무엇보다도 먼저 자신의 강점을 발견하고 그것을 일상생활 속에서 끊임없이 발휘해야 한다. 하지만 우리는 어렸을 때부터 약점에만 집중해서 그것을 보완하도록 교육받아왔다. 현대의 교육 시스템은 평균적인 민주 시민을 양성해내는 것을 목표로 한다. 모든 방면에 있어서 부족함이 없는 평범한 교양을 지닌 사람을 길러내는 것이 지상 과제인 셈이다.

우리는 어떤 면에서 앞서 갈 것인가보다는 어느 면에서든 뒤지지 말아야 한다는 강박관념에 사로잡히도록 교육받았다. 그렇기 때문에 우리는 끊임없이 자신의 부족한 점, 약점만을 들여다보도록 세뇌되었다. 학교 다닐 때에는 어떤 과목을 못하는가에 집중하고, 성인이 되어서도 자신의 부족한 부분을 채워야 한다는 강박관념에 시달린다. 그리하여 학교 교육은 창의적이고 다양한 능력을 지닌 어린이를 틀에 박힌 사고를 지니고, 무능하고, 열등감에 사로잡힌 어른들로 키워낸다.[6]

더욱이 우리나라 여성들은 어떤 강점을 키워야 한다는 교육을 가정에서나 학교에서 받을 기회가 많지 않았다. 여자는 그저 큰 흠이 없이 성장하도록 강요받았다. 즉 특별한 약점이 없어야 하며 특별히 잘난 점도 있어서는 안 된다는 식의 교육을 받아온 것이다. 이는 비판적이고 부정적인 시선으로 자기 자신을 돌아볼 것을 요구하는 교육이다. '너의 부족한 점을 채워라'만을 강조하는 교육은 그래서 비관주의의 원천이 된다.

전체적인 회복탄력성의 평균 점수에 있어서는 남녀에 큰 차이가 없지만, 회복탄력성이 아주 낮은 집단과 아주 높은 집단 모두에 남성보다 여성이 더 많이 분포한다는 것은 주목할 만한 일이다―여자는 선천적으로 회복탄력성이 남성보다 더 높다. 인간관계를 자연스럽게 맺고 친밀한 관계를 유지하는 능력이 본능적으로 뛰어나기 때문이다.

약점에 집중해서 그것을 보완하는 방법으로는 자기 발전도 없고 행복도 없다. 그러한 노력이 성공한다 해도 기껏해야 평범한 사람이 되는 데 그친다. 각자의 잠재력은 끊임없이 개발해야 현실에서 발현할 수 있다. 그러나 우리 사회는 우리의 장점을 외면하고 성장을 방해한다. 자신의 장점에 대해 이야기하는 것은 '잘난 척'이라 하여 금기시되어왔고, 심지어 '너 잘났다'라는 말은 비아냥이나 비난의 뜻으로 변질되어버렸다.

최근의 긍정심리학의 연구 성과는 약점에 집중하기보다는 강점에 집중해야함을 역설하고 있다. 인류 역사를 돌이켜보면 훌륭한 업적을 남긴 사람들은 자신의 강점에 집중해서 그것을 더욱 발전시킨 사람들이라는 것을 금방 알 수 있다. 올림픽 금메달리스트나 노벨상 수장자들은 말할 것도 없고 학문이나 문화 예술 분야에서 뛰어난 창의적 업적을 남긴 사람들은 모두 자신의 장점에 집중해서 그것을 더욱더 키워나갔다는 공통점을 갖는다.[7]

무엇보다도 진정한 행복의 핵심은 자신의 강점을 발견하고 그것을 발휘하며 살아가는 것이다. 자신이 잘할 수 있는 일을 통해 즐거움과 성취와 보람을 느끼는 것이야말로 진정 행복한 삶이다. 강점을 발휘하는 삶을 통해서 우리는 행복의 기본 수준을 점차 끌어올릴 수 있다.

나의 발전의 기준은 내 주위 사람들이 아니라 오늘의 나다. 지금 이 순간의 긍정성 수준보다 앞으로의 긍정성 수준과 회복탄력성이 꾸준히 높아지는 것을 목표로 삼으면 된다. 회복탄력성의 향상을 위한 긍정성 훈련 중에서 가장 포괄적이고 과학적으로 입증된 것이 바로 덕성과 강점의 개발이다.

마틴 셀리그만 교수는 그의 명저 《진정한 행복》에서 일상생활 속에서 자신의 고유한 덕성과 강점을 발휘하는 것만이 진정한 행복에 이르는 유일한 길이라 강조하고 있다. 인류가 역사상 행복의 원천이라 여겼던 수많은 즐거움이나 쾌락은 단지 일시적인 외부적 사건에 지나지 않는다는 것이 긍정심리학의 발견이다. 그러한 즐거움이나 쾌락은 일시적으로 행복하게 해줄 수는 있을지언정 행복의 기본 수준을 향상시켜주지는 못한다. 인간의 뇌를 긍정적으로 재-회로화시키지 못하며, 따라서 회복탄력성을 위한 마음의 근력도 키워주지 못한다.

셀리그만 교수에 의하면 행복의 기본 수준을 향상시키기 위해서는 자신의 고유한 강점이 무엇인지 깨닫고 그것을 일상생활 속에서 꾸준히 수행하려는 노력을 해야만 한다. 강점 수행을 통해서만 진정한 발전이 있을 수 있으며 긍정적인 뇌를 만들어갈 수 있다. 역경과 시련을 이겨내고 뛰어난 성취와 위대한 업적을 이뤄낸 사람들의 공통적인 특징은 어려서부터 자신의 강점에 집중하고 끊임없이 키워나갔다는 데 있다. 이것이 긍정심리학의 가장 중요한 발견이다.

대표 강점 수행을 통해 회복탄력성 향상시키기

자신의 대표 강점이 무엇인지 발견했다면 — 셀리그만 교수의 사이트(www.authentichappiness.org)에 가면 누구나 무료로 자신의 강점을 측정해볼 수 있다 — 이제 해야 할 일은 강점을 일상생활 속에서 꾸준히 수행하는 것이다.

긍정심리학의 창시자 셀리그만 교수가 강조하듯이 강점의 수행만이 진정한 행복에 이르는 확실한 길이며, 길버트 교수가 이야기하는 행복의 기본 수준을 향상시키는 유일한 길이다.

강점을 일상 생활 속에서 수행한다는 것의 구체적인 예를 나의 경우를 통해 들어보고자 한다. 나는 강점 발견에 대한 설명과 문항을 통해 학습욕구, 통찰력, 심미안, 열정, 이렇게 네 가지가 나의 고유한 대표 강점임을 알게 되었다. 나는 일상 생활 속에서 이 네 가지의 강점을 되도록 많이 수행하고 발휘할 수 있도록 다음과 같이 노력하는 중이다.

우선 학습욕구를 위해서는 늘 새로운 것을 공부하고 새로운 연구 주제를 개발하는 데 주력하게 되었다. 늘 같은 주제에 대해 강의하거나 연구하는 것이 아니라 보다 새로운 것을 배울 수 있도록 다양한 주제에 대해 폭넓은 관심을 유지하는 데 주력하고 있다. 이를 위해서 다른 학과 강의를 듣기도 하고 경우에 따라서는 청강을 신청해서 학생들과 함께 한 학기 내내 수업을 듣기도 한다.

두 번째 강점인 통찰력을 보다 많이 수행하기 위해서 나는 학생들과의 상담에 많은 시간을 할애하고 있다. 인생이나 진로 상담을 신청해오는 학생들에게는 따로 시간을 내어 이야기를 들어주고 내 경험에 비추어서 조언을 한다. 여러 학생과 짧은 시간을 나누기보다는 깊은 고민이 있는 학생들과 보다 오랜 시간 집중적인 상담을 하기 위해 노력한다. 이런 상담을 함께한 학생들은 졸업하거나 취업한 후에도 꾸준히 인사를 전해온다.

세 번째 강점인 심미안을 위해서 나는 다시 미술 평론에 힘을 쏟고자 한다. 수년 전까지는 꾸준히 미술 평론 일을 했었지만 지난 몇 년 동안은 연구와 논문 작성에 시간을 투입하느라 활동을 제대로 못했다. 하지만 심미안이 나의 강점 중 하나라는 것을 알게 되었으므로 앞으로는 더 많은 시간을 미술 평론에 할애하려 한다. 물론 내 연구와 미술 평론 일을 연관시키는 노력도 해볼 생각이다. 일상적으로 하는 연구의 한 부분을 심미안 강점을 발휘할 수 있는 미술 평론이나 미디어 예술 작업과 연계시킨다면 일석이조의 결과가 나올 수도 있을 것이다.

네 번째 강점인 열정을 발휘하기 위해서 우선 수업에 보다 더 열정적으로 내 자신을 던져 넣는 방법을 끊임없이 고민하고 있다. 연구나 강의를 열정적으로 하는 것은 나 자신을 위한 일일 뿐만 아니라 내가 몸담고 있는 내 공동체를 위해 봉사할 수 있는 최선의 방법이라 믿는다. 그것은 의미 있는 삶과도 연결되는 일이다. 이러한 노력의 일환으로 나는 수백 명 규모의 대형 교양 과목을 새로이 개설하여 가르치고 있다. 수강생이 많을수록 강의 평가는 떨어지고, 채점과 평가에도 많은 시간과 노력이 들기 마련이다. 그러나 나는 강의의 의미를 내가 무엇을 얻기 위한 것이 아니라 내가 가진 것을 더 많이 전해주는 기회로 받아들이고자 한다. 그것이 바로 나의 열정을 발휘하는 길이고, 내가 더 행복해지는 길이기 때문이다.

지금까지 제시한 강점 수행의 방법은 대학교수라는 나의 직업적 상황에 맞추어서 생각해낸 것들이다. 이 책을 읽는 독자들은 각각의 삶의 방식과 주어진 상황에 따라 자신의 고유한 대표 강점들을 발휘하며 살아가는 구체적인 방법들을 생각해낼 수 있을 것이다.

우리가 앞에서 살펴본 아이센 교수팀의 실험에서처럼 사탕 몇 알을 주거나 코미디 프로그램을 보여주는 정도의 긍정적 정서만 유발해도 사람들의 인지적 능력과 창의력과 문제해결능력과 대인관계능력 등이 향상된다. 그런데 강점의 발견과 지속적인 수행은 사탕을 받는 것과는 비교할 수도 없을 만큼 커다란 긍정적 정서를 유발시킨다.

자신의 강점을 들여다보고, 강점을 느끼고, 그것을 발현하는 순간 당신은 놀라운 능력을 발휘하게 될 것이다. 입학시험, 면접시험, 중요한 프레젠테이션 등의 '과제'가 있을 때, 자신의 강점을 느끼고 그것을 들여다봄으로써 긍정적 정서를 스스로 유발하는 사람은 자신의 능력을 넘어서는 능력을 발휘할 수 있게 된다. 다시 말해서 회복탄력성의 제1요소인 자기조절능력을 향상시킬 수 있게 되는 것이다.

뿐만 아니라 강점의 발견과 수행은 회복탄력성의 제2요소인 대인관계능력도 직접적으로 높여준다는 것이 밝혀졌다. 주변 사람들에게 행복을 나눠주는 것은 원만한 대인관계능력의 핵심이다. 사람들은 본능적으로 나를 행복하게 해주는 사람을 좋아하고 따르게 되어 있다. 이처럼 강점의 발견과 수행은 진정한 행복을 주는 것이므로, 주변 사람들로 하여금 그들의 강점을 발견하고 수행하도록 도와준다면 당신은 자연스레 대인관계능력과 리더십을 발휘할 수 있게 된다.

셀리그만 교수에 따르면 부부나 연인관계에서 절대 갈라서지 않는 비법은 상대방의 강점을 발견하고 그것을 발휘하도록 도와주는 것이다 ― 만약 헤어지고 싶다면 반대로 하면 된다. 서로의 약점을 들춰내서 공격하면 된다. 만약 배우자나 연인이 그림 그리는 것이나 악기 다루는 것을 좋아하는 강점(심미안)을 지녔다면 그림이나 악기를 배울 수 있도록 적극 도와주고 격려해주어야 한다. 호기심과 학습욕구의 강점을 지닌 배우자에게는 강연도 듣고 책도 사볼 수 있도록 배려하고 도와주면 된다. 상대방의 강점이 무엇인지 서로 파악하고자 노력하고 그것을 일상생활 속에서 발휘할 수 있도록 배려하는 부부나 연인은 절대 헤어지는 일이 없을 거라고 셀리그만 교수는 단언한다. 이러한 주장은 지난 수십 년간 수천 쌍의 부부와 연인에 대한 연구를 수행한 존 고트만 교수의 연구 결과와도 일치하는 것이다.

강점의 발견과 발휘는 부부나 연인 사이에서만 그 진가가 발휘되는 것은 아니다. 그것은 부모가 자식에게 해줘야 할 일이기도 하다. 아이들의 강점이 무엇인지 잘 살펴보고 그것을 발휘할 수 있도록 도와줘야 한다. 친구들 사이에서도 상대방의 강점을 이야기해주고 그것을 발휘할 수 있도록 도와준다면 좋은 친구를 많이 얻게 될 것이다.

강점의 발견과 발휘는 또한 멘토가 멘티에게 해줘야 할 핵심적인 일이기도 하다. 강점의 발견과 발휘는 한 인간이 성장해가는 본질적인 방식이다. 일찍이 매슬로우가 설파했듯이, 인간은 성장할 수 있고 성장의 가능성이 보일 때에만 행복해질 수 있다. 부하 직원이나 동료의 강점을 발견하고 그것을 발휘할 수 있도록 도와준다면 당신은 어느 조직에서든지 진정한 리더가 될 수 있을 것이다. 자신의 강점을 발견해주고 그로인해 성장할 수 있도록 도와주는 상사를 만나게 된다면, 직원은 분명 마음속 깊이 그 상사를 존경하게 될 것이고 평생토록 충성하게 될 것이다. 자기 자신을 진정으로 행복하게 해주었기 때문이다. 실제로 진심 어린 '충성'은 모두 이러한 과정을 통해 생겨난다. 일시적인 환심으로는 진심 어린 충성심이 생기기 어렵다.

이처럼 강점의 발견과 발휘는 자기조절능력과 대인관계능력 모두를 근본적으로 향상시킬 수 있는 가장 최선의 방법이다. 이것이 회복탄력성이라는 마음의 근력을 꾸준히 키워가는 방법이며, 회복탄력성 향상을 위해 과학적으로 입증된 유일한 방법이다.

물론 몸의 근육을 키워가는 데에도 일정한 시간이 걸리는 것처럼 마음의 근력 역시 즉각적으로 키워지지는 않는다. 자신의 대표 강점을 일상생활 속에서 수행하게 하고 그 효과를 측정한 연구 결과에 따르면, 훈련 직후나 일주일 후에는 긍정적 정서가 미미한 수준만 증가했지만, 그 효과는 1개월 후에 유의미하게 커졌으며, 6개월이 지나도 계속 그 효과가 유지되는 것으로 나타났다(그래프 참조). 즉 강점 발견 훈련의 효과는 적어도 1개월 후부터 나타나기 시작하며, 그 효과는 다른 종류의 긍정적 정서의 유발과는 달리 6개월 이상 지속된다.[8]

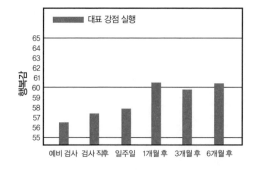

출처: Seligman, Steen, Park & Peterson(2005).

마틴 셀리그만이 누누히 강조하고 있듯이, 자신의 강점을 발견하고, 그 강점을 늘 들여다보고, 일상생활 속에서 실행하면서 사는 것이 진정한 행복에 이르는 가장 확실하고도 빠른 길이다. 오늘부터라도 일상생활 속에서 강점을 수행하도록 노력하며 살아간다면 한 달 뒤부터는 긍정성이 향상되는 것을 느낄 수 있을 것이며, 보다 높고 강한 회복탄력성을 향해 한 발 한 발 다가가게 될 것이다.

회복탄력성 향상을 위한
두 가지 습관

뇌의 긍정성을 높이는 확실하고도 직접적인 방법

긍정적 정서의 향상을 통해 회복탄력성을 높이는 가장 근본적인 방법은 지금까지 살펴본 바와 같이 대표 강점의 발견과 수행이다. 그러한 강점 수행과 더불어 긍정적 뇌를 만들기 위한 두 가지 비법을 추가적으로 소개하려 한다. 이 두 가지 비법은 마음과 몸에 들이는 두 가지 좋은 습관이다. 하나는 '감사하기'로 이는 마음의 좋은 습관이고, 다른 하나는 '운동하기'로 이는 몸에 좋은 습관이다. 감사하기와 규칙적인 운동이 인간을 긍정적으로 변화시킨다는 것은 우리 모두가 다 아는 상식이다. 그러나 감사와 운동이 어떠한 과정을 통해 우리의 뇌를 긍정적인 뇌로 변화시키는가에 대해서는 극히 최근에 밝혀지기 시작했다. 특히 최근의 연구 성과에 따라 어떠한 방법으로 감사하기 훈련과 규칙적인 운동을 해야 가장 큰 효과가 있는지에 대해 소개하고자 한다. 강점의 수행과 더불어 감사하기 훈련과 규칙적인 운동을 병행한다면, 아무리 부정적이고 비관적인 사람이라도 3개월 이후부터 긍정적인 뇌로 확실하게 바뀌게 될 것이며, 회복탄력성 역시 높아질 것이다.

감사하기의 놀라운 힘

심리학이 발견한 긍정적 정서 향상법에는 여러 가지가 있다. 명상하기, 선행 베풀기, 인생에서의 좋은 일과 추억을 회상하기, 잘되는 일에 집중하기 등등 다양한 훈련 방법이 제시되었으며 모두 다 일정한 효과가 있음이 입증되었다. 그러나 지난 10여 년간 긍정심리학이 발견한 여러 가지 긍정성 증진 훈련 방법 중에서 단연 최고의 효과를 지닌 것으로 입증된 것이 바로 감사하기 훈련이다.

감사하기는 긍정성 향상에 있어서 가장 강력하고도 지속적인 효과를 나타낸다. 감사하기의 강력한 힘에 매료된 일군의 학자들은 '감사심리학'이라는 새로운 연구 분야를 만들어내 감사하기의 효과에 대한 이론화 작업에 박차를 가하고 있다.[9]

특히 감사하기 훈련의 효과는 신경심장학neurocardiology이라는 학문 분야를 통해 입증되었다. 예로부터 사람들은 마음이 심장에 있다고 믿었다. 감정이나 마음의 변화가 심장박동의 변화와 밀접하게 연관되어 있기 때문이다. 뇌의 기능이 밝혀진 후 한동안은 심장이 뇌의 명령을 수동적으로 받아서 수행하는 기관이라는 것이 상식처럼 받아들여졌다. 하지만 최근의 신경과학의 발달은 심장이 상당히 독자적인 신경기관으로 일종의 뇌처럼 독자적으로 판단하여 신경신호를 처리하고 발송하기도 한다는 사실을 밝혀냈다.

심장은 마치 뇌처럼 일종의 지각 능력이 있는 기관이며, 신경 정보를 인코딩하고 처리하는 고유한 독립적 신경시스템을 유지하고 있다. 심장은 뇌와는 별도로 독립적으로 학습하고, 기억하고, 독자적으로 기능적 결정을 내리기도 하는 기관이기 때문에 '하트 브레인heart brain'이라고 불리기도 한다. 심장을 신경기관의 하나로서 연구하는 신경심장학은 이미 하나의 학문 분야로 확실히 자리 잡았다.[10]

신경심장학에 따르면 심장과 뇌는 서로 정보를 밀접하게 주고받으며 커뮤니케이션한다. 두뇌의 판단에 따라 심장박동수가 달라지기도 하지만 거꾸로 심장에서 보내는 특정한 신호가 감정이나 인지 능력에 영향을 미치기도 한다. 특히 감정의 변화는 심장박동수의 변화에 민감하게 영향을 받는다. 신경질적이고 짜증을 많이 내는 사람은 심장이 약해서 심장의 박동수가 불규칙하기 때문인 경우도 많다. 즉 화가 나서 심장박동수가 불규칙하다기보다 불규칙한 심장박동수가 그 사람을 불안하고 짜증나게 만드는 것이다.

수많은 통계가 화를 잘내는 사람이 심장병에 걸릴 확률이 높다는 사실을 말해주는데, 사실 화를 내서 심장병에 걸린다기보다는 심장이 약하기 때문에 평소에 부정적 감정에 쉽게 휩싸이게 된다고 보는 것이 더 정확하다. 따라서 평소 유산소 운동을 통해서 심폐기능을 튼튼히 하여 심장박동수를 규칙적이면서도 되도록 느리게 유지하는 것이 긍정적 정서를 유지하는 데 도움이 된다.

갑자기 엄청난 불안감과 공포감을 느끼게 되는 공황장애 역시 일종의 정신질환이기는 하지만, 대부분의 경우 갑자기 심장박동이 불규칙하게 뛰면서 유발되는 경우가 많다. 즉 갑작스런 부정맥은 심장에서 뇌로 가는 신호를 불규칙하게 만드는데 이 신호가 뇌로 하여금 극심한 공포와 불안을 느끼게 한다는 것이다. 부정맥을 잘 치료하면 대부분의 공황장애는 사라졌다.[11]

이처럼 심장박동과 감정 사이의 밀접한 관련성에 주목한 학자들은 심장박동수를 가장 이상적으로 유지시켜주는 긍정적 정서가 무엇인지 찾기 시작했다. 피험자들에게 즐거운 일을 상상하도록 했고, 마음을 차분히 가라앉히고 명상을 시키기도 했고, 아무 생각 없이 편안하게 쉬는 상태를 유지하게도 했다. 이러한 모든 방법을 테스트해본 결과, 결국 심장박동수를 가장 이상적으로 유지시켜주는 것은 바로 '감사하는 마음'이라는 것이 밝혀졌다.

보통 성인의 심장박동수는 1분에 70번을 기준으로 미세하게 끊임없이 변화한다. 분노나 좌절감 등 부정적 감정을 느낄 때에는 매우 불규칙하게 변화하지만 삶에 있어서 감사한 일들에 생각을 집중하고 감사한 마음을 느끼기 시작하면 심장박동수는 매우 규칙적으로 변하게 된다.

심장박동수의 변화 주기는 10초에 한 번, 즉 0.1Hz인 것이 가장 이상적인 것으로 알려져 있는데, 이때에는 호흡, 심장박동의 변화, 혈압 변화의 리듬이 모두 다 비슷한 주기를 유지하는 '일치coherence'의 상태에 이르게 된다. 이러한 일치를 가져오는 것이 바로 감사의 마음이다. 이처럼 감사하는

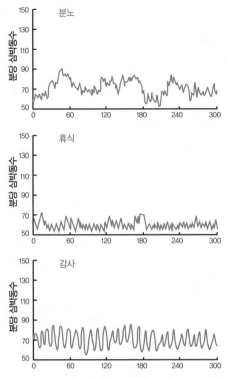

긴장을 완화하는 휴식 때보다도 감사하는 마음을 유지할 때 심장 박동의 변화가 고르고
규칙적이 된다. 심장 박동의 변화주기를 Hz로 나타내면 감사할 때 0.1Hz 정도가 된다.
이때 몸의 건강 상태와 뇌의 학습능력 역시 최적화된다.
출처: McCraty & Childre(2004).

마음은 몸과 마음을 편안하게 해주고 가장 건강하고도 이상적인 상태로
유지시켜준다.[12]

　감사하는 마음은 편안한 휴식이나 심지어 수면 상태에 있을 때보다도
심장박동수의 변화주기를 더욱더 일정하게 유지해주는 것으로 밝혀졌다.
즉 0.1Hz 변화주기는 모든 긴장을 이완하는 명상의 상태보다도 감사하는

마음의 상태에서 훨씬 더 집중적으로 나타났다(그래프 참조). 또한 감사하는 마음 상태에서 뇌파를 측정해보니 명상과 집중의 상태에서 흔히 발견되는 알파파도 발견되었다.[13]

이러한 연구 결과는 감사의 힘을 실증적으로 입증해준다. 긍정심리학자들도 행동반응 연구를 통해 감사하기 훈련이 여러 가지 긍정성 증진 훈련 중에서 가장 효과적인 것임을 발견하였다.

이상의 연구 결과를 종합하면 다음과 같다. 사람의 마음과 몸을 최상의 상태로 유지시켜주는 것은 긴장을 푸는 명상이나, 기분 좋은 일을 생각하는 것보다도 감사하는 마음이다. 감사하는 마음이야말로 긍정심리학이 지향하는 최선의 마음 상태다. 긍정성 향상을 위한 마음의 훈련을 한다면, 감사하기 훈련이 최선이라는 뜻이다.

한편, 이러한 긍정적 정서 향상 훈련은 긴 기간에 걸쳐 띄엄띄엄 하는 것보다는 짧은 기간 동안에 몰아서 집약적으로 하는 것이 효과적이다.[14] 류보미르스키 교수팀은 6주 동안 매주 5가지 이상의 선행 베풀기 실험을 실시했는데, 한 집단은 5가지 선행을 하루에 몰아서 하도록 했고, 다른 집단은 5가지 선행을 1주일 동안 기회가 있을 때마다 하도록 했다. 그 결과의 차이는 컸다. 선행을 하루에 몰아서 한 그룹만이 6주 뒤에 유의미하게 행복감이 증가했다. 즉 같은 양의 선행이라 할지라도 하루에 몰아서 했느냐아니면 띄엄띄엄 나눠서 했느냐에 따라 커다란 차이를 보였다.

감사하기 훈련의 결과도 비슷했다. 감사하기 훈련 역시 6주간 실행했는데 한 그룹에서는 매주 한 번씩 감사일기를 적게 했으며, 다른 그룹에서는 3주에 한 번씩 적게 했다. 그 차이 역시 컸다. 3주에 한 번씩 감사일기를 기록한 집단에서는 아무런 효과가 발견되지 않았으며, 오직 매주 감사일기를 쓴 집단에서만 긍정적 효과가 발견되었다. 이러한 결과는 행복을 가져오는 의도적인 노력은 규칙적으로 자주 습관이 되도록 해야할 필요가 있음을 알려준다.

감사하기 훈련도 여러 가지가 있지만 그중 가장 효과적인 것은 다음과 같다. 우선 매일 밤 잠자리에 들기 전에 그날 있었던 일들을 돌이켜보면서 감사할 만한 일을 다섯 가지 이상 수첩에 적어둔다. 인생에 대한 막연한 감사가 아니라, 하루 동안 있었던 일 중에서 구체적으로 적어야 한다. 머릿속으로 회상만 하는 것으로는 부족하다. 반드시 글로 기록한 후에 잠자리에 들도록 한다.

이렇게 하면 우리의 뇌는 그날 있었던 일을 꼼꼼히 회상해보면서 그중에서 감사할 만한 일을 고르게 된다. 다시 말해서 감사한 마음으로 그날 하루에 있었던 일을 돌이켜보다가 잠들게 되는 것이다. 잠들기 전에 하는 것이 효과적인 이유는 대부분의 기억의 고착화 현상은 잠자는 동안에 일어나기 때문이다. 즉 긍정적 마음으로 그날 하루 일을 회상하는 뇌의 작용을 일종의 습관으로 만드는 데 있어 효과적이다.

감사일기 적기를 며칠 하다보면 우리의 뇌는 아침에 일어날 때부터 감사한 일을 찾기 시작한다. 즉 일상생활을 하는 동안 늘 감사한 일을 찾게 되는—나에게 벌어지는 일들을 감사하게 바라보는—습관이 자연스럽게 들기 시작한다.

감사일기를 3주간 매일 쓰면 스스로 긍정적으로 변해가는 것을 느낄 수 있을 것이다. 석 달을 계속해서 쓰면 아마도 주위 사람들도 당신이 긍정적으로 변한 것을 눈치챌 수 있을 것이다.

규칙적인 운동이 삶을 변화시킨다

행복의 기본 수준을 높이는 또 하나의 확실한 방법은 규칙적인 운동이다. 우리는 모두 운동의 중요성을 알고 있다. 아니, 안다고 생각한다. 그러나 뇌에 좋다는 것은 아직 널리 알려지지 않았다.

고메즈 피닐라 교수팀은 몸을 잘 움직이려 하지 않는 현대인의 생활 습관이 결국 우리의 뇌와 정신 건강에 재앙을 불러오고 있다고 주장한다. 우리가 몸을 움직이지 않고 가만히 앉아만 있기 때문에 뇌가 해야 할 일을 못하게 되며 점점 퇴화되어 알츠하이머나 치매를 일으키게 된다는 것이다.[15]

몸을 움직이면 뇌가 건강해진다. 운동은 우울증, 불안 장애, 치매 등을 불러일으키는 병든 뇌를 치료할 수 있는 특효약이다. 이 약은 부작용도 없으며 체중 조절 효과까지 덤으로 제공한다.[16] 거의 만병통치약이라 할 만한 명약이다.

운동은 뇌 안의 혈액 순환을 향상시킴으로써, 스트레스를 감소시키고 사고 능력을 증진시키며 중독의 가능성을 크게 줄인다. 운동은 몸의 건강뿐만 아니라 정신 건강을 유지하는 데 결정적인 역할을 한다. 2000년대 들어서면서 많은 연구들이 우울증과 신경과민 증상에 대해 약물 치료와 운동 치료를 병행해 비교한 결과, 운동이 몇몇 약물에 비해 훨씬 나은 효과를 보인다는 결과를 속속 발표하고 있다.[17]

하버드대학 정신과 의사 존 래티는 "운동은 집중력과 침착성은 높이고 충동성은 낮춰 우울증 치료제인 프로작과 리탈린을 복용하는 것과 비슷한 효과가 있다"고 설명한다. 또 운동을 중간에 그만두면 신경세포가 잘 작동하지 않기 때문에 효과를 유지하려면 지속적으로 해야 한다고 연구자들은 말한다. 실제로 영국에서는 정도가 가벼운 우울증에는 항우울제 대신 운동을 처방하는 의사가 늘어나고 있다.[18]

2008년 영국 정신건강재단MHF은 가벼운 우울증 환자에게 항우울제나 기타 치료법 대신 운동을 처방하는 의사들이 22%에 이르고 있는 것으로 나타났으며 이는 3년 전의 5%에 비해 4배 이상 늘어난 것이라고 밝혔다. 또 3년 전에는 우울증에 운동요법이 '효과가 있다' 또는 '매우 효과가 있다'고 대답한 의사가 41%였는데 지금은 61%로 크게 늘었다고 밝혔다.

운동은 우리의 뇌를 행복하게 해줄 뿐만 아니라 머리를 좋게 해주기도 한다. 운동은 늙은 신경세포 간에 연결된 망을 만들어내며, 뇌세포에 혈액과 영양을 공급한다. 특히 운동을 할수록 뇌에서 생기는 향신경성 물질BDNF은 지적 능력을 향상시킨다.[19]

세계적 생명공학연구소인 솔크연구소와 컬럼비아대학 메디컬센터 스콧 스몰 교수 연구팀은 석 달간 운동을 한 건강한 성인의 뇌에 새로운 신경세포가 생겨났다는 연구 결과를 발표했다.[20] 운동은 특히 성년의 뇌세포 재건에 탁월한 효과가 있다는 것이다. 이 세포는 학습과 기억을 관장한다. 이는 나이가 들수록 뇌의 신경세포는 감소한다는 그간의 통념을 깬 것이다.

또한 미국 듀크대학 메디컬센터 연구소는 규칙적인 운동이 기억력, 계획력, 조직력, 문제해결 능력 등의 향상에 탁월한 효과가 있음을 발견하였다. 규칙적인 운동이 학습능력, 집중력, 추상적 사고능력을 15% 이상 향상시켰던 것이다. 한편, 미국국립정신보건협회의 연구 결과에 따르면 스트레스 감소, 동기부여, 자아존중감 증대, 대인관계 향상 등에도 운동이 탁월한 효과가 있는 것으로 나타났다.

운동은 노인성 치매와 알츠하이머에도 탁월한 효과가 있음이 밝혀졌다. 캘리포니아 대학 어바인 캠퍼스의 뇌노화와 치매 연구소의 연구팀은 운동이 뇌 기능을 건강하게 할 뿐만 아니라 면역력도 증가시켜준다는 연구 결과를 지속적으로 발표하고 있다.[21]

영국 스포츠 의학지에서 인지신경과학 권위자인 일리노이 대학의 크레이머 교수팀 역시 에어로빅 등의 정기적인 유산소 운동이 "노화로 인한 뇌기능 저하를 막을 뿐만 아니라 오히려 뇌 기능을 발달시키는 효과를 갖고있다"고 하면서 "노년층이라도 운동을 통해 뇌 기능을 성장시킬 수 있다"고 보고했다. 6개월가량의 규칙적인 유산소 운동은 인지 기능과 밀접한 관련이 있는 전두엽과 측두엽의 회색질의 볼륨 증가를 가져왔고, 실제로 사고의 속도와 예민함(인지 기능), 기억력, 판단력을 향상시켰다.[22] 운동은 몸뿐만아니라 뇌도 건강하게 회복시킨다는 사실이 과학적으로 입증된 셈이다.

운동을 하게 되면 뇌가 긍정적으로 변화한다. 긍정적인 감정이 강화되고 타인에게 좋은 인상을 주게 되며 따라서 원만한 인간관계와 리더십도 길러진다. 뿐만 아니라 업무성취도와 창의성도 높아진다. 행복과 성공에 이르는 가장 빠르고도 확실한 길이 바로 규칙적인 운동이다.

체계적인 최근 연구에 따르면, 뇌를 긍정적으로 변화시키기 위한 최소 조건은 일주일에 세 번씩 30분 이상, 최대 심박수의 60~80% 정도의 세기로 8주 이상 운동하는 것이다.[23] 최대 심박수는 본인의 나이로 계산한다. 예컨대 30세 성인이라면 심박수를 분당(220 - 30)x(0.6~0.8) 114~152로 계산한다. 적어도 이렇게 두 달가량 해야 긍정적 정서 향상에 도움이 되기 시작한다. 뇌에 새로운 시냅스 연결을 위한 단백질 합성에는 시간이 걸리기 때문이다.

운동의 필요성을 부인하는 사람은 없다. 그러나 운동의 중요성을 제대로 이해하는 사람도 거의 없다. 운동은 몸의 건강보다도 마음의 건강을 위해 필수적이다. 늘 스트레스에 시달리며 감정통제력이 부족한 우리나라 사람들에게 특히 필요한 것이 규칙적인 운동이다. 다음은 운동하는 요령이다.

첫째, 유산소 운동(조깅, 에어로빅, 줄넘기 등)과 근력운동(아령, 팔굽혀 펴기 등), 장력운동(요가나 스트레칭) 세 가지를 고루 해야 한다. 하루에 한 가지 운동을 1시간 하는 것보다는 하루에 세 가지 운동을 20분씩 나눠서 하는 것이 더 좋다.

둘째, 일주일에 3번 이상 한다. 운동의 효과는 규칙적으로 해야 나타난다. 일주일에 한 번 7시간 몰아서 하는 것보다는 1시간씩 3번 하는 것이 훨씬 더 효과적이다.

셋째, 즐겁고 재미있을 정도로 적당히 한다. 무리한 운동은 금물이다. 운동을 처음하는 사람은 천천히 걷기부터 시작해야 한다. 오랫동안 운동을 안 하다가 갑자기 하면 부상과 부작용의 우려가 있다.

넷째, 리듬을 타는 운동이 좋다. 연구에 따르면 음악에 맞춰 하는 에어로빅이나 댄스스포츠가 정신 건강에 가장 좋다. 줄넘기도 음악을 틀어놓고 하는 것이 좋다.

다섯째, 친구와 함께한다. 운동을 함께할 친구를 만들면 더 즐겁고, 더 지속적으로 할 수 있다. 관심 있는 운동 종목 동호회에 가입하는 것도 좋다.

여섯째, 야외에서도 한다. 일주일에 한 번 정도는 등산이나 걷기 등 야외 운동을 곁들이는 것이 좋다. 햇빛은 우울증에 탁월한 효과가 있다.

일곱째, 운동의 효과를 믿는다. 꾸준히 운동하게 되면, 더 긍정적인 사람이 되며, 인간관계도 개선되고, 더 행복하고 성공적인 삶을 살게 되리라는 확신을 가져라. 규칙적인 운동은 우울증을 예방해줄 뿐만 아니라, 정상인도 더욱더 행복하게 하는 확실한 효과를 갖고 있다.

사실 어느 누구도 신념을 갖고 "운동을 안 한다" 혹은 "내게 운동은 필요 없다"고 자신있게 말하는 사람은 없다. 그러나 그럼에도 불구하고 꾸준히 운동을 하는 사람은 여전히 소수에 불과하다. 운동을 꾸준히 안 하는 사람은 대체로 게으르거나 의지가 약한 사람이다. 바쁘다는 핑계로 안 한다. 설문조사 결과에 따르면 우리나라 사람들이 규칙적인 운동을 못하는 가장 큰 이유는 '시간이 없어서'다. 그러나 이는 운동의 중요성을 과소 평가한 결과다. 다른 일정이나 약속은 운동 시간을 피해서 잡으면 된다. 운동의 필요성을 절실히 깨달으면 시간이 없어서 운동을 못하는 일은 없게 될 것이다.

지금까지 운동이 건강이나 몸매 관리만을 위한 것이었다고 생각했다면 이제 그 생각을 바꾸어야 한다. 긍정적인 뇌를 만들기 위해서, 긍정성의 향상을 위해서, 행복의 기본 수준을 높이기 위해서, 회복탄력성을 향상시키기 위해서 오늘부터 당장 시작해야 할 일이 규칙적인 운동이다.

참고문헌

PART • 01

1. Muraven, M., & Baumeister, R. F. (2000). Self- regulation and depletion of limited resources: Does self-control resemble a muscle? *Psychological Bulletin, 126,* 247-259.

2. Reivich, K., & Shatte, A. (2002). *The resilience factor: Seven essential skills for overcoming life's inevitable obstacles.* New York: Broadway Books.

3. Reivich, K., & Shatte, A. (2002). *The resilience factor: Seven essential skills for overcoming life's inevitable obstacles.* New York: Broadway Books.

4. Lipsman, N., Skanda, A., Kimmelman, J., & Bernstein, M. (2007). The attitudes of brain cancer patients and their caregivers towards death and dying: A qualitative study. *BMC Palliative Care.* 6:7 doi:10.1186/1472-684X-6-7.

5. Redelmeier, D. & Kahneman, D. (1996). Patients' memories of painful medical treatments: real-time and retrospective evaluations of two minimally invasive procedures. *Pain, 66.* 3-8.

6. Werner, E. E., & Smith, R. S. (1982). *Vulnerable but invincible: A longitudinal study of resilient children and youth.* New York: McGraw Hill.

PART • 02

1. 홍은숙 (2006). 탄력성(resilience)의 개념적 이해와 교육적 방안.『특수교육학연구』, 41권 2호, 45-67.

2. Rutter, M. (1985). Resilience in face of adversity: Protective factors and resilience to psychiatric disorder. *British Journal of Psychiatry, 147,* 598-611.

3. Waters, E., & Sroufe, L. A. (1983). Social competence as developmental construct. *Developmental Review, 3,* 79-97.

4. Polk, L. V. (1997). Toward a middle-range theory of resilience. *Advances in Nursing Science, 19,* 1-13.

5. Anthony, E. J. (1987). *Risk, vulnerability, and resilience: An overview.* In E.Anthony, & B. Cohler (Eds.), *The invulnerable child* (pp.3-48). NewYork: Guilford Press.

   Garmezy, N. (1996). Reflections and commentary on risk, resilience, and development, In Haggerty, P. J., Lonnie, P. S., Garmezy, N., & Rutter, M. (Eds.), *Stress, Risk, and Resilience in Children and Adolesents-Process, Mechanism, Intervention.* New York: Cambridge University Press.

   Luther S. S., Cicchetti, D., & Becker, B. (2000). The construct of resilience: A critical evaluation and guidelines for future work. *Child Development, 71(3),* 543-562.

   Olsson, C. A., Bond, L., Burns, J. M., Vella-Brodrick, D. A., & Sawyer, S. M. (2003). Adolescent resilience: A conceptual analysis. *Journal of Adolescence, 26,* 1-11.

   Werner, E. E., & Smith, R. S. (1993). *Overcoming the odds: High risk children from birth to adulthood.* New York: Cornell University Press.

6. Dyer, J. G., & McGuinness, T. M. (1996). Resilience: Analysis of the concept. *Archives of Psychiatric Nursing, 10,* 276-282.

7. 유안진.이정숙.김정민 (2005). 신체상, 부모와 또래애착, 탄력성이 청소년의 생활만족에 미치는 영향.『한국가정관리학회지』, 23권5호, 123-132.

   홍은숙 (2006). 탄력성(resilience)의 개념적 이해와 교육적 방안.『특수교육학연구』, 41권 2호, 45-67.

8. 홍은숙 (2006). 탄력성(resilience)의 개념적 이해와 교육적 방안.『특수교육학연구』, 41권 2호, 45-67.

9. 이완정 (2002). 발달과정에서 위험요소에 노출된 유아의 심리적 건강성과 보호

요인분석.『아동학회지』.23권 1호, 1-16.

10. 김혜성 (1998). 회복력(resilience) 개념 개발.『대한간호학회지』, 제28권 2호, 403-413.

11. 최민아, 신우열, 박민아, 김주환. (2009). 커뮤니케이션 능력은 우리를 강하고 행복하게 만든다:회복탄력성과 자기결정성을 통해 본 커뮤니케이션 능력의 역할.『한국언론학보』, 제53권 1호, 199-220.
신우열, 김민규, 김주환. (2009). 회복탄력성 검사 지수의 개발 및 타당도 검증.『한국청소년연구』, 55권, 105-131.

12. Reivich, K., & Shatte, A. (2002). *The resilience factor: Seven essential skills for overcoming life's inevitable obstacles.* New York: Broadway Books.

13. 신우열, 김민규, 김주환. (2009). 회복탄력성 검사 지수의 개발 및 타당도 검증.『한국청소년연구』, 55권, 105-131.

14. 김주환, 김민규, 홍세희 (2009).『구조방정식모형으로 논문쓰기』. 서울: 커뮤니케이션북스.
Kim, M. & Kim, J. (2010). Cross-validation of reliability, convergent and discriminant validity for the problematic online game use scale. *Computers in Human Behavior, 26(3),*389-398.

15. Luck, S. J. (2005). *An introduction to the event-related potential technique.* Cambridge, MA: MIT Press.
Handy, T. C. (Eds.) (2005). *Event-related potentials: A method handbook.* Cambridge, MA: MIT Press.

16. Kandel, E. R. (2006). In search of memory: *The emergence of new science of mind.* New York: Norton.

17. Milton, J., Solodkin, A., Hlustik, P., & Small, S. L. (2007). The mind of expert motor performance is cool and focused. *Neuroimage, 35.* 804-813.

18. Harker, L. A., & Keltner, D. (2001). Expressions of positive emotion in women's college yearbook pictures and their relationship to personality and life outcomes across adulthood. *Journal of Personality and Social Psychology, 80 (1),* 112-124.

19. Seligman, M. E. P. (2002). *Authentic happiness: Using the positive psychology to realize your potential for lasting fulfillment.* New York: Free Press.

20. Post, S., & Neimark, J. (2007). *Why good things happen to good people: The*

exciting new research that proves the link between doing good and living a longer,
healthier, happier life. New York: Broadway Books.

PART • 03

1. Gardner, H. (1983). *Frames of mind: The theory of multiple intelligences.* New York: Basic Books.
2. Duncker, K. (1945). On problem solving. *Psychological Monographs. 58.* (5, Whole No. 270).
3. Isen, A. M., Daubman, K. A., & Nowicki, G. P. (1987). Positive affect facilitates creative problem solving. *Journal of Personality and Social Psychology. 52 (6),* 1122–1131.
4. Rosch, E. (1975). Cognitive representations of semantic categories. *Journal of Experimental Psychology: General. 104,* 192–233.
5. Isen, A. M.., Johnson, M. M., Mertz, E., & Robinson, G. (1985). The influence of positive affect on the unusualness of word associations. *Journal of Personality and Social Psychology, 48,* 1413–1426.
6. Estrada, C., Isen, A. M.., & Young, M. (1994). Positive affect influences creative problem solving and reported source of practice satisfaction in physicians. *Motivation and Emotion, 18,* 285–299.
7. Estrada, C., Isen, A. M., & Young, M. (1997). Positive affect facilitates integration of information and decreases anchoring in reasoning among physicians. *Organizational Behavior and Human Decision Processes, 72,* 117–135.
8. Isen, A. M., Shalker, T., Clark, M., & Karp, L. (1978). Affect, accessibility of material in memory and behavior: A cognitive loop?. *Journal of Personality and Social Psychology, 36,* 1–12.
   Nasby, W., & Yando, R. (1982). Selective encoding and retrieval of affectively valent information: Two cognitive consequences of children's mood states. *Journal of Personality and Social Psychology, 43,* 1244–1253.
9. Estrada, C., Isen, A. M.., & Young, M. (1994). Positive affect influences creative problem solving and reported source of practice satisfaction in physicians. *Motivation and Emotion, 18,* 285–299.
   Greene, T.R., & Noice, H. (1988). Influence of positive affect upon

creative thinking and problem solving in children. *Psychological Reports, 63,* 895–898.   Isen, A. M., Daubman, K. A., & Nowicki, G. P. (1987). Positive affect facilitates creative problem solving. *Journal of Personality and Social Psychology. 52 (6),* 1122–1131.

Isen, A. M.., Johnson, M. M., Mertz, E., & Robinson, G. (1985). The influence of positive affect on the unusualness of word associations. *Journal of Personality and Social Psychology, 48,* 1413–1426.

10. Aspinwall, L.G., & Taylor, S.E. (1997). A stitch in time: Self-regulation and proactive coping. *Psychological Bulletin, 121,* 417–436.   Camevale, P. J., & Isen, A. M. (1986). The influence of positive affect and visual access on the discovery of integrative solutions in bilateral negotiating. *Organizational Behavior and Human Decision Processes, 37,* 1–13.   Fiske,S. T.,&Taylor,S.E.(1991).*Social cognition(2nd ed.).* New York:McGraw-Hill.   George, J. M., & Brief, A. P. (1996). Motivational agendas in the workplace: The effects of feelings on focus of attention and work motivation. In L. Cummings & B. Staw (Eds.), *Research in organizational behavior,* (Vol. 18, pp. 75–109)., Greenwich, CT: JAI Press.

11. Ashby, F. G., Isen, A. M., & Turken, A. U. (1999). A neuro–psychological theory of positive affect and its influence on cognition. *Psychological Review, 106,* 529–550.

12. Depue, R. A., & Iacono, W. G. (1989). Neurobehavioral aspects of affective disorders. *Annual Review of Psychology, 40,* 457–492. Depue, R. A., Luciana, M., Arbisi, P., Collins, P., & Leon, A. (1994). Dopamine and the structure of personality: Relation of agonist–induced dopamine activity to positive emotionality. *Journal of Personality and Social Psychology, 67(3),* 485–498.

13. Isen, A. M., Niedenthal, P., & Cantor, N. (1992). The influence of positive affect on social categorization. *Motivation and Emotion, 16(1),* 65–78.

14. Kahn, B., & Isen, A. M. (1993). The influence of positive affect on variety–seeking among safe,   enjoyable products. *Journal of Consumer Research, 20,* 257–270.

15. Maslow, A. H. (1998). *Toward a psychology of being. 3rd Edition.* New York:

Wiley & Sons.

16. Goleman, D. (1996). *Emotional intelligence: Why it can matter more than IQ.* New York: Bantam.

17. Ben-Shahar, T. (2007). *Happier: Learn the secrets to daily joy and lasting fulfillment.* New York: McCraw Hill.

18. Deci, E., & Ryan, R. (1985). *Intrinsic motivation and self-determination in human behavior.* New York: Plenum Press.
    Ryan, R., & Deci, E. (2000). Self-determination theory and facilitation of intrinsic motivation, social development, and well-being. *American Psychologist, 55,* 68-78.

19. 김주환, 김은주, 홍세희. (2006). 한국 남녀 중학생 집단에서 자기결정성이 학업성취도에 주는 영향.『교육심리연구』 20권 1호, 243-264.
    김주환, 이은미, 김민규. (2006). 온라인 게임 중독의 유형과 원인에 관한 연구: 자기결정성이론을 중심으로.『한국언론학보』 50권 5호, 79-107.

20. Ben-Shahar, T. (2007). *Happier: Learn the secrets to daily joy and lasting fulfillment.* New York: McCraw Hill.

21. Csikszentmihalyi, M. (1990). Flow: The psychology of optimal experience. New York: Harper and Row.

22. Seligman, M. E. P. (2002). *Authentic happiness: Using the positive psychology to realize your potential for lasting fulfillment.* New York: Free Press.

23. 수전 그린필드. (2004).《브레인 스토리》. (정병선 역). 서울: 지호.

PART•04

1. Aron, A., & Aron, E. N. (1986). *Love as the expansion of self: Understanding attraction and satisfaction.* New York: Hemisphere.

2. Seligman, M. E. P. (2002). *Authentic happiness: Using the positive psychology to realize your potential for lasting fulfillment.* New York: Free Press.

3. Leary, M. R., & Kowalski, R. M. (1990). Impression management: A literature review and two-component model. *Psychological Bulletin, 107(1),* 34-47.
   Leary, M. R. & Kowalski, R. M. (1995). *Social anxiety.* New York: Guilford Press.

4. De Botton, A. (2005). *Status anxiety.* New York: Vintage.

5. Leary, M. R. (1995). *Self-presentation: Impression management and interpersonal behavior. Boulder,* CO: Westview

6. Ambady, N. &Rosenthal, R. (1993). Half a minute: Predicting teacher evaluations from thin slices of nonverbal behavior and physical atractiveness. *Journal of Personality and Social Psychology, 64(3),* 431–441.

7. Verderber, K. S., Verderber, R. F., & Berryman–Fink, C. (2007). *Inter-act: Interpersonal communication concepts, skills, and contexts. 11th ed.* New York: Oxford University Press.

8. Wicker, B., Keysers, C., Plailly, J., Royet, J–P., Gallese, V., & Rizzolatti, G. (2003). Both of us disgusted in my insula: The common neural basis of seeing and feeling disgust. *Neuron, 40,* 655–664.

9. Keysers, C., Wicker, B., Gazzola, V., Anton, J. L., Fogassi, L., & Gallese, V. (2004). A touching sight: SII/PV activation during the observation of touch. *Neuron, 42,* 335–346.

10. Singer, T., Seymour, B., O'Doherty, J., Kaube, H., Dolan, R., & Frith, C. (2004). Empathy for pain involves the affective but not sensory components of pain. *Science, 303,* 1157–1162.

11. Singer, T., Seymour, B., O'Doherty, J., Stephan, K. E., Dolan, R. J., & Frith, C. D. (2006). Empathic neural responses are modulated by the perceived fairness of others. *Nature, 439,* 466–469.

12. Valeriani M, Betti, V., Le Pera, D., De Armas, L., Miliucci, R., Restuccia, D., et al. (2008). Seeing the pain of others while being in pain: A laser–evoked potentials study. *NeuroImage, 40.* 1419–1428.

13. Buber, M. (1958). *I and Thou* (R. G. Smith, Trans.). Edinburgh, UK: T. & T. Clark.

14. Restak, R. (2006). *The naked brain.* New York: Three Rivers Press

15. Restak, R. (2006). *The naked brain.* New York: Three Rivers Press

16. Brizendine, L. (2006). *The Female Brain.* New York: Broadway Books.

17. Kagan, J. (2007). *What is emotion?: History, measures, and meanings.* New Haven: Yale University Press.

18. Strack, F., Martin, L. L., & Stepper, S. (1988). Inhibiting and facilitating conditions of the human smile: A nonobstrusive test of the facial feedback

hypothesis. *Journal of Personality and Social Psychology, 54(5)*, 768-777.

19. 황유선, 신우열, 김주환. (2010). 너의 표정을 통해 읽는 것은 나의 감정이다: 감정의 변화가 상대방의 표정 인식에 미치는 영향에 관한 연구.『커뮤니케이션학 연구』,18권 1호, 247-271.

20. 민지혜, 신우열, 김주환. (2010). 긍정적 정서는 우리의 판단을 자유롭게 한다: 유발된 정서가 맥락효과에 미치는 영향에 관한 연구.『한국언론학보』, 54 권 1호, 293-314.

21. Brizendine, L. (2006). *The Female Brain.* New York: Broadway Books.

22. Waugh, C., & Fredrickson, B. (2006). Nice to know you: Positive emotions, self-other overlap, and complex understanding in the formation of a new relationship. *The Journal of Positive Psychology, 1(2)*, 93-106.

23. Aron, A., & Aron, E. N. (1986). *Love as the expansion of self: Understanding attraction and satisfaction.* New York: Hemisphere.

24. Lord, C. G. (1980). Schemas and images as memory aids: Two modes of processing social information. *Journal of Presonality and Social Psychology, 38*, 257-269.
    Lord, C. G. (1987). Imagining self and others: Reply to Brown, Keenan, and Potts. *Journal of Personality and Social Psychology. 53*, 445-450.

25. Lord, C. G. (1980). Schemas and images as memory aids: Two modes of processing social information. *Journal of Presonality and Social Psychology, 38*, 257-269.

26. Restak, R. (2006). *The naked brain.* New York: Three Rivers Press

27. Harlow, H. F. (1958). The nature of love. *American Psychologist. 13*, 673-685.

28. Harlow, H. F., Harlow, M. K., Rueping, R. R., & Mason, W. A. (1960). Performance of infant rhesus monkeys on discrimination learning, delayed response, and discrimination learning set. *Journal of Comparative and Physiological Psychology. 53 (2)*, 113-121.

29. Harlow, H. F., & Suomi, S. J. (1970). Nature of love? Simplified. *American Psychologist. 25(2).* 161-168.
    Seay, B., Alexander, B. K., Harlow, H. F. (1964). Maternal behavior of socially deprived rhesus monkeys. *Journal of Abnormal and Social Psychology. 69 (4).* 345-354.

30. Siegel, D. (1999). *The developing mind: How relationships and the brain interact to shape who we are.* New York: The Gulford Press

31. Restak, R. (2006). *The naked brain.* New York: Three Rivers Press

32. Vanderwal, T., Hunyadi, E., Grupe, D. W., Connors, C. M., & Schultz, R.T. (2008). Self, mother and abstract other: An fMRI study of reflective social processing, *NeuroImage*, doi: 10.1016/j.neuroimage.2008.03.058.

33. James, W. (1918). *The principles of psychology.* New York: Dover.

34. Gottman, J. (2003). *The mathematics of marriage.* Cambridge, MA: MIT Press.

   Gottman, J., & Levenson, R.W. (2002). A two-factor model for predicting when a couple will divorce: Exploratory analyses using 14-year longitudinal data. *Family Process, 41(1),* 83–96.

35. Güroğlu, B., Haselager, G., Lieshout, C., Takashima, A., Rijpkema, M., & Fernandez, G. (2008). Why are friends special? Implementing a social interaction simulation task to probe the neural correlates of friendship. *NeuroImage. 39(2).* 903–910.

PART • 05

1. Muraven, M., & Baumeister, R. F. (2000). Self- regulation and depletion of limited resources: Does self-control resemble a muscle? *Psychological Bulletin, 126,* 247–259.

2. Gilbert, D. (2007). *Stumbling on happiness.* New York: Vintage.

3. Lyubomirsky, S., Sheldon, K., & Schkade, D. (2005). Pursuing happiness: The architectures of sustainable change. *Review of General Psychology. 9(2).* 111–131.

4. Lykken, D., & Tellegen, A. (1996). Happiness is a stochastic phenomenon. *Psychological Science, 7,* 186–189.

5. Park, H.J., Lee, J.D., Kim, E.Y., Park, B., Oh, M.K., Lee, S.,& Kim, J.J. (2009). Morphological alterations in the congenital blind based on the analysis of cortical thickness and surface area. *Neuroimage. 47,* 98–106.

6. Robinson, K. (2009). *The elements: How finding your passion changes everything.* New York: Penguin Books.

7. Seligman, M. E. P. (2002). *Authentic happiness: Using the positive psychology to*

realize your potential for lasting fulfillment. New York: Free Press.

8. Seligman,M. E. P., Steen,T. A., Park, N., & Peterson, C. (2005). Positive psychology progress: Empirical validation of interventions. *American Psychologist. 60(5).* 410–421.

9. Emmons, R. & McCullough, M. (Eds.) (2004). *The psychology of gratitude.* Oxford: Oxford University Press.

10. Armour, J., & Ardell, J.(eds) (1994). *Neurocardiology.* New York: Oxford University Press.

11. Lessmeier, T., Gamperling, D., Johnson–Liddon, V., Fromm, B., Steinman, R., Meissner, M., et al. (1997). Unrecognized paroxysmal supraventricular tachycardia: Potentilal for misdiagnosis as panic disorder. *Archives of Internal Medicine, 157(5),* 537–543.

12. McCraty, R. (2002). Heart rhythm coherence: An emerging area of biofeedback. *Biofeedback, 30(1),* 23–23.

13. McCraty, R., & Childre, D. (2004). The grateful heart: The psychophysiology of appreciation. In Emmons, R. & McCullough, M. (Eds.), *The psychology of gratitude.* Oxford: Oxford University Press.

14. Lyubomirsky, S., Sheldon, K., & Schkade, D. (2005). Pursuing happiness: The architectures of sustainable change. *Review of General Psychology. 9(2).* 111–131.

15. Vaynman, S., & Gomez–Pinilla, F. (2006). Revenge of the "sit": How lifestyle impacts neuronal and cognitive health through molecular systems that interface energy metabolism with neuronal plasticity. *Journal of Neuroscience Research, 84(4),* 699–715.   D i n g , Q., Vaynman, S., Souda, P., Whitelegge, J. P., & Gomez–Pinilla, F. (2006). Exercise affects energy metabolism and neural plasticity–related proteins in the hippocampus as revealed by proteomic analysis, *European Journal of Neuroscience, 24(5),* 1265–1276.

16. King, N., Hopkins, M., Caudwell, P., Stubbs, J., & Blundell, J. (2009). Beneficial effects of exercise: Shifting the focus from body weight to other markers of health. *British Journal of Sports Medicine, 43(12),* 924–927.

17. Craft, L. L., & Perna, F. M. (2004). The benefits of exercise for the clinically depressed. Primary care companion. *Journal of Clinical Psychiatry, 6(3),* 104–

111

Peluso, M. A., & Andrade, G. (2005). Physical activity and mental health: The association between exercise and mood. *Clinics, 60(1),* 61-70.

18. Carmichael, M. (2007). Stronger, faster, smarter. Newsweek. (Coverstory, March 26th). Online: http://www.newsweek.com/2007/03/25/stronger-faster-smarter.html

19. Lucia, A., & Ruiz, J. (2009). Exercise is beneficial for patients with Alzheimer's disease: A call for action. British Journal of Sports Medicine, doi:10.1136/bjsm.2009.061200

    van Praag, H., Shubert, T., Zhao, C., & Gage, F. H. (2005). Exercise enhances learning and hippocampal neurogenesis in aged mice. *Journal of Neuroscience, 25(38),* 8680-8685.

20. Pereira, A., Huddleston, D.E., Brickman, A.M., Sosunov, A.A., Hen, R., McKhann, G.M., Sloan, R., Gage, F.H., Brown, T.R., & Small, S. (2007). An in vivo correlate of exercise-induced neurogenesis in the adult dentate gyrus. *Proceedings of the National Academy of Sciences, 104(13).* 5638-5643.

21. Cotman, C. W., & Berchtold, N. C. (2002). Exercise: A behavioral intervention to enhance brain health and plasticity. *Trends in Neuroscience, 25(6),* 295-301.

    Cotman, C. W., Berchtold, N. C., & Christie, L. A. (2007). Exercise builds brain health: key roles of growth factor cascades and inflammation. *Trends in Neurosciences, 30(9),* 464-472.

22. Erickson, K. I., & Kramer., A.F. (2009). Aerobic exercise effects on cognitive and neural plasticity in older adults. *British Journal of Sports Medicine.* doi:10.1136/bjsm.2008.052498.

    Colcombe, S. J., Erickson, K. I., Raz, N., Webb, A. G., Cohen, N. J., McAuley, E., & Kramer, A. F. (2003). Aerobic fitness reduces brain tissue loss in aging humans. *Journal of Gerontology, 58(2),* 176-180.

23. Perraton, L. G., Kumar, S., & Machotka, Z. (2010). Exercise parameters in the treatment of clinical depression: A systematic review of randomized controlled trials. *Journal of Evaluation in Clinical Practice, 16(3),* 597-604.

회복탄력성 시련을 행운으로 바꾸는 마음 근력의 힘

초판 1쇄 발행 2011년 3월 17일
2판 1쇄 발행 2019년 3월 29일 **2판 25쇄 발행** 2024년 7월 16일

지은이 김주환
기획 박현찬
펴낸이 최순영

출판1 본부장 한수미
와이즈 팀장 장보라
디자인 이세호

펴낸곳 ㈜위즈덤하우스 **출판등록** 2000년 5월 23일 제13-1071호
주소 서울특별시 마포구 양화로 19 합정오피스빌딩 17층
전화 02) 2179-5600 **홈페이지** www.wisdomhouse.co.kr

ⓒ 김주환, 2019

ISBN 979-11-89938-77-2 13320